# RECUPERACIÓN REAL

# CHRISTIE ASCHWANDEN

# RECUPERACIÓN
# REAL

Mitos y verdades que todo deportista,
de cualquier nivel, debe conocer para rendir mejor

indicios

Argentina – Chile – Colombia – España
Estados Unidos – México – Perú – Uruguay

Título original: *Good to go – What the Athlete in All of Us Can Learn from the Strange Science of Recovery*
Editor original: W.W. Norton & Company, New York
Traducción: Sergio Bulat Barreiro

1.ª edición Octubre 2019

ISBN: 978-84-15732-43-3
E-ISBN: 978-84-17780-36-4
Depósito legal: B-17.906-2019

Fotocomposición: Ediciones Urano, S.A.U.

Impreso por: Romanyà Valls, S.A. – Verdaguer, 1 – 08786 Capellades (Barcelona)

Impreso en España – *Printed in Spain*

*Para Dave*

# Índice

# Acerca de las notas

Durante las investigaciones realizadas para escribir este libro, he leído cientos de estudios y he realizado aproximadamente 250 entrevistas. Las citas textuales mencionadas provienen de estas entrevistas personales, a no ser que se cite otra fuente. Por cada cita directa que se menciona, existen habitualmente una serie de fuentes que han dado base a que apoye lo que se dice.

Muchas de las más interesantes discusiones y reflexiones provienen de intercambios realizados durante la reunión del American College of Sports Medicine de 2016 y durante las reuniones del MIT Sloan Sports Anlytics de 2015, 2016 y 2017.

# Introducción

Me sentía bastante cansada esa mañana de sábado de verano cuando acudí por primera vez al centro de recuperación deportiva *Denver Sports Recovery*. Acababa de terminar una carrera de 5K en la que me había esforzado lo suficiente como para ganar. Mi triunfo no fue algo muy destacable. Se trataba de una *Beer Run* en la cual se ponía más énfasis en la cerveza que en el atletismo. La línea de salida y la de llegada se encontraban frente a un puesto de cerveza artesanal que servía bebida gratis a quienes terminaban la carrera. Solo vi a una persona, un joven veinteañero, que antes de comenzar la carrera se tomase la molestia de calentar un poco. No me importaba si éramos los únicos dos que nos tomábamos en serio la prueba. Ese verano, mi objetivo era correr cinco kilómetros a toda velocidad, por lo que era yo frente al reloj. Terminé tan rápido como pude, por lo que las piernas me dolían y palpitaban. A pesar de lo tentador de la cerveza, decidí evitarla, puesto que debía conducir hasta el *Denver Sports Recovery* y probar la veracidad de su eslogan publicitario: «¡Recupérese como un profesional!».

Ubicado en un barrio próspero de la ciudad, el discreto edificio gris podía ser confundido con un salón de yoga o un gimnasio de CrossFit. Cuando entré, descubrí un paraíso para el rejuvenecimiento, equipado con todos los aparatos y herramientas que los deportistas pudieran necesitar para practicar el arte de la recuperación. Un estante que se extendía a lo largo de una pared albergaba una serie de rodillos, pelotas y otros dispositivos destinados a aplastar, presionar y masajear los músculos. Y una amplia sala ofrecía espacio para estirarse y experimentar con una colección de artilugios para masajear los músculos. Distintas mesas de masajes y sillones se disponían alineados en filas que conducían a un conjunto de bañeras de agua fría y caliente. En el piso superior había una cámara hiperbárica (con oxígeno presurizado), y había una sauna y un tanque de crioterapia, que utiliza nitrógeno líquido para enfriar los músculos doloridos. En un salón adyacente, cuyas paredes estaban pintadas como si fuera un bosque, se ofrecía la oportunidad de sentarse cómodamente en un sillón reclinable para recibir una inyección intravenosa llena de vitaminas y antiinflamatorios que supuestamente ayudan a la recuperación.

En la sala principal, las paredes estaban llenas de camisetas autografiadas por deportistas famosos: una del exlanzador de los Colorado Rockies Matt Belisle; una de Wes Welker, de los Broncos; y una de Jason Richardson de su época con los 76ers, entre otros. Un póster cerca de la entrada enumeraba las opciones de recuperación disponibles: sauna, contraste frío/calor, terapia de compresión, terapia de vibración, BioMat, rodillos de tejido blando, E-Stim, Marc Pro y terapia de infrarrojos.

Antes de poder perderme en un mar de opciones desconocidas, una mujer jovial, delgada y con el pelo recogido, de unos veinte años, me dio la bienvenida y me dijo que sería mi «entrenadora de recuperación». Me entregó un portafolios, una pluma y un formulario de dos páginas. Era una combinación entre una lista de verificación de un consultorio médico y el formulario de inscripción de un gimnasio. Preguntas como: «¿Qué deportes ha practicado?» «¿Tiene alguna herida?» «¿Querría alguna terapia física o masaje?»… Después de revisar mis respuestas, la asistente me preguntó de cuánto tiempo disponía y luego me presentó un plan. Pasaría más de una hora haciendo un montón de cosas que me ayudarían a recuperarme de una carrera que, contando el calentamiento previo y posterior relajación, había durado unos 45 minutos.

Dijo que mi sesión incluiría cuatro técnicas de recuperación o «modalidades», como se las conoce en el lenguaje de recuperación:

trabajo con tejidos blandos, estimulación eléctrica, compresión y vibración. (La próxima vez, dijo, podría probar algunas otras, como los baños de contraste o la crioterapia). Para comenzar, me dio lo que parecían dos ruedas de patines, separadas por unos 30 centímetros y conectadas por un eje acolchado, y me dijo que hiciese rodar mi pie adelante y atrás sobre el eje. Era una sensación agradable, como cuando te das tú misma un masaje a los pies, y me recordó a los rodillos de madera que se venden en las farmacias. Al terminar, me llevó hasta un rodillo más grande, más ancho y ensamblado sobre ruedas mayores. Haciendo presión con las pantorrillas contra el cilindro acolchado, deslicé cada pierna sobre el rodillo desde los tobillos hasta las rodillas. Tras una carrera, fue reconfortante masajear mis músculos así.

Mientras rodaba por el suelo contorsionada como un perro revolcándose en la tierra, la asistente me explicó que el propósito del ejercicio era liberar tensión en la fascia, la membrana fibrosa que recubre los músculos. La fascia es un tejido conectivo que envuelve los músculos y el hecho de rodar, ya sea con uno de los sofisticados rodillos de este centro, o con uno de espuma menos exótico como los de los consultorios de fisioterapia o los estudios de yoga, es que aumenta la irrigación sanguínea en la fascia y desplaza las «adherencias» que se pudiesen formar. Esa es al menos la teoría, y esa explicación aparentemente científica me daba licencia para fingir que era perfectamente normal estar allí frotando vigorosamente mi cuerpo con juguetes exóticos. No podía decir si realmente tenía adherencias en la fascia o si los rodillos las habían eliminado. Pero sentía que le venía muy bien a mis doloridos músculos.

Del rodillo grande, pasamos a algo más pequeño: una especie de bola acolchada del tamaño de una pelota de tenis, pero no tan blanda. «Te colocas esto aquí abajo», dijo la asistente, metiendo la bola debajo de una de sus nalgas y desplazándose luego sobre la pelota de izquierda a derecha y viceversa. La idea, dijo, era masajear el piriforme, un músculo ubicado en la parte profunda de las nalgas. El masaje anterior era relajante, pero este dolía. Sentía como si estuviera sentada en una pelota de tenis muy dura y me la clavara en el trasero, que es casi exactamente lo que estaba haciendo. Cuando le dije a la asistente que eso era doloroso, su rostro se iluminó. «Bien», dijo ella, «has encontrado un punto sensible». Yo no estaba tan emocionada. Había ido allí para aliviar los dolores de los que ya era consciente, no para encontrar nuevos lugares que me causaran dolor. Ni siquiera recordaba que tuviese un piriforme hasta que lo apreté contra la pelota, así que en cuanto ella apartó la vista de mí, me libré de la pelota.

A diferencia de mi piriforme, mis isquiotibiales son una fuente continua de dolores y tensiones, y cuando la asistente de recuperación me sugirió que probara la estimulación eléctrica con ellos, asentí aliviada. Mientras yacía boca abajo sobre una mesa de masaje, ella colocó electrodos en mis isquiotibiales con parches pegajosos untados en un gel frío. Luego conectó los electrodos a una máquina *e-stim* que enviaba descargas eléctricas a los músculos. Durante los siguientes 25 minutos, la máquina se apoderó de mis isquiotibiales y, sin pensarlo ni esforzarme, los músculos de las piernas se contraían y relajaban a un ritmo constante. Esperaba que en cualquier momento mi pierna se levantara involuntariamente de la mesa, pero eso nunca sucedió. A pesar de lo surrealista que era sentir los músculos de mis piernas actuando al comando de la máquina, no era una sensación desagradable. Después de un tiempo, había cedido el control a la máquina de tal modo que había dejado de sentir las contracciones, y al final de la sesión estuve a punto de quedarme dormida.

Después pasé a las botas neumáticas de compresión, que son como sacos de dormir individuales para las piernas que envuelven los pies y se cierran casi en la cintura. Al accionar un interruptor, los sacos se inflan para apretar los músculos y, presumiblemente, aumentar la circulación en las piernas, lo cual, según la asistente, reduciría la inflamación y el ácido láctico. Esos pantalones apretados ofrecían numerosas variables de funcionamiento, y elegí la que se iba activando conforme a una secuencia predecible. La presión comenzaba en los dedos de los pies e iba subiendo hasta las pantorrillas, las rodillas y luego la parte superior de las piernas, como si se apretara un tubo de pasta de dientes. Una vez que se comprimía toda la pierna durante unos minutos, los sacos comenzaban a desinflarse suavemente, comenzando de nuevo por los pies y terminando por los muslos. Entonces, el ciclo comenzaba otra vez. Era como un masaje muy metódico, es decir, muy agradable.

Antes de finalizar mi sesión, probé un dispositivo extraño que había estado mirando desde que había llegado. «El Swisswing es el favorito de todos», me dijo la asistente de recuperación, mientras me sentaba en una silla al lado del extraño dispositivo. Parecía un cubo de basura gigante colocado de lado y cubierto con una esterilla de yoga. El dispositivo estaba conectado a un brazo articulado que le permitía ajustar su ángulo de inclinación. Sentada en la silla, puse los pies sobre el cilindro. Con solo accionar un interruptor, todo el cilindro comenzó a vibrar a un ritmo rápido y fascinante. Las vibraciones tenían un efecto calmante y hasta hipnótico. Casi podía ver cómo el dolor era eliminado de mis músculos. Después de unos cinco minutos, elevé las piernas para colocar mis pantorrillas en la parte superior del cilindro. Y cinco minutos después, estaba de pie junto al *Swisswing*, sometiendo a los isquiotibiales, primero una pierna y luego la otra, a las buenas vibraciones del cilindro.

Estaba a punto de colocar mi trasero sobre ese barril *masajeador* cuando un hombre de mediana edad, que parecía que estuviese intentando quitarse de encima una pequeña barriga cervecera, se acercó para preguntarme si me había gustado. Me contó que estaba entrenando para un maratón y que había comenzado a acudir al centro de recuperación porque los largos entrenamientos lo estaban matando. A él también le gustaba el *Swisswing*, y me di cuenta de que no estaba intentando ser amigable, sino que estaba esperando que yo terminara para poder usar el aparato.

◆ ◆ ◆

¿Que cómo terminé con mi trasero sobre un vibrador gigante en un sofisticado gimnasio? Cuando era una deportista seria, allá por las décadas de 1990 y 2000, la palabra «recuperación» era solo un sustantivo: un estado que esperabas alcanzar cuando no estabas haciendo todas las cosas que siempre hacías, como entrenar, estar de pie, ir de fiesta hasta altas horas, o realizar actividades estresantes. La recuperación significaba descansar, y lo único que hacías era dormir y recostarte con los pies en alto y la nariz metida en un libro. Hoy en día, «recuperarse» se ha convertido en un verbo. Es algo que los deportistas, tanto profesionales como los guerreros de fin de semana, hacen con tanto entusiasmo y abnegación como entrenar. Ahora la recuperación incluso tiene su propio equipamiento. La primera vez que escuché a alguien decir que necesitaba «ir a recuperarse», me llamó la atención. A la décima vez que lo escuché me di cuenta de que la recuperación ya no es un período de espera entre entrenamientos. Ahora se ha convertido en una parte activa de la preparación de un deportista.

No importa el deporte, los mejores atletas no solo trabajan duro, también se recuperan duro. En ninguna parte es esto más evidente que en las redes sociales, donde los profesionales publican regularmente imágenes de sí mismos en las que participan en diversos rituales de recuperación (y muestran los productos de recuperación de sus patrocinadores). En los Juegos Olímpicos de 2016 en Río, se podía ver a la gimnasta Simone Biles mostrando sus botas de compresión neumática NormaTec. El deportista olímpico más condecorado de todos los tiempos, el nadador Michael Phelps, se presentó en la piscina con moretones circulares de color púrpura en hombros y espalda. Esos gigantescos chupetones con una circunferencia similar a la de una lata de refresco fueron el resultado de una práctica llamada «*cupping*» o terapia de ventosas, en la cual se colocan copas de vidrio sobre la piel, provocando una succión que atrae la piel hacia arriba y revienta los capilares. Phelps jura que el proceso ayuda a la recuperación y reduce el dolor muscular.

Cubrir tu cuerpo con chupetones puede parecer ridículo, pero no es nada en comparación con una estrategia de recuperación que se volvió viral cuando la exestrella de la NBA Amar'e Stoudemire publicó un *selfie* de sí mismo bañándose en una bañera llena de vino tinto.[1] («¡Día de recuperación! ¡Baño de vino tinto!», decía el texto.) Internet explotó, y las historias sobre el hábito del destacado jugador de la NBA aparecieron en *Sports Illustrated, Bleacher Report, Deadspin* y *New York Magazine,* por nombrar solo algunos medios. Stoudemire jugaba en los Knicks de Nueva York en ese momento, y ESPN envió al escritor Sam Alipour para que lo entrevistara mientras hacía una cura de *vinoterapia* en un spa anónimo de la ciudad de Nueva York.[2] Con la canción *Red, red wine* del grupo UB40 de fondo, Alipour, vestido con camisa y corbata, se sentó en el borde de la tina de acero pulido e interrogó a Stoudemire. «Vamos a empezar con lo importante. ¿Por qué te estás bañando en vino tinto?» Stoudemire se rio: «Bueno, creo que es genial para la recuperación. Dicen que beber un vaso al día mantiene alejado al médico... así que me dije que por qué no sumergirme en un poco de vino tinto». Cuando Alipour le preguntó qué se siente al bañarse en vino, Stoudemire le invitó a meterse en la tinaja. Mientras se deslizaba en la bañera junto al flaco jugador de la NBA, Alipour comentó: «¿Sabes qué sensación tengo? Es como si fuera dinero».[3]

Alipour había dado en el clavo. Aunque Stoudemire se negó a nombrar el lugar donde se hizo el *selfie,* la foto incrementó el interés por la *vinoterapia* (las búsquedas del término en Google aumentaron en un 90 por ciento) y los *spas* de todo el país aprovecharon la oportunidad para promocionar sus terapias relacionadas con el vino.

«La palabra de moda es recuperación», dice el quiropráctico Ryan Tuchscherer, quien dirige una serie de clínicas de crioterapia en la región de Denver en las que ofrecen, a cualquiera que esté dispuesto a pagar, la oportunidad de ser «tratado como un profesional».

---

1. Stoudemire publicó su *selfie* el 15 de octubre de 2014. https://www.instagram.com/p/uLZKs5qA9_/.

2. Andy Hall. «Alipour's Stoudemire SportsCenter Sit-Down Spills Over», 12 de febrero de 2015, ESPN.com. https://www.espnfrontrow.com/2015/02/alipours-stoudemire-sportscenter-sit-down-spills-over/.

3. Foto en Instagram de Stoudemire: https://www.instagram.com/p/uLZKs5qA9_/ y su entrevista con Sam Alipour: http://www.espnfrontrow.com/2015/02/alipours-stoudemire-sportscenter-sit-down-spills-over/.

Cuando un deportista famoso entra en su clínica, dice Tuchscherer: «Puedo grabar un vídeo, ponerlo en Instagram y alguien en Florida o Minnesota puede verlo y pensar, ¿cómo puedo yo obtener los mismos beneficios? Cuando ven a los profesionales en las redes sociales, ven una marca de confianza y eso se propaga tan rápido como un incendio forestal».

Los números muestran un mercado en auge para los productos y servicios que afirman ayudar a la recuperación. «Esto no es solo una moda pasajera», dice el analista de la industria del deporte Matt Powell, del Grupo NPD, quien estima que el sector tiene un valor de cientos de millones de dólares y va en aumento. El mercado incluye productos y servicios que van desde bebidas, barritas y batidos de proteínas hasta ropa de compresión, rodillos de espuma, bolsas de hielo, crioterapia, masajes, terapia con láser, estimuladores eléctricos de músculos, saunas, tanques de flotación, vídeos de meditación y rastreadores de sueño.

La búsqueda de mejoras en la recuperación ha generado una verdadera carrera armamentística, con deportistas que buscan formas de recuperarse más rápido y emprendedores ambiciosos listos a ofrecer productos y promesas, no solo a los profesionales, sino también a deportistas recreativos y personas que se ejercitan para mantenerse en forma. Hoy en día existe un producto o servicio comercializado para abordar todos los aspectos posibles de la recuperación posterior al ejercicio. ¿Cansado? Pruebe una bebida de recuperación para restaurar su energía. ¿Dolorido? Alivie sus músculos con una gran selección de *masajeadores*, compresores, suplementos o tratamientos de frío. ¿Saturado? Pruebe una aplicación de masaje o meditación. ¿Tiene problemas para dormir? También hay un aparato electrónico y una aplicación para medir eso.

Si le parece difícil elegir entre tantas opciones, servicios como los de Denver Sports Recovery están listos para ayudarlo. Hay un número creciente de empresas que han aparecido para ofrecerles a los atletas escolares, a los amateurs, a los guerreros de fin de semana y a los más expertos la oportunidad de acceder a las elegantes herramientas de recuperación que sus ídolos suben a Instagram, todo bajo la guía de un entrenador profesional. Solo el área de Denver/Boulder en el estado de Colorado tiene al menos cuatro de estos centros, que también han aparecido en Nueva York, California, Dallas, Phoenix, Chicago, Washington DC y otros.

Pero ¿qué es exactamente esta cosa tan preciada llamada *recuperación* que nos están vendiendo? La explosión de productos y servicios de recuperación puede parecer ridícula, porque en su forma más básica, todos saben de forma intuitiva qué es la recuperación y cómo lograrla. Y, sin embargo, de alguna manera nos las hemos arreglado para hacer que todos los aspectos de la misma, la nutrición, la relajación y el sueño, sean mucho más complicados, costosos y consuman más tiempo que antes.

He sido deportista desde que me uní al equipo de campo a través en el instituto a los 13 años. Además de correr, también competí activamente en ciclismo y esquí nórdico, y también he incursionado en la natación y la escalada. A medida que me hacía mayor, descubrí que me llevaba más tiempo recuperarme entre una serie de ejercicios y otra. Soy escéptica por naturaleza, pero el ver todos estos anuncios y productos en las redes sociales, con promesas de recuperación, me intrigó. Quería saber: ¿Funciona alguno de esos productos?

Ya sea que se trate de una bebida mágica o de un aparato de la era espacial, siempre estamos sedientos de algo mágico; especialmente, algo que prometa que puede hacernos mejores de lo que éramos antes. Aun cuando sabemos que es improbable que un suplemento de proteínas o una funda de compresión nos cambien la vida, tenemos un poco de esperanza de que el nutriente o la herramienta adecuados puedan corregir lo que nos frena y desbloquear nuestro potencial oculto. Todos buscamos el secreto, especialmente si puede reducirse a un consejo rápido o, mejor aún, a algo que comprar.

Pero la pregunta sigue siendo: ¿algo de esto realmente funciona? ¿Nos ha ido mejor con la mercantilización de la recuperación? ¿Estos artilugios y rituales realmente nos ayudan a recuperarnos mejor, o podrían estar contribuyendo a aumentar nuestra dificultad para relajarnos? La mayoría de estos populares métodos para la recuperación vienen acompañados de explicaciones que parecen científicas, pero ¿la evidencia los confirma? ¿Cuánto esfuerzo debemos poner en la recuperación? Cuando la recuperación se convierte en una nueva tarea, ¿le roba tiempo a la restauración real? ¿Qué es lo que realmente se necesita para lograr una recuperación óptima y aprovechar al máximo el trabajo físico que hacemos?

Con preguntas como estas en mente, me puse a examinar la compleja fisiología que determina cómo nuestros cuerpos se recuperan y se adaptan al ejercicio. Y a averiguar qué se necesita para dominar los aspectos fundamentales de la recuperación y la ciencia que la estudia.

# 1

# La ciencia de así fue

La Garfield Grumble es la carrera más estúpida en la que he participado. El primer año que la corrí, no tenía idea de en qué me estaba metiendo. Me acababa de mudar al oeste de Colorado, donde las montañas irregulares se cruzan con el desierto y profundos cañones de roca roja, y vi un anuncio en el periódico local que decía simplemente: «Carrera de *cross* de 5 millas» (unos ocho kilómetros). Parecía una manera divertida de explorar el paisaje de mi nuevo hogar. En retrospectiva, debería haber prestado más atención al nombre (*grumble* puede ser traducido como quejido). Más tarde descubriría que el evento también se conoce como «la cima y la caída en picado», que es una descripción bastante precisa. La carrera comienza en un polvoriento parking y luego asciende inmediatamente el monte Garfield, con un desnivel de 600 metros en poco más de tres kilómetros. Es el tipo de ascenso en el que te ayuda usar las manos. La carrera discurre por las rocas de arenisca y en cierto momento atraviesa un pequeño llano, donde divisé a un grupo de caballos salvajes pastando. Después de llegar a la cima, el sendero desciende por una hendidura oculta en la montaña compuesta principalmente de esquisto suave. Vista desde lejos, la pendiente parece increíblemente empinada e imposible de transitar, pero descender, desciende. Durante aproximadamente tres millas que revientan las piernas, el camino da una vuelta y regresa hasta el punto de partida, que está indicado por una hoguera rectangular, que los corredores deben saltar para cruzar la línea.

La primera vez que corrí la Grumble, no sabía lo que me esperaba, y salí tan rápido que obtuve una ventaja lo suficientemente grande que, incluso con una parada no programada para recuperar el aliento y la orientación, logré ser la primera mujer en cruzar la línea de meta, lo que me valió una hermosa fotografía enmarcada del monte Garfield. (Más tarde, un amigo me dijo que en una edición anterior habían regalado un coche usado al ganador. Tal vez el auto también había hecho el mismo camino, porque estaba tan golpeado que se lo terminó llevando el cuarto o quinto clasificado, después de que un corredor tras otro se negase a aceptar el premio.) Lo que aprendí en esa primera *Grumble* es que el *Mesa Monument Striders Running Club*, que organizó la carrera, era un grupo de amigos, amantes de la diversión y bebedores de cerveza, y que subir y bajar el monte Garfield es como usar un martillo neumático contra las piernas. El día después de la primera carrera, mis cuádriceps estaban tan doloridos que apenas podía levantarme de la cama. Durante varios días después me dolía solo pensar en tener que caminar.

Estaba sufriendo uno de los efectos secundarios más comunes (y dolorosos) de una sesión de ejercicio intenso: las conocidas como «agujetas» o Dolor Muscular de Aparición Tardía (DMAT). El dolor de la DMAT normalmente aumenta de 48 a 72 horas después del ejercicio (de ahí el nombre), y es más probable que ocurra después del ejercicio que enfatiza la contracción excéntrica en la que el músculo se está alargando, en lugar de acortarse (piensa en una flexión del brazo en la que estás bajando una barra, en lugar de levantarla). No era sorprendente que la bajada del monte Garfield me hubiese provocado un ejemplo agudo de DMAT. Cuando los científicos quieren estudiar el DMAT, generalmente buscan voluntarios que corran cuesta abajo o que salten desde una altura varias veces: movimientos que obligan a los músculos de las piernas a contraerse mientras se encuentran en una fase de alargamiento. Estas acciones opuestas tiran de los músculos, causando desgarros microscópicos en las fibras musculares, de ahí el dolor.

En respuesta a este daño, el cuerpo envía un equipo de limpieza para limpiar los tejidos dañados y reconstruir los músculos, haciéndolos más fuertes y más resistentes en el proceso. Esta respuesta de reparación explica el «efecto de ataque repetido», que hace que una segunda ronda de ejercicio dañino sea menos inductora de DMAT, porque, en respuesta al primer ataque, el músculo se ha adaptado para volverse más fuerte. He hecho la carrera varias veces desde esa primera Grumble (una persona más inteligente habría decidido no correrla nunca más), y ahora tomo la precaución de realizar algunas carreras de desnivel rápidas antes de la carrera. Esa estrategia, además de hacerme frenar menos en las empinadas bajadas, ha evitado que me sienta tan hecha polvo después de realizar la estúpida carrera. Todavía sufro algo de DMAT y mucha fatiga general después de la carrera, pero puedo levantarme de la cama a la mañana siguiente sin lamentarme de que *¡no ha valido la pena!*

Después de la *Grumble*, los corredores se reúnen alrededor del área de llegada, intercambiando historias sobre su carrera y los contratiempos que han soportado. Casi todos los años, alguien aparece sangrando por alguna caída o quejándose por haber perdido el rastro de bajada desde la cima. He sido esa persona varias veces. Pero hay una cosa de la que nadie parece quejarse, y esa es la cerveza fría que todos toman al final. Su sabor es tan refrescante en un día caluroso. «¡Salud, nos la hemos ganado!», bromeamos cuando nos llevamos las latas frescas a la boca. No es solo una indulgencia, necesitamos esos carbohidratos y líquidos después del ejercicio, ¿no?

Hace unos años, mientras saboreaba mi cerveza fría en la línea de meta, comencé a preguntarme: «¿Será la cerveza realmente tan buena para la recuperación?». La importancia de reponer los líquidos y los carbohidratos me había sido sugerida por una larga serie de artículos de revistas y anuncios de bebidas deportivas, y no se podía negar que la cerveza podía proporcionar ambas cosas. Pero el alcohol en esta sabrosa bebida parecía potencialmente problemático. ¿Podría ser suya en parte la culpa de las agujetas (DMAT) post-Grumble que sentía al día siguiente de la carrera?

La cerveza es un poco como el café: altera la mente, es placentera y potencialmente peligrosa en altas dosis, por lo que no podemos dejar de sospechar que en poca cantidad también debe de ser nocivo para nosotros, aunque esperamos que no sea así. Millones de deportistas bebemos cerveza habitualmente después de un partido o un entrenamiento. Mis compañeros de ciclismo de montaña y yo acostumbramos a ir a la cervecería o a nuestra neverita de cervezas después de un entrenamiento. Dudo que muchos de nosotros creamos que sea bueno para nosotros, pero una pequeña parte de mí temía que pudiera ralentizar o perjudicar la forma en que me recupero de mis actividades físicas favoritas. Al mismo tiempo, tenía muchas ganas de creer que la cerveza podría ser una bebida perfecta después del ejercicio, suponiendo, por supuesto, que uno no se excediera.

No es una locura tener la esperanza de que la cerveza sea una bebida adecuada para recuperarse; después de todo, tiene carbohidratos y algunos minerales, y esos son ingredientes que son esenciales después del ejercicio. Una compañía canadiense desarrolló una «cerveza de recuperación» llamada Lean Machine, y el fabricante de cerveza alemán Krombacher suministró unos 3.500 litros de su cerveza sin alcohol al equipo olímpico alemán durante los Juegos de Pyeongchang en 2018.[4] El médico del equipo olímpico alemán de esquí, Johannes Scherr, le dijo al *New York Times* que casi todos sus deportistas beben cerveza sin alcohol. Krombacher no es la única cerveza dirigida a los atletas, la cerveza sin alcohol Erdinger Alkoholfrei también se comercializa como una bebida de recuperación. Según los anuncios, la cerveza de recuperación de Erdinger «repone al cuerpo vitaminas esenciales como B9 y B12, que ayudan a reducir la fatiga, promueven el metabolismo energético y refuerzan el sistema inmunológico». La cerveza deportiva de Erdinger tiene menos del 0,5% de alcohol por volumen y 125 calorías por porción, que pro-

---

4. Ben Crair y Andrew Kehfeb. «German Olympians Drink a Lot of (Nonalcoholic) Beer, and Win a Lot of Gold Medals», FEB. 19, 2018. *The New York Times*. Accedido el 24 de febrero de 2018. https://www.nytimes.com/2018/02/19/sports/olympics/germany-olympics-beer.html.

bablemente no sea muy diferente de la cerveza liviana que tomábamos en la línea de meta de la Grumble.

Dejando de lado el marketing, me pregunté si habría algún dato científico que demostrara que la cerveza podría ayudar o perjudicar a la recuperación, así que me puse a leer la literatura científica. Resulta que no había muchas investigaciones para responder a mi pregunta. Encontré algunos estudios que analizan el rendimiento deportivo bajo la influencia del alcohol (aparentemente, el brandy era un ingrediente del brebaje que el medallista de oro de los EE UU Thomas Hicks había ingerido antes del maratón olímpico de 1904) y había algunas investigaciones sobre la resaca y el rendimiento físico, pero no eran realmente los escenarios en los que estaba interesada. Quería saber si beber cerveza después de una carrera perjudicaría mi recuperación. La investigación más relevante que encontré sugirió que beber alcohol podría impedir la reposición de las reservas de combustible muscular por parte del cuerpo después del ejercicio o tal vez retrasar la reparación del daño muscular. Eso parecía interesante, pero los estudios se limitaban a jugadores de rugby y a levantadores de pesas. ¿Se extrapolarían los resultados a quienes corremos o pedaleamos los fines de semana?

Comencé mi carrera profesional como investigadora en un laboratorio y todavía soy una apasionada de los experimentos. Así que pasé por el Monfort Family Human Performance Research Lab de la Colorado Mesa University para proponerle a mi amigo Gig Leadbetter la idea de realizar nuestro propio estudio. Él era investigador en el laboratorio y director técnico del equipo de campo a través de esa universidad. Alto, con físico de corredor y una sonrisa permanente, Gig tiene una mente curiosa y siempre está abierto a nuevas ideas. Tenía la sensación de que Gig sería fácil de convencer, ya que él elaboraba su propia cerveza y también se dedicó en algún momento a la elaboración de vinos. (Recientemente, se retiró de la universidad para dirigir una sidrería.) Cuando le pregunté si estaba interesado en hacer un estudio sobre la relación entre la cerveza y correr, no lo dudó. «¡Vamos a hacerlo!»

◆ ◆ ◆

Unas semanas más tarde, nos reunimos en una sala de conferencias con algunos de los colegas de Leadbetter y diseñamos el estudio. El objetivo de nuestra investigación era comprobar si beber cerveza después de una carrera dura tendría algún efecto en la recuperación, y las primeras decisiones a las que nos enfrentamos fueron: ¿cómo definiríamos «carrera dura» y cómo cuantificaríamos la recuperación? La primera pregunta fue relativamente fácil de responder. Debido a que nuestra hipótesis era que el alcohol en la cerveza podría alterar la reposición del glucógeno muscular; necesitábamos que la carrera previa a la cerveza fuese de tanta intensidad como para que disminuyeran las reservas de energía. Lo haríamos probando la capacidad aeróbica de nuestros corredores con anterioridad al estudio y luego poniéndolos a correr en una cinta a un ritmo y una distancia que agotarían su glucógeno.

En cuanto a la prueba de recuperación, Leadbetter sugirió que utilizáramos la prueba llamada «Correr hasta el agotamiento». Pusimos a nuestros voluntarios en una cinta de correr, establecimos la velocidad a un 80 por ciento de su máximo y les pedimos que corrieran hasta que ya no pudieran continuar. Esta no fue una decisión sádica que Leadbetter había ideado, sino que es una prueba estándar utilizada en muchos otros estudios sobre el ejercicio. Dado su uso generalizado como medida de recuperación, parecía una opción fácil.

Con esas dos decisiones tomadas, Gig y sus colegas trazaron el resto de nuestro protocolo de investigación de tres días. Si la cerveza (o, más específicamente, el alcohol en la cerveza) perjudica la recuperación, cabría esperar que los corredores que la bebieron después de su carrera de la tarde se quedaran sin combustible más rápido en la carrera de la mañana siguiente en comparación con los que no lo hicieron. La cerveza también puede hacer que la carrera nos resulte más dura, por lo que les pedimos a los corredores que evaluaran cuán duro les había parecido el esfuerzo durante la carrera. Finalmente, el alcohol podría alterar la proporción de grasa y carbohidratos quemados como combustible, por lo que también efectuaríamos una medición metabólica para medir esto.

Antes de que comenzara el estudio, reunimos a los participantes en el laboratorio para una sesión informativa previa. Diez de nosotros participamos (incluyéndome a mí), y nuestras edades oscilaban entre los 29 y los 43 años. Recluté a la mayoría de los corredores del Mesa Monument Striders Running Club, y todos éramos bebedores moderados que corríamos al menos 55 kilómetros por semana. Leadbetter repartió una hoja de instrucciones y explicó cómo funcionaría el estudio. También nos puso un poco a prueba. El protocolo requería que todos los participantes en el estudio tomaran suficiente cerveza como para llegar al 0,07 por ciento de alcohol en sangre, justo por debajo del límite legal del 0,08 por ciento para poder conducir en Colorado. El objetivo era emular la cantidad de cerveza que puedes tomar después de una carrera o un ejercicio duro. Leadbetter utilizaba una tabla de alcohol estándar que servía para estimar, a partir del peso corporal, la cantidad de cerveza que cada uno de nosotros necesitaría para alcanzar el objetivo. Pero como el metabolismo puede variar, invitó a un policía local a la reunión para asegurarse de que íbamos por buen camino. A medida que avanzaba la reunión, cada uno bebía la cantidad de cerveza New Belgium Fat Tire prescrita. Luego, el amable policía llamaba a cada uno de nosotros para someternos a la prueba del alcoholímetro.

Fue una buena precaución de Gig, ya que la tabla demostró ser acertada para algunos, pero fue mucho menos precisa para otros. Predijo correctamente, por ejemplo, que Daniel, de 29 años, necesitaba beber tres cervezas y media para llegar a 0,07. En cambio, calculó que Bryan, con un *fibrado* cuerpo de 68 kilos, necesitaría beber casi tres cervezas. Sin embargo, y a pesar de que no parecía en absoluto afectado, cuando sopló en el alcoholímetro, el número llegó a 0,095 por ciento. El policía sonrió abiertamente: «¡Oh, sí, estás en condiciones para conducir!». Dando a entender que Bryan iría a la cárcel si lo pillaran conduciendo con ese índice de alcohol en sangre.

A Cynthia, una pequeña y veloz corredora, solo se le permitía una cerveza, según la tabla de peso corporal, pero el alcoholímetro reveló que realmente necesitaba casi dos para llegar al nivel deseado de embriaguez. Al final de la noche, cuando conocimos nuestros límites, Leadbetter y su equipo sabían exactamente cuánta cerveza darnos a cada uno.

En las semanas anteriores al experimento, nos sometimos a algunas horas de pruebas previas para determinar nuestros parámetros de aptitud. El estudio en sí tuvo lugar durante tres días. El protocolo fue el siguiente:

Día 1
Por la tarde: 45 minutos de carrera al 75% del máximo potencial, seguido de cerveza y pasta.

Día 2
Por la mañana: correr hasta el agotamiento al 80% del máximo potencial.
Por la tarde: 45 minutos de carrera al 75% del máximo potencial, seguido de cerveza y pasta.

Día 3
Por la mañana: correr hasta el agotamiento al 80% del máximo potencial.

Comenzamos un viernes por la tarde con una carrera de 45 minutos en una cinta de correr ajustada a una velocidad que era del 75 por ciento de aquella con la que cada uno de nosotros alcanzó su VO2 máximo (una medida de la capacidad aeróbica) durante las pruebas previas. El ritmo era rápido, pero no agobiante. Después de la carrera, bebíamos la cerveza. Gig y su pandilla instalaron una estufa de campamento en el patio trasero del laboratorio y prepararon una cena compuesta de pasta: espaguetis con salsa roja, una ensalada con verduras del huerto del patio trasero de Gig y pan de ajo. Mientras comíamos, uno de los colaboradores del experimento nos sirvió una cantidad de cerveza ajustada a cada uno. Entregaban las cervezas en vasos de plástico transparente con nuestros nombres escritos, lo que nos hacía sentir como si estuviéramos en una fiesta estudiantil, aunque con algo más de clase. La mitad de los corredores bebieron *Fat Tire Amber Ale*, la otra mitad bebió la cerveza placebo, *O'Douls Amber*, una cerveza sin alcohol cuya única cualidad es su notable similitud visual con la *Fat Tire*. El diseño del experimento era un doble ciego: solo un investigador sabía quién obtenía qué cerveza, y las servía en secreto en una habitación cerrada para que ni los corredores ni los demás investigadores supieran quién estaba bebiendo qué cerveza.

Mientras comíamos los espaguetis y bebíamos las cervezas en el patio, hacíamos bromas sobre la cerveza placebo y hacíamos suposiciones sobre qué cerveza estábamos bebiendo. No parecía tan diferente del tipo de refrigerios y bromas que podríamos haber compartido en el club después de una carrera o de un entrenamiento.

A la mañana siguiente, todos regresamos al laboratorio para realizar la prueba de la carrera hasta el agotamiento, una carrera en cinta rodante a un ritmo del 80 por ciento de la velocidad a la que habíamos estado corriendo cuando alcanzamos nuestros máximos VO2 en las pruebas previas al estudio. Era un ritmo agotador que hacía difícil que se pudiera hablar, pero no imposible. Tampoco podría haber hablado, incluso si hubiera querido, porque tenía en la nariz un clip que me obligaba a respirar a través de un tubo de plástico conectado a mi boca para que los investigadores pudieran medir los gases que estaba inhalando y exhalando. El aparato me causaba una sensación extraña y me sentía un poco torpe, pero no me impedía respirar, así que lo soporté en nombre de la ciencia. Cada tres minutos, calificaba la dificultad que estaba experimentando, señalando un número en una escala de esfuerzo percibido, y se suponía que debía seguir corriendo hasta que no pudiera continuar. Durante la carrera, Gig y su equipo me animaban, ya que también medían mi frecuencia cardíaca, uso de oxígeno y relaciones de intercambio respiratorio. Estas mediciones nos darían una idea de si la cerveza había provocado cambios metabólicos. Después de esta prueba, tomé un abundante desayuno y hablé con los otros corredores sobre lo extraño y duro que me había resultado el ejercicio hasta el agotamiento.

A última hora de la tarde, volvimos de nuevo para la segunda carrera. Una vez más, corrimos 45 minutos al 75 por ciento de nuestro máximo potencial, y una vez más, ingerimos una gran cantidad de pasta y bebimos el tipo diferente de cerveza a la que tomamos el día anterior. (Este plan nos permitió comparar la recuperación de cada corredor después de beber alcohol, con la de la cerveza placebo.) El estudio concluyó a la mañana siguiente, cuando todos volvimos a realizar una serie hasta el agotamiento. Al terminar el fin de semana, habíamos creado un gran vínculo entre nosotros por las cervezas compartidas y la mutua agonía durante los ejercicios.

Con el estudio realizado, esperamos ansiosamente los resultados. Cuando se completó el análisis, Gig me llamó con noticias emocionantes. Teníamos la hipótesis de que había tres mediciones que el alcohol podría alterar durante la carrera hasta el agotamiento: las calificaciones del esfuerzo percibido (cuán dura resultó la carrera); las relaciones de intercambio respiratorio (una medición de qué tipo de combustible está quemando el cuerpo); y el momento en el cual se llega al punto de agotamiento. Los resultados no mostraron diferencias entre los ensayos para los dos primeros factores, pero el tercero, el tiempo para alcanzar el agotamiento, mostró una diferencia digna de publicación.

Resultó que los hombres que participaron en el estudio alcanzaron su punto de agotamiento (en promedio) un 21 por ciento antes después de haber bebido la cerveza alcohólica, mientras que nuestras mujeres, en promedio, continuaron corriendo un 22 por ciento más durante la carrera hasta el agotamiento después de la cerveza alcohólica. El análisis mostró que la diferencia para los hombres no era estadísticamente significativa, lo que sugiere que las diferencias en los dos ensayos estaban dentro del rango que podría esperarse si la cerveza alcohólica no hubiese afectado a las mediciones que estábamos evaluando. Si la cerveza tuvo un efecto en la recuperación de los hombres, fue intrascendente. Pero la diferencia entre las carreras de agotamiento para las mujeres alcanzó una importancia estadística, lo que significa que no habríamos visto diferencias como esta si la cerveza no tuviera un efecto. Estos resultados me dieron la licencia para escribir un artículo para la revista *Runner´s World*, la cual había financiado nuestro estudio, que decía algo así: «¡La cerveza aumenta el rendimiento en las mujeres que corren!».

Si nuestros resultados eran correctos, significaba que las mujeres podrían mejorar su recuperación después de una carrera dura si tomaran cerveza. Honestamente, ¿qué más podría pedir una corredora amante de la cerveza? Significaba que mis cervezas después de una carrera no eran una indulgencia, sino un mejorador de rendimiento científicamente probado. Al menos para las mujeres, se hubiera necesitado una nueva advertencia de las autoridades sanitarias: «Según la ciencia los hombres no deberían beber alcohol si van a correr duro al día siguiente». Claro que hubiera preferido que nuestro estudio sugiriera que las cervezas tras una carrera también son beneficiosas para los hombres. Por otro lado, este resultado me proporcionaba un buen argumento para convencer a mi esposo de que debía conducir él después de una carrera, y no tomar alcohol. Yo necesitaba cerveza para mi recuperación y él no. Si nuestros resultados eran correctos, significaba que, para las mujeres, la cerveza no era un placer, sino parte de un plan de capacitación inteligente. ¡Brindo por eso!

◆  ◆  ◆

Solo había un problema: no me lo creía. Me hubiera gustado que nuestro estudio demostrara que la cerveza era genial para las corredoras. Sin embargo, mi experiencia como participante en el estudio me hacía ser algo escéptica respecto a nuestro resultado, y el proyecto me ayudó a comprender y reconocer algunas dificultades que encontramos que son comunes entre los estudios de rendimiento deportivo. Estos problemas no son una cuestión de engaño o mala praxis científica, al menos no de forma habitual. En su lugar, son el resultado de obstáculos difíciles que enfrenta cualquier investigador con la esperanza de entender científicamente la fisiología del ejercicio o el rendimiento deportivo. La conclusión es que la ciencia es complicada, y la ciencia del deporte, aún más.

Mis dudas comenzaron con la carrera hasta el agotamiento. Habíamos seleccionado este protocolo como nuestra medición de la recuperación porque es la prueba que han usado otros investigadores. Es una metodología aceptada y utilizada en muchos otros estudios, por lo que no la cuestionamos. Cuando me preguntaba si tomar una cerveza después de una carrera difícil afectaría a mi recuperación, lo que realmente quería saber es si me haría sentir malhumorada y menos capaz de correr bien al día siguiente, y la carrera hasta el agotamiento parecía ser una forma razonable de medir eso.

Esas eran mis suposiciones al planificar el estudio. Pero como participante, la prueba de agotamiento parecía ser una mala forma de cuantificar lo que intentábamos estudiar. Para mí, este ejercicio era más una prueba de tenacidad mental que una medida de recuperación. Estás corriendo al 80% de tu máximo potencial: es duro, pero no estás dándolo todo. Las piernas se vuelven un poco más pesadas y tu voluntad de continuar se desvanece, pero no llegas a alcanzar esa sensación de agotamiento total como cuando haces un esprint antes de la meta. Se convierte en un juego mental: ¿Cuánto tiempo puedes soportar esta sensación de incomodidad pero que no es un agotamiento total? Cynthia, la corredora rápida y pequeña, me dijo después: «¿Estoy realmente agotada, o simplemente cansada de esta actividad?». Convenimos en que la mayoría estábamos incómodos y aburridos. Yo sentía la necesidad de quemar toda mi energía en la cinta de golpe, y tuve que hacerlo poco a poco. Era una tortura lenta y suave.

Por un lado, cuando estoy cansada, mi motivación se desvanece, por lo que en ese sentido, el ejercicio probablemente captura un aspecto psicológico importante de la recuperación. Ciertamente no es una prueba sin valor. Pero tampoco es ideal. El problema es que se realiza en un entorno de laboratorio a un ritmo prescrito, en lugar de a una velocidad que naturalmente seleccionaríamos si diéramos rienda suelta a nuestro instinto. No pudimos apreciar cómo nos sentíamos y ajustar nuestro ritmo en consecuencia a lo largo de la prueba, como lo haríamos en un entrenamiento normal o en una carrera. Y la motivación también era un poco artificial, realmente no ganábamos nada, simplemente, éramos voluntarios. Los resultados de Larry, un maratonista alto y desgarbado, son un ejemplo perfecto de lo que estoy tratando de explicar. Corrió 10 minutos y 46 segundos más la mañana después de la cerveza sin alcohol que la mañana siguiente a la cerveza alcohólica. Después de tabular los resultados, le pregunté si era consciente de que había tenido un peor rendimiento después de la cerveza convencional. «Sí», respondió. «Probablemente, podría haber corrido un poco más, pero tenía a mi hija conmigo y quería terminar pronto para poder ir a casa».

Hablando con otros participantes después de que terminara el estudio, hubo una sensación general de que el resultado indeterminado de correr hasta el agotamiento le daba a la prueba una sensación de arbitrariedad, como un juego rebuscado de desgaste. Es un ejercicio diferente a cualquier cosa que haya hecho en la vida real, y no me queda claro cómo se traduce a lo que me importa. Resulta que nosotros no éramos los únicos investigando este tema. Una evaluación de varias pruebas de rendimiento atlético concluyó que una prueba a contrarreloj o una carrera con una distancia establecida producían resultados que tenían una mayor fiabilidad, validez y percepción en comparación con pruebas (como la nuestra) en las que se pedía a las personas que continuaran haciendo ejercicio hasta que quisieran abandonar.[5] Es importante conocer esto, porque si estás utilizando una prueba para cuantificar algo, quieres saber que cualquier diferencia que veas, entre una prueba y otra, no se debe solo a la variación normal que podría ocurrir si hicieras la prueba nuevamente en idénticas circunstancias.

La importante lección que aprendí fue que es crucial preguntar si un estudio realmente mide lo que se supone que debe medir y si esa medida se traduce en algo que importa en la vida real. En nuestro estudio, las calificaciones del esfuerzo percibido, que son esencial-

5. Martin, Pöchmüller, Lukas Schwingshackl, Paolo C. Colombani y Georg Hoffmann. «A Systematic Review and Meta-Analysis of Carbohydrate Benefits Associated with Randomized Controlled Competition-Based Performance Trials». *Journal of the International Society of Sports Nutrition* 14. Journal of the International Society of Sports Nutrition: 1–12 (2016). doi:10.1186/s12970-016-0139-6.

mente solo una respuesta a la pregunta: «¿cómo te sientes?», parecen más relevantes, y en ellas no encontramos un patrón claro que sugiera que la cerveza tuvo un efecto.

Uno de los puntos fuertes de nuestro estudio era que fue aleatorio y doble ciego: los corredores fueron asignados aleatoriamente para obtener una u otra cerveza en el primer ensayo y ni los participantes ni los investigadores que realizaron las mediciones o el análisis sabían qué pruebas se realizaron después de la cerveza alcohólica y cuáles se hicieron habiendo tomado la cerveza placebo. Tal diseño es el estándar imprescindible para este tipo de investigación, pero a pesar de todo el esfuerzo realizado en el doble ciego y los placebos, para la mayoría de nosotros fue bastante fácil descubrir qué cerveza nos habían suministrado. Larry incluso intuyó la marca de la cerveza sin alcohol que tomó. (Resulta que las había probado todas poco antes cuando había dejado de beber alcohol con la esperanza de reducir su tiempo en el maratón. Su tiempo no mejoró, así que volvió a beber cerveza de la buena.)

Desde entonces he aprendido que este problema de estudio ciego, pero no tan ciego, es bastante común en muchos otros estudios de recuperación tales como el enfriamiento con hielo, las bebidas deportivas y los masajes, donde es difícil crear un placebo convincente. Una vez eres consciente de que estás recibiendo el tratamiento auténtico, es fácil que este conocimiento influya en tus expectativas y, por lo tanto, en el rendimiento, incluso si no estás tratando de obtener determinados resultados. Si sabes que te suministraron la cerveza alcohólica, eso te puede dar licencia para abandonar un poco antes en la prueba de agotamiento. Por otro lado, si quieres pensar que el alcohol pudiera ser ventajoso, eso podría motivarte para continuar un poco más.

Durante el experimento, descubrí que es muy fácil inclinar los resultados en una dirección u otra. Algunas de las causas provienen directamente de los propios investigadores. En nuestra reunión de orientación previa al estudio, alguien le preguntó a Gig en cuánto tiempo llegaríamos al agotamiento. «La mayoría de las personas duran unos 20 minutos más o menos», dijo. Después del estudio, confirmé que no fue solo en mí en quien esta pequeña información influyó para luego correr al menos 20 minutos. Sin querer nos dio permiso para detenernos después de ese lapso. Si me hubiera dicho que la mayoría de las personas duran 40 minutos, estoy bastante segura de que habría corrido al menos ese tiempo. Se suponía que no mirábamos el reloj, pero en mi primera prueba, alguien olvidó cubrir el cronómetro en la máquina de correr, y en la segunda prueba, observé un reloj al otro lado del laboratorio. Parece ser que solo tres de nuestros 10 participantes corrieron menos de 20 minutos, y fueron los que se perdieron esa reunión general. Se suponía que la prueba no tenía una meta definida, pero ese descuido dio a los participantes un objetivo a alcanzar.

También me generó ciertas dudas el cronograma de nuestro estudio. Decidimos realizar el experimento durante un solo fin de semana, lo que significó que los corredores realizaron cuatro carreras en menos de 48 horas. Teníamos motivos para hacerlo así: era más fácil para los participantes si era solo un fin de semana, en lugar de dos, y también ahorraba costes de laboratorio y de personal. Debido a que la mitad de los corredores tomarían una cerveza alcohólica primero y la otra mitad en segundo lugar, teóricamente podríamos controlar la fatiga acumulada en la segunda prueba. Pero en la práctica, no es fácil hacer esto cuando tienes una muestra tan pequeña, especialmente cuando es poco probable que el efecto que estás estudiando sea muy amplio. Al final del segundo día, me encontraba notablemente cansada de todo el trabajo realizado. ¿Habría sido mayor el efecto de la cerveza que los efectos fatigantes del propio estudio?

Si el alcohol supuso una gran diferencia para la recuperación, los análisis como este no deberían ser muy retorcidos, pero cuando tienes un estudio tan pequeño como el nuestro, es fácil que algunos ligeros factores afecten a los resultados, especialmente si el efecto que buscas es pequeño.

Es fácil explicar cualquier deficiencia, de todos modos. Cuando Gig me dijo por primera vez que las mujeres en nuestro estudio se desenvolvían mejor a la mañana siguiente de beber cerveza, estaba contentísima. Habíamos trabajado duro para diseñar un estudio riguroso, y yo creía en nuestra ciencia. Todo lo que hicimos se llevó a cabo con nobles intenciones. Quería que el estudio diera un resultado interesante. Es de naturaleza humana querer que el trabajo tenga éxito, y lo admito, descaradamente esperaba que nuestro estudio demostrara que correr y tomar cerveza eran una buena combinación. En otras palabras, estaba preparada para creer (e inflar) nuestro resultado. Mi entusiasmo por el estudio creó un espíritu crédulo que, de no ser controlado, podría haber anulado cualquier duda. Como dijo una vez el fallecido Premio Nobel de física Richard Feynman: «El primer principio es que no debes engañarte a ti mismo, y eres la persona más fácil de engañar».[6]

Una vez que obtienes un resultado que te agrada, es muy fácil crear una historia para explicarlo. En nuestro caso, encontramos algunas posibles razones relacionadas con las hormonas sexuales y las tasas de reposición de glucógeno. Estas fueron explicaciones plausibles, pero nuestro estudio no midió esos factores, por lo que debemos tener cuidado al señalarlos como posible explicación. Son una hipótesis perfectamente razonable, pero nada más.

Mi profesor de antropología de la universidad llamaba a las narraciones que las personas construyen para explicar sus datos «Historias de así fue». El nombre proviene de los fantásticos cuentos de animales para niños de Rudyard Kipling, que explican, por ejemplo, que el camello tiene su joroba como castigo por ser perezoso. Las historias de así fue son atractivas porque explican perfectamente los datos que has encontrado. Eso no significa que sean ciertos, sino porque se crearon explícitamente para ajustarse a los datos. No hay nada de malo en pensar en las posibles explicaciones de los resultados científicos: crear estas historias es ponerlos en contexto y averiguar cuán plausibles son. Pero es sumamente importante evitar enamorarse demasiado de estas explicaciones no probadas. Un buen científico nunca pierde la noción de lo que es evidencia y lo que es

---

6. Richard Feynman hizo este famoso comentario acerca de cómo la gente se engaña a sí misma en un discurso inaugural en Caltech en 1974.

conjetura, pero mantener un claro muro entre ellos puede ser complicado, porque como seres humanos nos atraen las historias que se perciben verdaderas. Cuando la historia se ajusta a lo que queremos creer, es fácil pasar por alto sus debilidades.

Cuando tomas los resultados de una muestra pequeña como la nuestra y los promedias, la historia que escribes puede ocultar fácilmente la situación real. Nuestros promedios contaron una historia convincente, pero si miras los datos al detalle, ya no es tan convincente. Los números individuales daban resultados dispares. Una participante corrió un 74 por ciento más después de beber cerveza, mientras que otra solo rindió un 16 por ciento más. Por el lado de los hombres, un hombre corrió un 32 por ciento más después de su O'Doul, mientras que otro corrió un poco más después de la cerveza con alcohol. Eliminar el resultado más significativo de cualquiera de los dos géneros habría alterado la respuesta que obtuvimos. Visto así, me pregunté: ¿estamos realmente ante un patrón, o simplemente estamos forzando una hipótesis a partir de datos confusos?

Una limitación importante de nuestro estudio fue su envergadura. Los estudios pequeños generalmente son menos fiables que los de mayor alcance, porque es menos probable que constituyan una muestra representativa, y se sabe que tienen un sesgo a mostrar un efecto positivo para lo que se está queriendo probar.[7] Un resultado significativo de un estudio pequeño es más probable que sea un falso positivo que un resultado significativo de un estudio grande. En un artículo publicado en 2012, los psicólogos calcularon la probabilidad de obtener resultados estadísticamente significativos y demostraron que es más fácil cumplir este objetivo haciendo cinco estudios con 20 participantes cada uno, en lugar de un estudio con 100 personas.[8] A pesar de que la tasa de falsos positivos para cada estudio individual es solo del cinco por ciento (suponiendo que usen el umbral

7. John P. A. Ioannidis. «Why Most Discovered True Associations Are Inflated». *Epidemiology* 19 (5) (2008): 640-648. doi:10.1097/EDE.0b013e31818131e7.

8. Marjan Bakker, Annette van Dijk, y Jelte M. Wicherts. «The Rules of the Game Called Psychological Science». *Perspectives on Psychological Science* 7 (6) (2012): 543-554. doi:10.1177/1745691612459060.

estándar de significación), una serie de cinco estudios brinda más oportunidades de sesgo que un solo estudio mayor, y esas tasas del cinco por ciento de falsos positivos terminan sumando una tasa de falsos positivos de casi el 23 por ciento cuando se juntan los cinco estudios. Un resultado positivo en un estudio pequeño es un comienzo interesante, pero para confiar en él es necesario verificarlo, preferiblemente en una muestra más grande. Nuestro estudio fue sugerente, pero era demasiado pequeño para estar convencidos de que los beneficios de la cerveza en las mujeres eran reales o si realmente no tenían un efecto importante para los hombres.

◆ ◆ ◆

Buscar fallos o errores en un estudio como el nuestro, que se realizó de buena fe y con las mejores intenciones, puede parecer demasiado rudo. Pero hay cuestiones importantes que los científicos deben tratar sobre cualquier estudio, como son: ¿En qué sentido podría estar equivocado este resultado? ¿Cuáles son las conclusiones de las que estamos seguros y cuáles siguen siendo menos certeras? El propósito de estas preguntas no es echar abajo el trabajo realizado, sino aprender lo más posible de él. Un solo estudio nunca puede dar un dato definitivo, porque la ciencia siempre debe permanecer abierta a nuevas comprobaciones. Nuestro estudio fue solo una pequeña parte del rompecabezas de la cerveza, y repensarlo críticamente ofrece una oportunidad para descubrir qué debe hacer el próximo estudio y cómo se puede mejorar y desarrollar este. Para confiar realmente en los resultados, necesitamos repetir el estudio y mejorar los métodos para verificar que lo que habíamos observado en el primer estudio se mantiene.

Desde que hicimos el estudio, se han llevado a cabo más investigaciones, pero todavía no hay una conclusión definitiva sobre cómo (o si) tomar una cerveza o dos después de un entrenamiento influye en la recuperación. Como muchas preguntas de investigación, la respuesta más precisa probablemente incluya el vocablo «depende».

Un estudio publicado en 2014 por investigadores en Australia probó los efectos del consumo de alcohol después de un duro entrenamiento con pesas. Los resultados mostraron que cuando los sujetos tomaban alcohol después del entrenamiento de fuerza, la síntesis de proteínas miofibrilares (un tipo de reparación muscular que se realiza después de cualquier ejercicio que dañe los músculos, como el de mis piernas tras la carrera de Garfield) era menor que cuando solo ingerían proteínas después del ejercicio.[9] Esto sucedía también cuando tomaban alcohol junto con las proteínas y carbohidratos. Es un resultado interesante, pero el estudio era pequeño (solo ocho sujetos, todos hombres) y utilizaron una dosis de alcohol (1,5 gramos por kilogramo de peso corporal) equivalente a aproximadamente 7 cervezas para una persona de 70 kilos. Esto se corresponde más con una larga noche de fiesta que con tomar una cerveza con los amigos.

Matthew Barnes, investigador de temas relacionados con el ejercicio en la Universidad de Massey de Nueva Zelanda, ha realizado numerosos estudios sobre el alcohol y la recuperación física.[10] Después de un entrenamiento intenso, la fuerza del músculo ejercitado suele disminuir durante un período de hasta 60 horas, mientras este se reconstruye y se repara. El trabajo de Barnes encontró que este efecto en los músculos se intensificaba cuando los deportistas bebían 1 gramo de alcohol por kilogramo de peso corporal (el equivalente a aproximadamente 5 cervezas para alguien que pesa 70 kilos) pero no se veía afectado si la cantidad de alcohol consumida era la mitad (2,5 bebidas para una persona de 70 kilos). «Una o dos cervezas pueden estar bien, pero beber en exceso no es prudente. Mucha gente dirá que

---

9. Evelyn B. Parr, Donny M. Camera, José L. Areta, Louise M. Burke, Stuart M. Phillips, John A. Hawley, Vernon G. Coffey, *et al.* «Alcohol Ingestion Impairs Maximal Post-Exercise Rates of Myofibrillar Protein Synthesis Following a Single Bout of Concurrent Training». Editado por Stephen E. Alway. *PLoS ONE* 9 (2) (2014). Public Library of Science: e88384. doi:10.1371/journal.pone.0088384.

10. Matthew J. Barnes, Toby Mündel, y Stephen R. Stannard. «A Low Dose of Alcohol Does Not Impact Skeletal Muscle Performance after Exercise-Induced Muscle Damage». *European Journal of Applied Physiology* 111 (4) (2011): 725–729. doi:10.1007/s00421-010-1655-8; Matthew J. Barnes. «Alcohol: Impact on Sports Performance and Recovery in Male Athletes Alcohol: Impact on Sports Performance and Recovery in Male Athletes». *Sports Medicine.*(2014) doi:10.1007/s40279-014-0192-8.

es de sentido común, pero ahora tenemos la investigación que lo respalda», afirma.

Aunque la investigación sugiere que tomar un poco de alcohol probablemente no dañe notablemente la recuperación, no está claro cuánto es demasiado, dice Barnes. «Todavía no sabemos realmente la relación entre la dosis y los efectos, y no sabemos nada sobre los tiempos». Lo que sabemos sobre el alcohol y la recuperación en este momento proviene de estudios pequeños, la mayoría con diez o menos participantes, por lo que es difícil extraer conclusiones definitivas. En cuanto a la diferencia de género que encontramos, Barnes dice que algunos estudios han sugerido que el estrógeno puede ofrecer un efecto protector contra el daño muscular inducido por el ejercicio, y como el alcohol puede aumentar la producción de estrógeno, esto puede explicar por qué las mujeres en nuestro estudio pueden haber visto beneficiado su rendimiento con la cerveza. Es una *historia de así fue* bastante buena, pero mientras esperamos a que se realicen más estudios, no es más que eso.

Dado lo que sabemos en este momento, dice Barnes, la mejor recomendación es asegurarse de saciar la sed con algo de agua o bebida no alcohólica después del ejercicio y también tomar una comida decente con carbohidratos y proteínas que acompañen a la cerveza. «Mientras se haga así, una pequeña cantidad de alcohol probablemente no sea perjudicial», dice. ¡Brindo por eso!

◆ ◆ ◆

Al final, mi investigación sobre la cerveza me dejó en el mismo punto que cuando empecé: la cerveza después del ejercicio hay que consumirla con moderación y un poco de sentido común. Sin embargo, cambió completamente mi concepción del proceso científico y lo que los estudios pueden decirnos sobre la efectividad de varios enfoques para mejorar o acelerar la recuperación después del ejercicio. Lo que aprendí en el estudio de la cerveza me sirvió de guía cuando comencé a investigar el extraño mundo de los métodos de recuperación.

Por un lado, descubrí que no es suficiente preguntarse: «¿Esto funciona?». Primero, debes comenzar con una pregunta más fundamental: ¿cómo sabríamos si está funcionando? ¿Cuáles son los beneficios que este aparato o ritual se supone que debe ofrecer, y cómo los cuantificaríamos? Si la prueba proviene de una medición de laboratorio, ¿esos números se traducen en diferencias significativas en la vida real? Como descubrí durante nuestras pruebas, solo porque algo se pueda cuantificar no significa que esté respondiendo a mi pregunta.

Otra lección importante del experimento de la cerveza es lo ingenua que había sido, hasta el extremo de tener la esperanza de que un solo estudio pudiera dar alguna respuesta. Esos momentos de júbilo en los que un investigador en bata de laboratorio descubre algo nuevo e increíble que lo cambia todo (y grita: «¡Por Dios, funciona!», mientras levanta los puños) son propios de películas de ciencia ficción. Pero la aburrida verdad es que la mayoría de la ciencia es incremental. Ni nuestro experimento, ni los otros estudios sobre la cerveza en la literatura científica, proporcionaron la conclusión definitiva sobre si la cerveza podría dañar o perjudicar la recuperación, pero en conjunto ofrecieron una idea que representa la mejor respuesta que tenemos, al menos hasta que aparezcan nuevos estudios. A medida que profundizaba en la investigación sobre los métodos de recuperación, tuve que aceptar cierta incertidumbre. A veces, la mejor respuesta a si algo funciona es: «Tal vez».

También aprendí a mantener los ojos bien abiertos ante las distintas maneras en que los investigadores (y los deportistas) pueden engañarse al pensar que han encontrado la fórmula mágica de la recuperación, especialmente si es algo que realmente quieren creer. Sabía que esto podría suceder, porque casi me había pasado a mí misma. (Para ser honesta, todavía me aferro a la pequeña esperanza de que la cerveza mejore el rendimiento.) Espolvorea una idea atractiva con un poco de ciencia y puede convertirse en algo mucho más poderoso de lo que realmente muestra la evidencia. Pero te deseo buena suerte si intentas ir contra una idea que ya se ha convertido en parte de la tradición deportiva. Esa fue una lección que pronto aprendería.

# 2

# Imita a Mike

A principios de la década de 1990, Gatorade emitió un anuncio de televisión con Michael Jordan de protagonista que se convertiría en un icono en el mundo de la publicidad e inspiraría a los deportistas de toda Norteamérica. El anuncio se titulaba «*Be Like Mike*». En el mismo, se intercalaban imágenes de «mates» de Jordan con imágenes de niños encestando y, por supuesto, Jordan y otras personas felices bebiendo Gatorade de las icónicas botellas de vidrio con base gruesa y cuello fino en que se vendía la bebida en aquel momento.[11]

Stuart Phillips recuerda bien esa campaña publicitaria. Como todo joven deportista que creció en Oakville, Ontario, él también quería ser como Mike. «Michael Jordan bebía Gatorade, así que yo también bebía Gatorade», dice Phillips. A pesar de consumir la bebida deportiva, Phillips nunca llegó a ser jugador profesional, pero terminó convirtiéndose en el director del Centro de Nutrición, Ejercicio e Investigación de la Salud de la Universidad McMaster en Hamilton, Ontario. Para lo que le sirvió el anuncio de

11. «Be Like Mike Gatorade Commercial (ORIGINAL)». Disponible en YouTube, 1:00. Subido el 23 de octubre de 2006, https://www.youtube.com/watch?v=b0AGiq9j_Ak.

Jordan fue para aprender sobre el poder del marketing: «Si tienes la recomendación de un atleta que todos admiran, ¿quién necesita ciencia?».

Los hechos científicos no venden productos: las historias sí. Si quieres grandes ventas, nada mejor que tener una narrativa convincente, y nadie ha dominado mejor el arte de contar historias que Gatorade. Jordan ya era una superestrella del baloncesto cuando Gatorade lo llamó, y el público estaba ansioso por poder imitar algo de su genialidad. Entonces aparece Gatorade: Michael Jordan la bebe y el joven Stuart Phillips también la puede beber. Consumir Gatorade no era solo imitar a un héroe deportivo, era imaginar una relación causal: Jordan bebe Gatorade, luego puede hacer esos mates y canastas excepcionales, así que una cosa debe tener relación con la otra. Los psicólogos llaman a este pensamiento la «ilusión de la causalidad» y es tan poderoso que ha generado todo un género de publicidad: la recomendación de los famosos. Nadie prestaría atención a que un atleta profesional usase un producto en particular si no sospecháramos (de alguna manera) que ese producto le ayuda a tener éxito. Los irlandeses tienen un dicho: «Un paraguas acompaña a la lluvia, pero rara vez la causa». Lo mismo podría decirse de los productos que se asocian al éxito deportivo, gracias a que nuestras mentes son rápidas para conectar puntos de forma errónea.

◆ ◆ ◆

La época de las bebidas deportivas avaladas por deportistas comenzó en un campo de fútbol americano de Florida a mediados de los años sesenta. Por aquel entonces, la mayoría de los entrenadores y jugadores no pensaban mucho en el reemplazo de líquidos durante el entrenamiento o la competición. En algunos casos, incluso se aconsejaba a los deportistas que evitaran beber durante el ejercicio, para no perjudicar al estómago. Pero en 1965, un entrenador de fútbol de la Universidad de Florida acudió al Dr. Robert Cade y su equipo de médicos universitarios,[12] quejándose de que sus jugadores se estaban «marchitando» por el calor. Después de una investigación, Cade y sus colegas concluyeron que dos factores estaban causando que los jugadores fueran víctimas del calor: no reponían los líquidos y sales que estaban sudando, ni restauraban los carbohidratos que sus cuerpos quemaban como combustible.

Cade pensó que podría resolver el problema ayudando a los jugadores a reemplazar estos recursos perdidos, así que mezcló un poco de sodio, azúcar y fosfato de monopotasio con agua, para crear una bebida que pronto fue llamada Gatorade, en honor al apodo de los deportistas de la Universidad de Florida: los *Gators* (caimanes). Los jugadores se quejaron de que la mezcla tenía un sabor «putrefacto», por lo que, por sugerencia de su esposa, Cade agregó un poco de sabor a limón para hacer que la bebida fuese más sabrosa. Según la leyenda, la bebida permitió al equipo de fútbol de los *Gators* terminar la temporada con un récord ganador y, en 1967, conseguir el Orange Bowl por primera vez en la historia de la universidad. Ray Graves, el entrenador de fútbol de la Universidad de Florida de 1960 a 1969, contó esto después de la victoria de su equipo contra el Georgia Tech en el Orange Bowl de 1967: «Bobby Dodge, el entrenador del Georgia Tech, me dijo: "No teníamos Gatorade, eso marcó la diferencia". Eso mismo creía yo en ese momento, y todavía lo creo hoy día». Otros equipos se percataron de la nueva bebida, y en 1967 Cade y la Universidad de Florida firmaron un acuerdo con la empre-

---

12. Existen distintos relatos acerca de cuál fue el motivo que llevó al descubrimiento de Gatorade. Una de las historias oficiales está publicada en la página del *Cade Museum for Creativity and Invention* que dice que «Gatorade ha sido el resultado de una pregunta que le hizo al profesor de la Universidad de Florida Dr. Robert J. Cade, especialista en medicina renal, el jugador de fútbol americano Dwayne Douglas: "¿Por qué los jugadores nunca orinan durante un partido"» (accedido el 13 de marzo de 2018 en www.cademuseum.org/history.html). Según una historia de la publicidad de Gatorade publicada en la página web de la empresa en 2017, «a comienzos de 1965 un entrenador asistente de la Universidad de Florida se reunió con médicos y les pidió que determinaran por qué sus jugadores se veían afectados por el calor y enfermedades relacionadas con este». Ambas fuentes dicen que los investigadores involucrados en el desarrollo de la bebida fueron el Dr. Robert Cade, el Dr. Dana Shires, el Dr. H. James Free y el Dr. Alejandro de Quesada. La historia está archivada en: https://web.archive.org/web/20170116204425/ http://www.gatorade.com/company/heritage.

sa de productos enlatados Stokely-Van Camp para producir Gatorade comercialmente.[13] La demanda de la bebida creció exponencial-
mente.

Lo que siguió fue una campaña nacional para vender al público
la idea de que el ejercicio causaba deshidratación y el remedio era la
bebida especialmente desarrollada por Gatorade, y que este tónico
era fundamental para el rendimiento deportivo: después de todo fue
creada por un médico y probada en estudios científicos. «Gatorade
es diferente a las bebidas de frutas, refrescos o el agua. Ha sido científicamente creada; miles de deportistas confían en ella», anunciaba
el narrador de un anuncio televisivo de 1970 que terminaba con el
eslogan del producto en aquel momento: «*Gatorade. Thirst Quencher*:
la manera profesional de quitarse la sed».

«Una cosa es tener un gran plan de marketing y otra cosa es eje-
cutarlo casi a la perfección, como lo hicieron quienes trabajaron en
la marca de Gatorade», escribió Darren Rovell en su libro de 2005,
*First in Thirst*. Una de las primeras publicidades impresas de la marca anunciaba que Gatorade era absorbido 12 veces más rápido que
el agua (una afirmación que se retiró en 1970,[14] después de que el
médico del equipo de Ohio, Robert J. Murphy, la cuestionara durante
una reunión de la *American Medical Association*).

Con un toque de genialidad, Gatorade convirtió el sodio, el fós-
foro y el potasio de la bebida en algo especial al cambiar el nombre
de estas sales ordinarias por el de: «electrolitos», que es simplemente el término científico para las moléculas que producen iones cuando se disuelven en el agua. El cuerpo mantiene algunas reservas de
estos iones vitales que puede aprovechar según sea necesario para
mantener bajo control el equilibrio entre la sal y los líquidos. Perdemos electrolitos a través del sudor, pero incluso si alguien hiciera
ejercicio continuadamente durante muchas horas, su cuerpo simplemente corregiría cualquier pérdida a través de los mecanismos

---

13. Darren Rovell, *First In Thirst: How Gatorade Turned the Science of Sweat Into A Cultural Phenomenon* (AMACOM, 2006).

14. Darren Rovell, *First In Thirst*.

normales de apetito y hambre. (Ya has experimentado esto si alguna vez has deseado comer algo salado tras hacer ejercicio.)

No hay ninguna razón para poner sal en el agua (o en la cerveza, como hizo un investigador australiano en un desafortunado intento de producir una bebida más hidratante).[15] Puedes reponer tus electrolitos con alimentos. En un estudio que involucró a diez hombres que eran ciclistas o triatletas, los investigadores encontraron que realmente no importaba si bebían agua pura, una bebida deportiva o una bebida a base de leche después de una hora de ejercicio intenso.[16] Mientras bebiesen líquido junto con algo de comida, restablecerían sus niveles de fluidos de manera adecuada. La investigación sugiere que, a sabiendas o no, las personas seleccionan naturalmente los alimentos que compensan las sales o los minerales que pierden con el sudor. Incluso si necesitas reemplazar la sal, eso no significa que tengas que beberla.

Es posible que Gatorade no haya sido el primero en usar este término, pero son los que impusieron el término «electrolito» en el léxico común. Debido a que los electrolitos no eran (aún) una palabra popular en los primeros días de las bebidas deportivas, las personas podrían confundirlos con compuestos especiales pertenecientes a una fórmula mágica de bebida deportiva, para reponer los líquidos perdidos durante el ejercicio. Otros productos pronto incluyeron los electrolitos, pero Gatorade se convirtió rápidamente en el más popular.

---

15. Ben Desbrow, un nutricionista deportivo de la Griffith University de Australia, tuvo una epifanía acerca de la cerveza: la gente bebe voluntariamente una gran cantidad en comparación con otras bebidas. Se le ocurrió que si pudiera unir lo agradable de la cerveza y ponerle nutrientes para la recuperación tal vez la gente la bebería en cantidades que le permitiesen retener más líquido. Comenzó a manipular cervezas industriales y cambiar sus contenidos de alcohol y sodio. En uno de sus estudios iniciales, probó agregar sodio a la cerveza. «Era horrible» dice Desbrow. «sabía como si estuvieras bebiendo agua de mar». Desde entonces ha ido modificando la fórmula para hacerla más agradable, pero sus esfuerzos no parecen tener mucho sentido ya que los bebedores de cerveza pueden fácilmente conseguir sales de los *snacks* con los que suelen beberla.

16. Nadia Campagnolo, Elizaveta Iudakhina, Christopher Irwin, Matthew Schubert, Gregory R. Cox, Michael Leveritt, y Ben Desbrow. «Fluid, Energy and Nutrient Recovery via Ad Libitum Intake of Different Fluids and Food». *Physiology & Behavior* 171. Elsevier Inc. (2017): 228–235. doi:10.1016/j.physbeh.2017.01.009.

Las ventas aumentaron y, en 1983, Gatorade fue adquirida por Quaker Oats Company. La Liga de Futbol Americano (NFL) firmó un acuerdo ese mismo año para convertir a Gatorade en la bebida deportiva oficial de la liga y, en 1985, se fundó el Gatorade Sports Science Institute (GSSI) para promover el estudio de la hidratación y la nutrición de los deportistas. Estas investigaciones fueron una gran campaña de marketing. Convenientemente, los estudios que provenían del GSSI respaldaban las afirmaciones del producto. Una revista de 1990 anunciaba: «Probamos Gatorade en laboratorios. Lo probamos en universidades importantes con expertos en ciencias del deporte, en equipos científicos con sofisticados nombres que son más largos que esta frase. ¿Qué prueba todo eso? Que Gatorade funciona», decía un anuncio publicitario de 1990.[17]

Los primeros anuncios publicitarios presentaban la sed como el problema que Gatorade estaba diseñado para resolver, pero a medida que avanzaba el programa de investigación del GSSI, el énfasis se trasladó a un concepto más clínico de hidratación y la idea de que la sed no era un buen indicador de si un deportista estaba bebiendo lo suficiente. «Desafortunadamente, no hay una señal fisiológica clara de que se esté produciendo deshidratación, y la mayoría de los deportistas no son conscientes de los efectos sutiles de la deshidratación (sed, fatiga creciente, irritabilidad, incapacidad para concentrarse mentalmente, hipertermia)», escribió Bob Murray, cofundador de GSSI.[18] Otro informe aconsejaba a los atletas que bebieran de acuerdo a fórmulas científicas. Un anuncio de Gatorade del 2001 mostraba el brillante torso de un corredor con el número de participante 40 fijado a sus pantalones cortos y el siguiente texto: «La investigación muestra que su cuerpo necesita al menos 40 onzas (poco más de un litro) de líquido cada hora o su

17. Darren Rovell, *First In Thirst*.

18. Bob Murray. «Preventing Dehydration: Sports Drinks or Water», 20 de mayo de 2005, Accedido el 13 de enero de 2018, https://www.iahsaa.org/Sports_Medicine_Wellness/Heat/GSSI-Preventing_Dehydration_Sports_Drinks_or_Water.pdf.

rendimiento podría verse afectado».[19] Eso es el equivalente a cinco vasos de líquido, lo que significa que un corredor que termine un maratón rápido de tres horas necesitaría beber 15 vasos de líquido durante la carrera. ¡Glup!

◆ ◆ ◆

Gatorade no estaba solo en la promoción de los beneficios de beber antes, durante y después del ejercicio. Otros fabricantes de bebidas deportivas, como las compañías farmacéuticas Novartis ( fabricantes de Isostar) y GlaxoSmithKline (Lucozade Sport), también decían basarse en la ciencia cuando comercializaban sus productos. Lucozade, por ejemplo, estableció una «academia de ciencia del deporte» para promover su bebida. Juntas, estas campañas fomentaron la idea de que el ejercicio reduce los líquidos y los electrolitos (que, recuerda, es solo un nombre elegante para las sales), y que se requieren bebidas especiales para volver a restablecerlos.

Ya no bastaba con simplemente beber un poco de agua y comer algo después del ejercicio. La idea que fomentaron estas campañas de marketing era que la actividad física creaba necesidades nutricionales extraordinarias y que estas bebidas especialmente formuladas eran la mejor manera de satisfacerlas. Era algo científico.

Los médicos del deporte también instaban a los deportistas a beber. El Colegio Americano de Medicina Deportiva (ACSM), una organización profesional de expertos en ciencias del deporte (que recibía apoyo financiero de Gatorade),[20] emitió una declaración de consenso en 1996 que recomendaba lo siguiente: «Durante el ejercicio, los deportistas deben comenzar a beber temprano y a intervalos regulares a fin de reemplazar toda el agua perdida a través de la sudoración (es decir, la pérdida de peso corporal) o consumir la canti-

19. Timothy David Noakes y Dale B. Speedy. «Lobbyists for the Sportsdrink Industry: An Example of the Rise of "contrarianism" in Modern Scientific Debate». British Journal of Sports Medicine 41 (2) (2007): 107–109.

20. Noakes y Speedy. «Lobbyists for the Sportsdrink Industry» (2007) 107–109.

dad máxima que pueda ser tolerada».[21] El mensaje es que los atletas deben reemplazar los fluidos que perdieron durante el ejercicio, para que su rendimiento y su salud no se vean afectados.

A raíz de toda esta campaña, las bebidas deportivas se han convertido en un negocio multimillonario. Los antiguos clásicos como Gatorade y Powerade (la contribución de Coca-Cola al mercado) ahora compiten con productos con nombres como Propel, Accelerade, Maxade, Cytomax y Kill Kliff. Las bebidas deportivas se han vuelto tan omnipresentes como los refrescos y el agua embotellada. Pero cuando un equipo de investigadores médicos especializados en la evaluación de hallazgos científicos del Centro de Medicina Basada en Evidencia de la Universidad de Oxford, dirigido por Carl Heneghan, examinó la investigación que sustenta el auge de las bebidas deportivas, llegaron a una conclusión sorprendente: «Resulta que si se aplican métodos basados en la evidencia, lo cierto es que en 40 años de investigación sobre bebidas deportivas no se ha investigado mucho». Esto fue publicado en la revista médica BMJ.[22] Cuando el equipo de Heneghan reunió y examinó toda la evidencia disponible sobre bebidas deportivas (incluso consultaron a los fabricantes de bebidas deportivas para pedirles sus estudios de apoyo, aunque no todos colaboraron) encontraron una cantidad de evidencia preliminar o no concluyente empaquetada como si fuesen comprobaciones definitivas.

El primer problema, casi general, entre estos estudios, es que eran demasiado pequeños para producir resultados significativos. «Se sabe que los estudios pequeños están sistemáticamente sesgados hacia la efectividad de las intervenciones que están probando», escribieron Heneghan y sus colegas.[23] De los 106 estudios que anali-

21. V. A. Convertino, L. E. Armstrong, E. F. Coyle, G. W. Mack, M. N. Sawka, L C Senay, y W M Sherman. «American College of Sports Medicine Position Stand. Exercise and Fluid Replacement». *Medicine and Science in Sports and Exercise* 28 (1) (1996): I–VII. http://www.ncbi.nlm.nih.gov/pubmed/9303999.

22. Carl Heneghan y David Nunan. «Forty Years of Sports Performance Research and Little Insight Gained: Sports Drinks». *Bmj* 345 (2012). doi:10.1136/bmj.e4797

23. Al igual que han hecho otros investigadores al evaluar ensayos clínicos realizados, el grupo de Heneghan definió como pequeños aquellos estudios con menos de 100 participantes en cada grupo.

zaron, solo uno reunía a más de 100 sujetos, y el segundo estudio más grande utilizó solo 53 participantes. ¿El tamaño promedio de las muestras? Nueve. La mayoría de estos estudios eran tan concluyentes como mi experimento con la cerveza.

Otra deficiencia común era que los estudios a menudo se diseñaban de manera que prácticamente aseguraban que se encontraría un beneficio con el consumo de las bebidas deportivas. Algunos protocolos de estudio rayaban lo «cómico», dice Deborah Cohen, editora de investigaciones de BMJ, quien participó en el proyecto y escribió un resumen de los hallazgos.[24] Ella recalca un estudio donde los voluntarios ayunaron durante la noche y luego a un grupo se le dio una bebida deportiva, que contiene agua, sales y azúcar, y el otro recibió solo agua. «A las personas que recibieron la bebida deportiva les fue mejor. Bueno, no importa», me dijo. Si no ha comido nada en 12 horas y luego obtiene un poco de azúcar, por supuesto que tendrá un mejor rendimiento que las personas que todavía están en ayunas. Pero decir que eso significa que la bebida deportiva es mejor que lo que una persona normal consumiría antes o durante el ejercicio, simplemente, no se puede, dice. «¿Quién ayuna toda la noche y luego va a analizar su rendimiento sin ingerir nada?» Y, sin embargo, la investigación de BMJ encontró que este tipo de plan de estudio es sorprendentemente común entre las pruebas de productos nutricionales. En lugar de comparar un producto con lo que los atletas consumirían, comparan algún producto nutricional nuevo con el ejercicio en ayunas. Cohen sostiene que no es una prueba ecuánime de los beneficios del producto en condiciones reales.

Algunas de las propiedades deslumbrantes que muestran las bebidas deportivas en los estudios promocionados por sus fabricantes pueden no ser más que el efecto placebo. Cuando las personas se ofrecen como voluntarios para un estudio para probar una nueva bebida deportiva, llegan a ella con la expectativa de que el producto tendrá algún beneficio en el rendimiento. Los estudios usan un gru-

---

24. Deborah Cohen. «The Truth about Sports Drinks». *Bmj* 345 (2012): 20–25. doi:10.1136/bmj.e4737.

po de placebo para eliminar tales efectos, pero un placebo solo controla estas expectativas cuando no se puede distinguir del producto real. Así que es lógico, dice Cohen, que los estudios que usaron agua pura para el grupo de control encontraran efectos positivos, mientras que los que usaron placebos de sabor similar no lo hicieran.

El análisis de *BMJ* también concluyó que muchas de las mediciones tomadas en estos estudios pueden haberse visto bien en el papel, pero no son cosas relevantes en el mundo real. Muy pocos deportistas compiten en pruebas en las que el objetivo sea llegar a la extenuación. En cambio, a la mayoría de nosotros nos importa responder a preguntas como: ¿me ayuda a esforzarme más o siento menos fatiga? «Lo que es preocupante es que la mayoría de las pruebas de rendimiento utilizadas para evaluar las bebidas deportivas nunca se han validado», informa Heneghan, y se sabe que algunas de ellas, como las pruebas de agotamiento, producen resultados altamente variables, lo que significa que la repetición de la prueba en las mismas condiciones puede dar diferentes resultados. Percibí este problema yo misma en nuestro estudio sobre la cerveza, donde la prueba hasta el agotamiento se apreciaba más como una prueba de concentración y resistencia que de recuperación. Claro, los estudios producen cifras, pero esos datos pueden no responder a la pregunta en cuestión. Como aprendí en nuestro experimento con la cerveza, a veces los números no cuantifican las cosas que te interesan.

Heneghan y su equipo concluyeron que los beneficios alegados sobre las bebidas deportivas se basan en pequeños estudios con grupos de comparación que manipularon los resultados en favor de los productos analizados, con una casi total ausencia de estudios de doble ciego, por lo que los participantes probablemente fueron inducidos a obtener mejores resultados al tomar bebidas deportivas. A esto hay que agregar las trampas estadísticas que inflan los beneficios de las bebidas (por ejemplo, un estudio aumentó el beneficio de las bebidas con carbohidratos del 3 al 33 por ciento al excluir un segmento de la prueba del análisis). Sin eso, las bebidas deportivas no tienen un rendimiento tan impresionante.

Cuando se publicó el informe de Heneghan y Cohen, algunos expertos en ciencia del deporte lo criticaron por ser demasiado estricto, ya que establecieron sus estándares basados en las convenciones de la medicina clínica en lugar de la ciencia del deporte donde, por ejemplo, son comunes los experimentos con pequeñas muestras. Los estándares que deben usarse para evaluar la evidencia generan un debate importante, pero hay otro tema crucial. El marketing en torno a las bebidas deportivas se basa en una premisa fundamental, aparentemente científica, de que incluso una deshidratación menor aumenta los riesgos para la salud y dificulta el rendimiento deportivo y la recuperación, pero esta premisa no tiene base. Es más marketing que ciencia.

◆ ◆ ◆

Amby Burfoot participó en uno de los primeros estudios que el fisiólogo del ejercicio David Costill realizó en la Universidad de Ball State en marzo de 1968, encargado por Gatorade.[25] Costill está considerado como uno de los pioneros de la investigación en ciencias del deporte, y Burfoot acudió a su laboratorio en Muncie, Indiana, después de correr en un campeonato de pista cubierta de la NCAA en Detroit, donde había perdido ampliamente ante las leyendas del atletismo Gerry Lindgren y Jim Ryun. Burfoot nunca había corrido sobre una cinta (los dispositivos eran prácticamente desconocidos en ese momento), pero en el transcurso de los siguientes días, se familiarizó con la cinta rodante ya que Costill lo sometía a un agotador protocolo: tres sesiones de 20 millas (32 kilómetros), hechos al 70 por ciento de su capacidad aeróbica, que para Burfoot equivalía a un ritmo de 6 minutos por milla.[26] Durante una de las carreras, Burfoot

---

25. Amby Burfoot me contó personalmente esta experiencia en una entrevista. También la menciona en el prólogo al libro de Tim Noakes *Waterlogged: The Serious Problem of Overhydration in Endurance Sports* (Kindle Locations 2456-2458). Human Kinetics. Kindle Edition.

26. David L. Costill, Walter Kammer, y Ann Fisher. «Fluid Ingestion During Distance Running». *Archives of Environmental Health* 21 (4) (1970): 520–525. http://www.tandfonline.com/doi/abs/10.1080/00039896.1970.10667282.

no bebió nada, en otra bebió agua y en la siguiente recibió Gatorade a intervalos regulares. «Lo hice por la ciencia y porque Dave era divertido y convincente», dice Burfoot.

Burfoot era un corredor de distancia de élite que se había abierto camino en las carreras de Nueva Inglaterra durante la década de 1960. «Debido a que el maratón de Boston comienza al mediodía, todos los demás organizadores de carreras pensaron que deberían comenzar sus competiciones al mediodía. No importaba si era el 4 de julio o el Día del Trabajo, comenzábamos siempre al mediodía», me dijo Burfoot. Incluso en las carreras que se hacían en verano, con mucha humedad y con temperaturas de más de 30 grados. «Nadie se detenía a tomar agua, ni llevaba botellas, ni nada de eso», dice. «Los veteranos decían que beber, especialmente agua fría, provocaba calambres estomacales, así que no bebíamos nada.»

Durante el estudio de Costill, «me encontraba claramente mejor cuando no bebía nada, porque era a lo que estaba acostumbrado, y significaba que no tenía ningún líquido bamboleándose en el estómago», dice Burfoot. Durante las series con agua o Gatorade, Burfoot recibía líquido cada diez minutos. «Era simplemente horrible. Recuerdo que mi estómago parecía el océano Pacífico.» «Cada vez que veía el vaso, quería gritar.» Durante esas sesiones, Costill midió la temperatura corporal de los atletas, así como la cantidad de líquido que absorbían sus cuerpos. Esta última medida se tomó al pasar un tubo de plástico por sus fosas nasales y sus estómagos. «Me dijo, finge que estás sorbiendo un espagueti», dice Burfoot. El estudio mostró que la temperatura corporal de Burfoot aumentó más cuando completó la carrera sin beber, a pesar de que se sentía mejor en esa condición que cuando bebía líquidos. «Si el aumento en la temperatura del cuerpo causaba algún daño, yo no lo sentía», afirmó.

Poco después del estudio, Burfoot y algunos de los otros participantes corrieron el maratón de Boston, y Costill estuvo allí para medir su peso corporal, antes y después del evento para rastrear cuánto líquido perdían. (También hizo predicciones sobre cómo les iría en la carrera a quienes participaron en su estudio, y lo selló en sobres que se abrirían después. Costill había predicho que Burfoot terminaría el último o penúltimo entre los corredores del estudio.) «Había botellas de agua que vertíamos sobre nuestro cuerpo pero no la bebíamos», dice Burfoot. La gente a lo largo del trayecto repartía rodajas de cítricos: «Las rodajas de naranja tenían un sabor dulce delicioso, pero de vez en cuando te daban un limón y te encogías entero», recuerda. Burfoot ganó el maratón de Boston ese día sin beber un solo sorbo y, según la báscula de Costill, perdió más de cuatro kilos.

Si se siguen las pautas actuales de la ACSM, que advierten contra la pérdida de más del dos por ciento del peso corporal durante un evento, Burfoot triunfó en el maratón de Boston estando absolutamente deshidratado.[27] En ese sentido, su victoria se asemeja a otra aún más extrema. Según un artículo publicado en 2012, el etíope Haile Gebrselassie perdió casi el 10 por ciento de su peso corporal durante su victoria en el maratón de Dubai en 2009, en el cual registró el que en aquel momento fue el récord mundial de maratón.[28] Aunque las pautas de hidratación instruyen a los atletas a beber de acuerdo con la cantidad de peso que están perdiendo a través del sudor y la respiración, un estudio realizado por Yannis Pitsiladis y Lukas Beis muestra que: «beber solo cuando se tiene sed durante un maratón no es menos beneficioso que beber para reemplazar todas las pérdidas de líquidos, y no hay evidencia de que el reemplazo total de líquidos sea mejor que beber cuando se tiene sed». Además, afirmaron que los atletas que pierden la mayor cantidad de masa corporal durante maratones, ultramaratones y triatlones Ironman suelen ser los más exitosos, lo que sugiere que las pérdidas de líquidos no están tan estrechamente relacionadas con el rendimiento como afirman los fabricantes de bebidas deportivas. En cambio, los resultados implican que debe de haber un rango tolerable para la deshidratación que no afecte al rendimiento. En todo caso, los resultados sugirieron que una cantidad moderada de pérdida de fluido podría

27. Michael N. Sawka, Louise M. Burke, E. Randy Eichner, Ronald J. Maughan, Scott J. Montain, y Nina S. Stachenfeld. «Exercise and Fluid Replacement». *Medicine and Science in Sports and Exercise* 39 (2) (2007): 377–390. doi:10.1249/mss.0b013e31802ca597.

28. Yannis Pitsiladis y Lukas Beis. «To Drink or Not to Drink to Drink Recommendations: The Evidence». *BMJ (Clinical Research Ed.)* 345 (Julio 2012): e4868. doi:10.1136/bmj.e4868.

mejorar el rendimiento, tal vez aligerando la carga que un atleta necesita soportar mientras cubre la distancia hasta la meta.

Si lo que te importa es el rendimiento, medir la temperatura corporal y la pérdida de líquidos probablemente no sirva para nada. Estudios posteriores han demostrado que a medida que nos calentamos y sudamos, la temperatura corporal aumenta un poco, pero luego alcanza un nuevo equilibrio ligeramente superior. ¿Cuál fue la conclusión más importante en el estudio de Costill sobre Burfoot en la cinta de correr: que la temperatura corporal de Burfoot permaneció más baja cuando se vio obligado a beber más agua, o que se sintió mucho mejor sin todo ese líquido en su estómago? No juzgamos el rendimiento de los maratonistas por la cantidad de fluidos que pierden durante la carrera, sino por el puesto que ocupan en la clasificación. Las pruebas de laboratorio pueden promover el conocimiento científico, pero también pueden dirigir nuestra atención hacia cosas que se pueden medir fácilmente, en lugar de hacia las cosas que realmente importan.

◆ ◆ ◆

El renombrado científico deportivo y médico sudafricano Tim Noakes, era un fiel creyente en los peligros de la deshidratación hasta que dos experiencias separadas le hicieron cuestionar todo lo que creía saber.[29] Primero, Noakes participó en un estudio que examinaba a los participantes en una carrera de canoas de cuatro días. Durante una travesía particularmente difícil, uno de los remeros perdió toda su agua potable, que cayó por la borda, al pasar por unos rápidos. A pesar de haber recorrido unos 50 kilómetros en canoa sin beber, la temperatura del cuerpo del remero no se había elevado,

---

29. Noakes es quizás más conocido por sus teorías sobre la fatiga por ejercicio y ha hecho toda una carrera en contra del pensamiento científico convencional, algunos dicen que en su propio detrimento. En 2017, el Health Professions Council de Sudáfrica lo absolvió de un cargo de mala conducta profesional imputado por la Asociación de Dietistas que protestaba por el consejo que dio en Twitter diciéndole a una madre que alimentase a su bebe con una dieta alta en grasa y baja en carbohidratos, un plan de alimentación que es el objeto de su última cruzada.

como habría predicho la teoría de la deshidratación. «Lo pesamos, y había perdido cerca de cuatro kilos, pero su temperatura corporal era normal y pensé: ¡Oh, Dios mío!, la pérdida de peso corporal no tiene nada que ver con la temperatura corporal», dice Noakes. Este fue un momento de inflexión, porque la sabiduría convencional sostenía que una de las razones por las que se pensaba que la deshidratación era tan peligrosa era que ponía a las personas en riesgo de sufrir un golpe de calor, y este hallazgo contradecía esa suposición.

El estudio sobre las carreras de canoas hizo que Noakes reconsiderara la idea de que mantener la hidratación era esencial para evitar el golpe de calor. Más tarde, en 1981, una corredora escribió a Noakes describiendo una experiencia extraña que había tenido en el maratón de *Comrades* de ese año (un famoso ultramaratón de 90 kilómetros en Sudáfrica). Fue la primera vez que el evento proporcionó puestos de bebidas a cada una de las 56 millas del recorrido, dice, y esta corredora escribió para decir que había empezado a sentirse realmente rara en tres cuartas partes de la carrera. Su esposo la sacó de la prueba y la llevó a un puesto médico. Los primeros en atenderla asumieron que estaba deshidratada y le administraron dos litros de líquido intravenoso, después de lo cual perdió el conocimiento. Sufrió un ataque en el camino a la sala de urgencias. En el hospital, los médicos descubrieron que su concentración de sodio en sangre era peligrosamente baja. El diagnóstico final fue una afección médica llamada «intoxicación por agua» o hiponatremia; es decir, muy poco sodio en la sangre. Contrariamente a lo que había asumido el equipo médico en la carrera, la corredora no estaba deshidratada, estaba sobrehidratada.[30] Había bebido tanto líquido que su sodio sanguíneo se había diluido peligrosamente hasta el punto de la hiponatremia. Un nivel bajo de sodio en la sangre hace que las células del cuerpo se hinchen, y cuando esto sucede en el cerebro, los resultados pueden ser mortales.

---

30. T. D. Noakes y D. B. Speedy. 2006. «Case Proven: Exercise Associated Hyponatraemia Is due to Overdrinking. So Why Did It Take 20 Years before the Original Evidence Was Accepted?» *British Journal of Sports Medicine* 40 (7). BMJ Group: 567–572. doi:10.1136/bjsm.2005.020354.

Su caso fue solo el inicio de una trágica tendencia. En 1987, 16 participantes en el maratón de *Comrades* terminaron en el hospital con hiponatremia, y en 1988, Noakes y sus colegas acudieron al *Comrades*, preparados para estudiar a los atletas que desarrollasen la enfermedad. Ocho corredores colapsaron con hiponatremia aquel día, y el grupo de Noakes descubrió que se habían sobrecargado de líquidos al beber entre 0,8 y 1,3 litros por hora. Los cálculos de Noakes mostraron que era muy fácil sobrehidratarse siguiendo las pautas que les recomendaban.[31]

Noakes se ha convertido en un personaje controvertido en temas que van desde la ciencia de la fatiga hasta lo saludable de las dietas ricas en grasas, por lo que no es sorprendente que fuera una de las primeras y más fuertes voces contra el tema de la sobrehidratación (escribió todo un libro sobre el tema).[32]

Sin embargo, Noakes no está solo en su preocupación por si el hecho de querer evitar la deshidratación ha puesto a los deportistas en peligro de exponerse a algo mucho más grave, como la intoxicación por agua. En 1986, otro grupo de investigadores publicó un artículo en el Diario de la Asociación Médica Americana que describe la experiencia personal de dos médicos que se habían quedado estupefactos y desorientados durante un ultramaratón que ambos realizaron.[33] A los hombres se les diagnosticó hiponatremia y llegaron a la conclusión de que habían desarrollado la enfermedad por beber demasiado.

Nunca ha habido un caso de que un corredor muera de deshidratación durante un maratón, pero desde 1993, al menos cuatro maratonistas han muerto de hiponatremia que desarrollaron durante una carrera.[34] Además, muchos otros atletas han enfermado gravemente, pero han sobrevivido. En 1998, Kelly Barret, una dentista pediátrica

31. T. D. Noakes, Goodwin N., Rayner B. L., *et al.* «Water intoxication: a possible complication during endurance exercise». Med Sci Sports Exerc 1985; 17: 370–375.

32. Timothy Noakes, *Waterlogged*.

33. Tyler Frizzell. «Hyponatremia and Ultramarathon Running». *JAMA: The Journal of the American Medical Association* 255 (6) (1986): 772–774.

34. Noakes y Speedy. 2006. «Case Proven: Exercise Associated Hyponatraemia».

de 43 años y madre de tres hijos, fue la primera corredora en morir en el maratón de Chicago, y fue la hiponatremia la que probablemente la mató.[35] La afección ha matado también a reclutas militares y también a varios jóvenes futbolistas. En el maratón de Boston de 2002, Cynthia Lucero se derrumbó antes de la llegada. La joven de 28 años, que participaba en la carrera para recaudar fondos para los pacientes de cáncer, había tomado mucho líquido durante la misma y desarrolló un caso de hiponatremia tan grave que la mató. El mismo día, en el maratón de Boston, los investigadores de la Escuela de Medicina de Harvard tomaron muestras de sangre de 488 maratonistas después del final. Las muestras mostraron que el 13 por ciento de estos corredores tenía hiponatremia diagnosticable y tres de los corredores tenían casos críticos de la afección.[36] Investigadores alemanes también tomaron muestras de sangre de más de mil finalistas del Campeonato Europeo de Ironman durante varios años y encontraron que el 10,6 por ciento de ellos tenía hiponatremia.[37] La mayoría de los casos fueron leves, pero casi el dos por ciento de los finalistas sufrieron casos graves o críticos. Aunque los hallazgos indican que aún es una condición rara, lo que los hace especialmente preocupantes es que los síntomas tempranos de hiponatremia se confunden muy fácilmente con los de deshidratación: debilidad, dolor de cabeza, náuseas, mareos y aturdimiento.[38]

¿Cómo se convirtió la hiponatremia en una aflicción de los atletas? En retrospectiva, puede reducirse a un error de cambio de prioridades. Tras el éxito masivo de Gatorade, los fabricantes de bebidas

---

35. Eric Zorn. «Runner's Demise Sheds Light On Deadly Myth», *Chicago Tribune*, 11 de octubre de 1999.

36. Christopher S. D. Almond, Andrew Y. Shin, Elizabeth B. Fortescue, Rebekah C. Mannix, David Wypij, Bryce a Binstadt, Christine N. Duncan, *et al.* «Hyponatremia among Runners in the Boston Marathon». *The New England Journal of Medicine* 352 (15) (2005): 1550–1556. doi:10.1056/NEJMoa043901.

37. Matthias Danz, Klaus Pottgen, Philip Tonjes, Jochen Hinkelbein, y Stefan Braunecker. «Hyponatremia among Triathletes in the Ironman European Championship». *New England Journal of Medicine* 374 (10) (2016). doi:10.1056/NEJMc1514211.

38. Rosner, M. H., and J. Kirven. «Exercise-Associated Hyponatremia». *Clinical Journal of the American Society of Nephrology* 2 (1) (2006): 151–161. doi:10.2215/CJN.02730806.

deportivas se dirigieron a la ciencia para promocionar sus productos, y los investigadores centraron sus mediciones en las cosas que eran fáciles de cuantificar: la temperatura corporal y las pérdidas de sudor. Basándose en la idea de que la deshidratación debe ser un factor de riesgo para el golpe de calor, la atención se centró en la recuperación de la pérdida de líquido. Las ventas entonces se basaron en que la hidratación era clave para prevenir enfermedades mortales causadas por el calor, tales como un golpe de calor.

El problema es que, si bien la deshidratación puede asociarse con enfermedades relacionadas con el calor, no es un factor universal. «No tienes que estar deshidratado para sufrir un golpe de calor», dice Samuel Cheuvront, fisiólogo investigador del Instituto de Investigación de Medicina Ambiental del Ejército de los Estados Unidos. El golpe de calor por esfuerzo puede producirse bastante rápido cuando alguien hace mucho ejercicio en el calor (o incluso en el frío), demasiado poco tiempo como para que ocurra una deshidratación.[39] Claro que la deshidratación puede aumentar la probabilidad de un golpe de calor, pero no suele ser una causa, dice Cheuvront. Cuando él y sus colegas analizaron 20 años de datos de golpes de calor en el ejército, encontraron que solo el 20 por ciento de los casos tenían deshidratación asociada a ellos. «La mayoría de las veces, la deshidratación no causa el golpe de calor y puede que ni siquiera esté relacionada», dice.

Pero las pérdidas de fluidos son relativamente fáciles de cuantificar pasando por la báscula antes y después del ejercicio, y son más fáciles de solucionar que las altas temperaturas a las que un atleta podría estar exponiéndose. La deshidratación también parece afectar a las marcas de rendimiento, al menos las que los investigadores estaban evaluando en el laboratorio, y eso hizo que su importancia pareciera mayor. Así que hay investigadores bien intencionados que buscan formas de ayudar a los atletas a sobrellevar el calor, y en-

39. William O. Roberts, 2006. «Exertional Heat Stroke during a Cool Weather Marathon». *Medicine & Science in Sports & Exercise* 38 (7): 1197–1203. doi:10.1249/01. mss.0000227302.80783.0f.

cuentran un problema relacionado, pero diferente, que con el tiempo se convierte en el nuevo centro de atención. Las buenas intenciones empujadas, tal vez, por intereses comerciales, se unen para crear un paradigma que mantiene la hidratación como algo primordial. A los atletas se les dice que beban antes de tener sed porque pierden líquidos a través del sudor antes de que tengan la sensación de sed, y que incluso pequeñas pérdidas de líquidos parecen perjudiciales para la salud y el rendimiento.

El problema con este modelo de hidratación es que pasa por alto la fisiología básica. Resulta que el cuerpo está muy bien adaptado para hacer frente a la pérdida de varios litros de líquido, especialmente durante el ejercicio. Cuando se hace ejercicio, se pierden líquidos y sales a través del sudor y eso se traduce en un pequeño cambio en lo que se denomina «osmolalidad plasmática»; es decir, la concentración de sales y otros compuestos solubles en la sangre. Se necesita suficiente líquido y electrolitos en la sangre para que las células funcionen correctamente, y este equilibrio está estrechamente regulado por un circuito de retroalimentación, dice Kelly Anne Hyndman, profesora de medicina en la Universidad de Alabama en Birmingham y experta en fisiología renal. Cuando pierdes sal a través del sudor, tu cerebro percibe la correspondiente caída en la osmolalidad plasmática y dirige la liberación de la hormona antidiurética (ADH), que estimula a los riñones a activar las acuaporinas, que son como pequeñas pajitas que penetran en los riñones para extraer agua y devolverla a la sangre. «Es una forma de conservar el agua», dice Hyndman. A medida que el cuerpo reabsorbe el agua, la osmolalidad plasmática vuelve a la normalidad, el cerebro percibe el cambio y deja de segregar la ADH. Este circuito de retroalimentación se ajusta con precisión para mantener la osmolalidad plasmática en un rango seguro. Incluso una pequeña gota de electrolitos activará este sistema para mantener su nivel de líquidos bajo control. «A la gente le preocupa deshidratarse, cuando la realidad es que es mucho más fácil hidratarse en exceso, porque nuestros cuerpos son muy buenos conservando el agua», dice Hyndman. «Estar un poco deshidratado no es algo malo. Nuestros cuerpos pueden soportarlo».

«Los atletas que desarrollan hiponatremia durante el ejercicio suelen llegar a beber demasiado, porque han sido condicionados para pensar que necesitan beber más allá de la sed», dice Tamara Hew-Butler, profesora de ciencias del ejercicio en la Universidad de Oakland, que también es la autora principal de varios artículos, y de una declaración de consenso sobre la hiponatremia.[40] Según Hew-Butler, incluso si no se bebe nada (lo que ella no recomienda), los niveles de sodio en sangre aumentarán en respuesta a las pérdidas de sudor, y como resultado, el cuerpo modificará los fluidos de la sangre para mantener el equilibrio de líquidos. El mismo bucle de retroalimentación que llama a las acuaporinas también activa tu sed, porque las acuaporinas se activan antes de que sientas sed. «No tienes que beber si no tienes sed». Así como la somnolencia es la forma en que el cuerpo te dice que es hora de dormir, la sed es la forma en que el cuerpo se asegura de que busques líquidos cuando los necesites. Nadie te dice que duermas antes de estar cansado y, a menos que estés en una situación en la que no puedas beber durante un período prolongado, tampoco tiene sentido beber antes de que sientas sed. El cuerpo es una máquina precisa que ha evolucionado para adaptarse a las condiciones cambiantes, y no es necesario (ni sensato) intentar ser más inteligente que él.

También puedes olvidarte de esas tablas que registran los distintos colores de la orina como si fueran muestras de pintura, e ignorar a quienes digan que la orina amarilla es una señal de que necesitas beber más agua. Si piensas en la hidratación desde el punto de vista de lo que sucede dentro del cuerpo, es fácil ver por qué no son útiles. El color de tu orina es esencialmente una medida de la concentración de tu orina. Si tiene más desperdicio que agua, se ve oscuro, y si es principalmente agua, es claro o casi transparente. Pero eso no es

40.  Tamara, Hew-Butler, Valentina Loi, Antonello Pani, y Mitchell H. Rosner. «Exercise-Associated Hyponatremia: 2017 Update». *Frontiers in Medicine* 4. (2017) Frontiers Media SA. doi:10.3389/fmed.2017.00021; Tamara Hew-Butler, Mitchell H. Rosner, Sandra Fowkes-godek, Jonathan P. Dugas, Martin D. Hoffman, Douglas P. Lewis, Ronald J. Maughan, et al. 2015. «Statement of the Third International Exercise-Associated Hyponatremia Consensus Development Conference, Carlsbad, California, 2015». *Clinical Journal of Sport Medicine* 25 (4): 303–320. doi:10.1097/JSM.0000000000000221.

lo importante. Lo que realmente quieres saber es qué está pasando en tu sangre, y la orina no puede decirte eso.[41] La orina oscura puede significar que se está quedando sin líquido, pero también podría significar que los riñones están controlando la osmolalidad plasmática al conservar el agua. Orina muy ligera o clara significa que has bebido más agua de la que tu cuerpo necesita, y eso no es necesariamente algo bueno, especialmente, antes de un evento deportivo.

Resulta que usar el peso corporal para determinar el estado de hidratación también puede ser engañoso, dice Cheuvront. Alguien que corre una maratón quema algo así como 2.000 o 3.000 calorías. Está perdiendo peso en el proceso, pero no es solo agua. Incluso una pérdida del 3 por ciento del peso corporal puede no traducirse en una pérdida significativa de agua, en parte porque la quema de combustible como las grasas y los carbohidratos libera agua como producto de la combustión.[42] Alguien que ha perdido el 4 por ciento de su peso corporal en la línea de meta podría estar deshidratado en un 2,5 por ciento, y probablemente no alcanzó ese último punto hasta las millas finales, dice Cheuvront. En eventos que duran más de dos horas, las pérdidas de peso podrían sobrestimar las pérdidas de líquidos hasta en un diez por ciento.

Debido a la forma en que el cuerpo se adapta a la pérdida de líquidos, el consejo común de beber muchos líquidos antes de un gran evento como un maratón puede ser contraproducente. Si bebes agua en exceso antes de una competición, preparas a tu cuerpo para que sea menos dado a retener líquidos valiosos, dice Mark Knepper, jefe del Laboratorio de Biología de Sistemas Epiteliales del Instituto Nacional del Corazón, los Pulmones y la Sangre. Cuando estás muy hidratado, tu cuerpo no necesita activar muchas acuaporinas, y con el tiempo reduce el número de ellas en reserva, lo que significa que tendrás menos de estas pajitas de agua listas cuando las necesites.

---

41.  C. Heneghan, P. Gill, B. O'Neill, D. Lasserson, M. Thake, M. Thompson, y J. Howick. 2012. «Mythbusting Sports and Exercise Products». *Bmj* 345. doi:10.1136/bmj.e4848.

42.  Maughan, Ronald J., Susan M. Shirreffs, y John B. Leiper. 2007. «Errors in the Estimation of Hydration Status from Changes in Body Mass». *Journal of Sports Sciences* 25 (7): 797–804. doi:10.1080/02640410600875143.

Por otro lado, si te has acostumbrado a esperar hasta que tengas mucha sed para beber, el cuerpo se adaptará a conservar el agua y a tener más acuaporinas para que permanezcan listas. En lugar de prehidratarse, Knepper dice que en realidad podría ser mejor que los atletas practiquen cómo conservar el agua durante los entrenamientos y se limiten a beber según la sed que tengan antes de un evento, en lugar de tratar de reponer líquidos.

Para los deportistas que realizan ejercicios no continuos como el CrossFit o el fútbol, beber según la sed, entre series o en el descanso, es una manera fácil de mantener los líquidos en equilibrio. Pero resulta que incluso los atletas de resistencia extrema no necesitan beber con frecuencia necesariamente. La *Ultra Sports Science Foundation* ha publicado un conjunto de principios rectores para la hidratación, dirigidos a los atletas que compiten en eventos de larga distancia como los ultramaratones o los triatlones Ironman.[43] Escritas por Martin Hoffman, un ultramaratonista e investigador de la Universidad de California en Davis, las pautas instruyen a los atletas a beber según la sed y a esperar que se produzca cierta pérdida de peso durante el ejercicio. «Hemos hecho un metaanálisis sobre estudios que investigaban beber conforme a un cronograma o cuando se tuviera sed y no se han visto diferencias», me dijo Hoffmann. Perder peso durante una prueba larga es lo que se espera. Si acabas un ultramaratón sin haber perdido peso es que estás sobrehidratado.

Las pautas de Hoffman también reconocen que la deshidratación rara vez es una causa de golpe de calor y dicen que la mayoría de los calambres musculares no son causados por la pérdida de electrolitos. (La última ciencia sobre calambres sugiere que pueden ser tanto un problema neurológico como muscular.) A pesar de la proliferación de suplementos ricos en electrolitos y tabletas de sal dirigidos ambos a atletas de resistencia, la suplementación con sodio no

---

43. Martin D. Hoffman. «The Basics of Proper Hydration During Prolonged Exercise». Posted on the Ultra Sports Foundation website. Accedido en enero de 2018. http://ultrasportsscience. us/wp-content/uploads/2017/07/The-Basics-of-Proper-Hydration.pdf.

es necesaria durante el ejercicio prolongado «hasta 30 horas, incluso en condiciones de calor», según la guía de Hoffman. El sodio que consume un corredor de ultramaratón, en una dieta típica, proporciona suficiente sal para evitar cualquier problema relacionado con los líquidos debido al descenso de la sal, y el consumo excesivo de sal durante el ejercicio no ayuda y puede incluso hacer que la deshidratación y la hiponatremia sean más probables. Los suplementos ricos en electrolitos «son otra forma fácil de ganar dinero a costa de deportistas vulnerables, a los que se les vende algo que prácticamente no cuesta nada», dice Hoffman.

◆ ◆ ◆

Si nuestros cuerpos se adaptan tan bien a la pérdida moderada de líquidos y nos avisan cuando necesitamos beber, ¿por qué hay tantos estímulos que nos exigen beber antes de sentir sed? La ACSM, la Asociación Nacional de Fuerza y Acondicionamiento (NSCA) y las directrices de la Asociación Nacional de Entrenadores Atléticos (NATAA) actualizaron sus posturas para advertir sobre la hiponatremia, pero aún promueven la idea de que la sed es un mal indicador de hidratación y que debe evitarse perder más del dos por ciento de peso corporal. Una explicación obvia para esto es que la mayor parte de lo que escuchamos sobre la hidratación proviene de compañías e investigadores con un gran interés en hacer que todo parezca complejo y altamente científico. (El ACSM, NSCA y NATAA reciben fondos de fabricantes de bebidas deportivas, y también lo hacen algunos de sus miembros.) Si fuera tan simple como beber solo cuando se tiene sed, no necesitaría el asesoramiento de un experto o productos científicamente elaborados como Gatorade o los electrolitos de la marca TB12, tan promovidos por el jugador de los New England Patriots Tom Brady. Algunas empresas ahora están comercializando monitores de hidratación individualizados que prometen cuantificar exactamente cuánto líquido se está sudando. Pero estos artilugios no responden a la pregunta importante de qué está sucediendo en la sangre, y si beber más mejorará el rendimiento o la recuperación.

Sin embargo, mire donde mire, parece que siempre hay alguien que me dice que beba más agua. En su libro de 2017, *The TB12 Method,* Brady presenta su fórmula de hidratación mágica: beba al menos la mitad de su peso corporal en onzas de agua todos los días. «Con 225 libras (102 kilógramos), eso significa que debería estar tomando 112 onzas (3,3 litros) al día, como mínimo», escribe. (Brady también sostiene que «cuanto más hidratado estoy, menos probabilidades tengo de quemarme por el sol», una afirmación cuestionada por los científicos).[44] Su cantidad de agua recomendada diaria no es escandalosamente elevada, pero tampoco es realmente necesaria.

Desde una perspectiva biológica, es difícil imaginar que el cuerpo humano sea tan delicado que no pueda funcionar correctamente sin científicos (o estrellas de fútbol) que se abalancen sobre nosotros con estadísticas para decirnos cómo mantenerlo funcionando correctamente. «Tienes que confiar en tu cuerpo», dice Knepper, experto del Instituto Nacional del Corazón, los Pulmones y la Sangre. Los seres humanos han evolucionado para sobrevivir haciendo ejercicio sin beber agua y menos aún bebidas deportivas conforme a una estricta tabla. «Obtienes pistas sobre lo que necesitas si escuchas a tu propio cuerpo. No tienes que saber química para sobrevivir.» A menudo he notado que el agua tiene un sabor especialmente delicioso cuando tengo sed, y Knepper dice que no es mi imaginación, sino el trabajo de los receptores de la parte posterior de la garganta que pueden influir en la percepción. El agua sabe mejor cuando nuestros cuerpos realmente la necesitan, dice. «Pero si no estás deshidratado no es tan buena, e incluso puede ser desagradable.»

Poco después de la invasión de Irak en 2003, Knepper recibió una llamada de los médicos del Centro Médico del Ejército Walter Reed en busca de consejo sobre la hiponatremia, que estaba causando un

44. Hayden Bird. «Medical Experts Offer Response to "TB12 Method" Claim about avoiding Sunburn through Hydration», 29 de septiembre de 2017 Boston. Accedido el 7 de agosto de 2018. www.boston.com/sports/new-england-patriots/2017/09/29/tb12-method-sunburn-prevention-hydration-claim-doctor-response; Vivian Manning Schaffel. «Tom Brady says this trick prevents sunburns. Science says otherwise», 27 de septiembre de 2017, NBC, accedido 7 de agosto de 2018. www.nbcnews.com/better/health/tom-brady-s-drinking-water-prevents-sunburn-claim-fake-news-ncna805116.

número preocupante de bajas. El procedimiento operativo estándar de los militares en ese momento requería que las tropas bebieran aproximadamente un litro de agua por hora mientras trabajaban en el árido ambiente de Irak. En pocas palabras, estaban bebiendo demasiado, dice Knepper. «El Ejército finalmente recortó a poco menos de medio litro por hora. No pude convencerlos para que dejen que los soldados beban lo suficiente para saciar la sed y punto.» Las cuotas de consumo diario de agua son peligrosas, dice, porque pueden hacer que las personas beban en exceso y posiblemente terminen con un cerebro inflamado, o algo aún peor.

Después de examinar el tema, no puedo evitar pensar que hemos convertido la hidratación en algo demasiado complicado. Llevo a mi perro a correr conmigo la mayor parte de las veces y nunca he medido el color de su orina ni lo he forzado a beber (como si pudiera hacerlo). Me aseguro de que tenga acceso frecuente al agua, pero no siempre la toma. A veces no bebe nada durante un largo recorrido, y en esas ocasiones siempre va directo a su plato de agua cuando llegamos a casa y bebe hasta que está satisfecho. Nunca he tenido que administrarle una vía intravenosa de emergencia por niveles bajos de líquidos. Si beber según la sed es lo suficientemente bueno para el perro, probablemente también lo sea para mí.

# 3

# El combustible perfecto

L a primera vez que presté atención al problema del «reabastecimiento» después del ejercicio fue en una clase de física en la
escuela secundaria. Para explicar la energía, nuestro maestro, el Sr.
Gore, nos hizo ver un episodio del programa de la PBS *El anillo de la
verdad,* presentado por el físico del MIT Philip Morrison.[45] Para explicar cómo el cuerpo humano utiliza la energía, Morrison investigó
a los ciclistas que competían en el Tour de Francia y calculó el combustible que necesitaban cada día para completar la carrera que
dura tres semanas. Lo hizo usando lo que llamó una «unidad común
cotidiana»: es decir, un dónut con mermelada. Una persona normal
como él podría estar en condiciones con el equivalente calórico de
12 dónuts con mermelada al día, dijo Morrison. «¡Pero no los corredores!», declaró con su característica voz áspera. Luego procedió a
amontonar una rosquilla tras otra en una parrilla de barbacoa. «30
o 32 unidades de dónuts con mermelada: esa es la ingesta de energía de cada uno de estos deportistas», decía Morrison, antes de

---

45.  La escena del dónut con mermelada aparece en el episodio dos («Change») del programa de televisión *Ring of Fire.* La serie de seis capítulos se emitió en la PBS en 1987. El presentador era Philip Morrison, un científico que había trabajado en el Proyecto Manhattan
que desarrolló la primera bomba atómica. Luego se convirtió en militante a favor del control de armas. Murió en abril de 2005 a los 89 años de edad. Hasta febrero de 2018 estaba
disponible en YouTube. https://www.youtube.com/watch?v=Nk8CQNThbc0.

quemarlos para demostrar cómo los alimentos se convierten en energía.

«Me comí una magdalena antes de levantarme», dijo en el vídeo el ciclista Alex Stieda, del equipo 7-Eleven.[46] Después de la carrera, Stieda comió: «Fruta: algo que es liviano para el estómago. Esperamos un par de horas, y luego cenamos». Para recuperarse de sus esfuerzos prolongados, los ciclistas que viajaban en el Tour necesitaban carbohidratos para reponer sus reservas de glucógeno muscular, proteínas para ayudar a reparar el daño en los músculos y calorías, muchas calorías.

Morrison entró a la cocina para entrevistar a un cocinero que preparaba la comida de los ciclistas y le pidió que pusiese en una mesa la comida de todo un día. La variedad incluía café, pasteles, copos de maíz, bananas, duraznos, sándwiches de jamón, panecillos, mantequilla, una ensalada verde, sopa, grandes trozos de carnes rojas, porciones múltiples de algún tipo de tarta y una pequeña copa de vino. «Mira. Es una comida común, que resulta familiar y atractiva. Todos la reconocemos. Buena comida francesa, bien preparada. Eso no es extraordinario. Lo extraordinario es la cantidad», decía Morrison. A medida que la historia continúa, vemos a los ciclistas tragar platos de pasta, chuletas de cerdo y vegetales salteados, entre otras cosas.

Los ciclistas a los que Morrison entrevistó en la década de 1980 alimentaban sus motores con buena comida francesa, pero cuando yo comencé a competir en ciclismo en la década de 1990, los alimentos especialmente diseñados para deportistas se estaban convirtiendo en la norma. En la época en que Alex Stieda comenzaba sus mañanas de carrera con un bizcocho, un par de corredores en el norte de California estaban experimentando con mezclas de jarabes y granos en un intento por crear un alimento ideal para consumir durante el ejercicio. «Queríamos crear algo nosotros mismos», dice Jennifer Maxwell, nutricionista y corredora que, junto

---

46. En 1986, Alex Stieda, un canadiense de Vancouver, se convirtió en el primer norteamericano en vestir el maillot amarillo en el Tour de France.

con su esposo, Brian (quien murió en 2004) comenzó a experimentar con varias mezclas de alimentos. «Cuando estás queriendo ir más allá de ser un deportista de fin de semana y estás entrenando a un alto nivel, la nutrición se convierte en lo más importante.» En ese momento, dice, había una creciente preocupación por la nutrición entre los deportistas. Los Maxwell desarrollaron sus barras a través de prueba y error, mezclando diferentes ingredientes en los viejos fogones Wedgewood en la cocina de su apartamento. «Teníamos ciertos parámetros que queríamos cumplir. Uno era que tuviera poca grasa, principalmente para hacerlo digestible. Dos, tenía que tener una vida prolongada», dice Maxwell. Como base, probaron el arroz integral y algunos otros granos antes de optar finalmente por el salvado de avena, que entonces era considerado más como alimento para el ganado que como comida para seres humanos, dice Maxwell. «Nos gustó porque tenía un alto contenido en fibra soluble y haríamos una especie de gel.» Probaron sus creaciones con otros miembros de su pequeña comunidad de atletas de resistencia. «Nos presentábamos en las carreras de fin de semana con barras envueltas en celofán y decíamos a la gente: prueba esto y a ver cómo te sientes», cuenta Maxwell. Con base en tales comentarios, la pareja regresaría a su cocina y ajustaría la receta un poco más. Una versión experimental contenía una proteína láctea que presentaba problemas de digestibilidad, por lo que la eliminaron de su variedad de posibles ingredientes. Jugaron con diferentes proporciones de carbohidratos simples y complejos y varios aminoácidos, vitaminas y minerales. Sabían para qué servían los nutrientes, pero querían que su creación fuera tan sabrosa como nutritiva. «El sabor era primordial. Era algo así como un caramelo.» Los Maxwell tardaron unos tres años en perfeccionar la receta, que también incluía algunas vitaminas y minerales. Guardaron cautelosamente su fórmula, preocupados de que alguien la robara.

Llamaron a su creación PowerBar, y en 1987, comenzaron a comercializar el producto. «Era nuestro bebé», dice Maxwell. «Lo hicimos nosotros mismos con nuestras propias manos.» Esas barritas masticables envueltas en papel dorado fueron el comienzo de una nueva era en la nutrición deportiva. «Pusimos harina de arroz en el exterior de las barras, para que no se pegaran a la envoltura», dice ella. «El mimo depositado en el producto era total. No escatimábamos en costes. Cuando comenzamos con el negocio solo vendíamos por correo, y yo ponía pequeñas notas escritas a mano en las cajas.» Los clientes respondían diciendo que les encantaba el sabor y la comodidad que ofrecían las barras. En 1989, PowerBar había adquirido su propia planta en Berkeley para producir las barras a gran escala.

PowerBar patrocinó al equipo de ciclismo de Boulder, Colorado, donde yo corría, a principios de la década de 1990, y las barritas que la empresa nos enviaba sabían a caramelo espolvoreado con serrín. Venían en dos sabores: chocolate y nuez con malta. «El chocolate era similar a una Tootsie Roll; es decir, que era una golosina saludable», dice Maxwell. Si se los metía en el microondas o en un bolsillo sudoroso y se tenía un poco de imaginación, podría pretenderse que los de chocolate eran batidos de *brownie* mezclados con salvado de trigo. En invierno, las barras podían utilizarse como raspadores de nieve para el parabrisas, ya que con el frío se endurecían como si fueran de plástico. Sin embargo, nada de eso nos importaba. Las Powerbars eran lo que comían los deportistas de verdad, y estábamos encantados y agradecidos de obtenerlas gratis. Llevar la marca en nuestras camisetas era como una prueba de autoridad.

Acababa de graduarme en la universidad con el título en biología y quería saber todo lo que pudiera sobre la ciencia del deporte. Mi entrenadora de ciclismo estaba trabajando en un título de posgrado y había pasado mucho tiempo en el laboratorio de fisiología del ejercicio de la universidad. Me dijo que una de las cosas más importantes que podía hacer para recuperarme era tomar un tentempié, preferiblemente algo con un poco de proteína, justo después del entrenamiento. Ella había estado siguiendo las investigaciones pioneras, que estaba empezando a demostrar que no solo importaba lo que comías después de hacer ejercicio, sino que también importaba *cuándo* lo hacías.

◆ ◆ ◆

En 1998, una compañía de Nueva Jersey llamada PacificHealth Laboratories comenzó a promocionar un estudio que pretendía demostrar que su bebida deportiva mejoraba el rendimiento de resistencia en un 55 por ciento en comparación con Gatorade. No solo eso, también se afirmaba que el producto mejoraba la recuperación e incluso podía proteger del daño muscular inducido por el ejercicio. El estudio se presentó en una reunión del Colegio Americano de Medicina Deportiva y sus inventores registraron una patente para el producto, denominado Endurox R4.[47] Si bien Gatorade se había vendido como una bebida para tomar durante el ejercicio y mantener así el rendimiento y la hidratación, Endurox R4 se presentó como un nuevo tipo de reposición: una bebida para mejorar la recuperación *después* del ejercicio.

La bebida fue una creación del fundador de PacificHealth Laboratory, Robert Portman, y de otro científico deportivo, John Ivy, de la Universidad de Texas. «Creo que fuimos una especie de padrinos de la recuperación», dice Portman, quien posee una docena de patentes sobre diversas propuestas nutricionales para la salud y el rendimiento deportivo. Antes de eso, las personas eran conscientes de la importancia de la recuperación, pero nadie se había centrado específicamente en el papel que los nutrientes podían desempeñar en el proceso.

Era algo comprobado que el ejercicio reduce la energía del músculo almacenada en forma de glucógeno, y que el consumo de carbohidratos después de ese ejercicio es importante para ayudar a reponerlo. Pero la investigación de Ivy implicaba que este proceso de recuperación podría mejorarse si los carbohidratos se ingerían inmediatamente después del ejercicio, en lugar de esperar hasta más tarde.[48] «La tasa de almacenamiento de glucógeno es dos veces más rápida cuando se

---

47. Una nota de prensa del 9 de noviembre de 1998 citaba un estudio presentado en la reunión de la American College of Sports Medicine Mid-Atlantic, llevado a cabo por Michael Williams y los doctores John Ivy y Peter Raven.

48. J. L. Ivy, A. L. Katz, C. L. Cutler, W. M. Sherman y E. F. Coyle. «Muscle Glycogen Synthesisafter Excercise: Effect of time of Carbohydrate Ingestion». *Journal of applied Physiology* (Bethesda, MD: 1985) 64, no.4 (1988): 1480-1485, doi:10.1152/jappl.1988.64.4.1480.

proporciona inmediatamente después del ejercicio», dice Ivy, porque los músculos se vuelven más sensibles a la insulina después de la actividad. Como resultado, parecen absorber los carbohidratos y almacenarlos como glucógeno de manera mucho más efectiva inmediatamente después de un entrenamiento. Esa fue la primera aportación de Ivy. La segunda se centró también en la necesidad de proteínas.

En ese momento, se consideraba que el combustible de los corredores eran los carbohidratos, mientras que se pensaba que las proteínas eran lo que necesitaban los culturistas. Pero Portman e Ivy sospechaban que el ejercicio aeróbico repetitivo, como correr o andar en bicicleta, produce suficiente tensión en los músculos como para también aumentar la necesidad de proteínas. «Pensamos que si se trata de daño muscular, entonces probablemente también se trate de proteínas, y eso era contrario a muchos de los planteamientos convencionales en ese momento, que decían que no hay que darle proteínas a los atletas aeróbicos», dice Portman.

Al menos un estudio había sugerido que tomar suplementos de proteínas después del ejercicio aumentaba la tasa de captación de aminoácidos y daba como resultado una tasa más rápida de síntesis de proteínas musculares. Darle proteínas a los deportistas inmediatamente después de una serie de ejercicios intensos, en lugar de esperar varias horas, parecía acelerar su captación de una manera similar a la que se había visto con los carbohidratos. La lección parecía clara: el momento del consumo importaba.

Ivy y Portman sostenían que, después del ejercicio, existía un intervalo al que denominaron «la ventana de oportunidad metabólica», en el que la recuperación podía acelerarse al ingerir los nutrientes correctos. Acuñaron el concepto Nutrient Timing (sincronización de nutrientes), que también fue el título del libro que publicaron en 2004.[49] La sincronización de nutrientes no es una estratagema comercial, escribieron, sino que «es el fruto de conocimientos científicos de vanguardia sobre el metabolismo del ejercicio, la fisiología y la nutri-

---

49.  John Ivy y Robert Portman, *Nutrient Timing: The Future of Sports Nutrition* (Basic Health Publications, 2004).

ción». Dividieron el ciclo de sincronización de nutrientes en tres fases: la fase de energía, justo antes y durante el ejercicio; la fase anabólica, el tiempo inmediatamente después del ejercicio, y de una duración de hasta 90 minutos; y la fase de adaptación, donde se producen las recuperaciones y las adaptaciones.

Según Ivy y Portman, tomar la combinación correcta de nutrientes durante la fase anabólica podría aumentar la tasa de almacenamiento de glucógeno muscular, reducir el daño muscular, aumentar la cantidad de proteínas absorbidas por el músculo y acelerar la recuperación. Portman había sido publicitario, había fundado dos agencias de comunicaciones y anuncios médicos, y conocía el poder del marketing. Su libro popularizó la idea, que ya me había inculcado mi entrenadora de ciclismo, de que ingerir nutrientes en el momento adecuado era esencial para promover la recuperación.[50] Pronto, los deportistas de una amplia gama de disciplinas se apresuraron a reabastecerse de combustible dentro de «la ventana de oportunidad metabólica», para no perder la ocasión de mejorar la recuperación y las adaptaciones musculares.

Con su hipótesis sobre la sincronización de nutrientes en la mano, Portman e Ivy comenzaron a buscar la fórmula ideal para crear un producto de recuperación, y aquí recibieron ayuda del difunto Edmund Burke, un fisiólogo del deporte, conocido por su trabajo con ciclistas de élite. (También formó parte del equipo médico que realizó transfusiones de sangre para mejorar el rendimiento, que eran legales en ese momento, a ciclistas estadounidenses para los Juegos Olímpicos de 1984 en Los Ángeles.)[51] En teoría, Portman decidió que probablemente necesitaban antioxidantes para contrarrestar el daño metabólico causado por el ejercicio. «Sabíamos que la síntesis

---

50. Conforme con una biografía existente en la web de la empresa Pacific Health Labs, Robert Portman co-fundó M.E.D. Communications en 1974 y «la empresa creció hasta ser una de las agencias médicas más grandes de estados Unidos». En 1993, creó C&M Advertising. «una agencia con facturación de más de 100 millones de dólares». Él además posee 12 patentes por intervenciones nutricionales dirigidas al rendimiento deportivo, el apetito y la diabetes. http://www.pacifichealthlabs.com/investor-center-directors/.

51. Michael Goodwin. «Blood-doping unethical, U.S. Olympic official says», *New York Times,* January 13, 1985. http://www.nytimes.com/1985/01/13/sports/blood-doping-unethical-us-olympic-official-says.html.

de proteínas se producía, por lo que se necesitaba un sustrato, y también carbohidratos», dice Portman. «Comenzamos jugando con diferentes fórmulas evaluándolas en un laboratorio. La fórmula a la que llegamos fue una proporción de carbohidratos a proteínas de 4:1 —cuatro gramos de carbohidratos por gramo de proteínas—, junto con varios antioxidantes.»

Llamaron a su creación Endurox R4, ya que servía para las cuatro R que Burke había inventado: restauración de líquidos, reposición de combustible, reducción del estrés muscular y reconstrucción de la proteína muscular.[52] El Endurox R4 parece haber sido la primera bebida comercializada específicamente para la recuperación, y sus creadores se apoyaron en la ciencia para defender su producto. Sus estudios expusieron a voluntarios a algún tipo de ejercicio intenso para agotar las reservas de glucógeno muscular, y luego les hicieron beber Endurox o agua. Después de un período de descanso, los participantes serían sometidos a una prueba de ejercicio nuevamente. «Lo que vimos fue una inmensa mejora en el ejercicio posterior», después de beber Endurox, dice Portman. PacificHealth afirmó que la proporción 4:1 de carbohidratos y proteínas de Endurox R4 podía mejorar significativamente la hidratación, mejorar la resistencia, reducir el daño muscular relacionado con el ejercicio y acelerar la recuperación muscular posterior a la actividad, en comparación con beber una bebida con solo carbohidratos.

Con la comercialización de PowerBar, Endurox R4 y productos similares, surgió un nuevo paradigma: si deseas obtener el máximo rendimiento, necesitas una fórmula especial, e ingerirla en el momento preciso. Tanto los jugadores de deportes en equipo como los deportistas de fuerza o resistencia acudieron a las bebidas de recuperación, a los polvos de proteína y a los alimentos especialmente diseñados para la recuperación. Gatorade, PowerBar, Clif y otras compañías presentaron sus propias marcas y productos de recuperación altos en proteínas, y las tiendas de vitaminas crearon seccio-

52. Paul Roberts. «Ed Burke's Got A Rocket in His Pita Pocket», *Outside*, 1 de mayo de 2001. https://www.outsideonline.com/1888016/ed-burkes-got-rocket-his-pita-pocket.

nes completas con batidos de proteínas para la recuperación. Los polvos y suplementos de proteínas habían sido populares entre los culturistas durante décadas, en parte debido a la proliferación de artículos y anuncios de estos productos en revistas especializadas, que se beneficiaban de sus anunciantes y de las ventas. Hoy en día, en casi cualquier tienda de artículos deportivos, tienda especializada en deportes, mercado de alimentos saludables o tienda de suplementos puedes encontrar una variedad de productos nutricionales comercializados para promover la recuperación.

◆ ◆ ◆

El libro de Portman e Ivy popularizó la noción de «sincronización de nutrientes», pero la idea fue aceptada y comercializada antes de que se supieran todos los detalles de cómo funcionaba. El problema con la sincronización de nutrientes es que sugiere una sensación de urgencia y precisión que no se ha confirmado con investigaciones posteriores. Es cierto que los carbohidratos y las proteínas son importantes para la recuperación, pero la cantidad y el tiempo óptimos anunciados no lo son tanto.

En 2013, Brad Schoenfeld, director del Laboratorio de Rendimiento Humano en CUNY Lehman College en el Bronx, y sus colegas publicaron un metaanálisis que buscaba la evidencia detrás de la idea de la «ventana anabólica posterior al ejercicio».[53] No encontraron la existencia de una ventana tan estrecha como se decía. Los estudios que apoyaron el concepto fueron esencialmente instantáneas en el tiempo que no capturaban el panorama total de lo que sucede en el transcurso de un ciclo de recuperación completo. Tampoco eran necesariamente generalizables a lo que normalmente hacen los deportistas. Parte del problema es que la investigación original analizó la respuesta con una dosis alta de proteína después del ejercicio y la

---

53. Alan Albert Aragon, Brad Jon Schoenfeld, C. Kerksick, T. Harvey, J. Stout, B. Campbell, C. Wilborn, *et al.* 2013. «Nutrient Timing Revisited: Is There a Post-Exercise Anabolic Window?» *Journal of the International Society of Sports Nutrition* 10 (1): 5. doi:10.1186/1550-2783-10-5.

comparó con un placebo. «Ese no es un procedimiento adecuado», dice Schoenfeld. Si su pregunta es sobre el momento, no se debe comparar una dosis de proteína administrada de una vez con una proteína no administrada. En su lugar, debe comparar las mismas dosis de proteína administradas en diferentes momentos. Cuando el equipo de Schoenfeld hizo eso con un estudio que comparaba lo que sucedía si los deportistas tomaban proteínas justo antes y justo después de un entrenamiento, no encontraron diferencias.[54]

Seguramente hay un período en el que el cuerpo necesita proteínas para repararse y desarrollarse después de un entrenamiento de tensión muscular, en particular, si se trata de una sesión con la carga máxima en la sala de pesas, un entrenamiento de CrossFit de un día entero o una sesión de intervalos de alta intensidad. Pero no es tanto una ventana anabólica, dice Schoenfeld, sino que: «Es una enorme puerta de granero anabólica» por la cual es imposible no pasar si desayunas, almuerzas o cenas. La puerta del granero no se cierra de golpe 45 minutos después del ejercicio. Permanece abierta durante cuatro o cinco horas, tal vez más. Las últimas investigaciones muestran que la proteína ayudará a la recuperación ya sea que la consumas antes o incluso durante el ejercicio. No hay nada mágico en los 20, 30 o 60 minutos después de un entrenamiento. Los beneficios provienen de la proteína en sí, según Schoenfeld, no del momento exacto de su consumo.[55]

---

54.  Brad Jon Schoenfeld, Alan Aragon, Colin Wilborn, Stacie L. Urbina, Sara E. Hayward, y James Krieger. 2017. «Pre-versus Post-Exercise Protein Intake Has Similar Effects on Muscular Adaptations». *PeerJ5*: e2825. doi:10.7717/peerj.2825.

55.  Schoenfeld y sus colegas publicaron un metaanálisis de estudios de sincronización de proteína en las adaptaciones musculares y se concluyó que los beneficios como el mejoramiento del crecimiento muscular que se atribuía al momento de la ingesta de proteína se debía probablemente al aumento en las proteínas consumidas. Algunos de los estudios que apuntaban a una ventana metabólica tenían problemas metodológicos, tal como comparar proteínas con un placebo, en lugar de comparar proteína consumida en un momento versus otro momento. Otros estudios eran demasiado pequeños para proveer respuestas significativas. Brad Jon Schoenfeld, Alan Albert Aragon, y James W. Krieger. 2013. «The Effect of Protein Timing on Muscle Strength and Hypertrophy: A Meta-Analysis». *Journal of the International Society of Sports Nutrition* 10 (1): 53. doi:10.1186/1550-2783-10-53.

¿Cuánta proteína necesitas? Los estudios parecían sugerir que 20 gramos de proteína eran suficientes para obtener beneficios después del ejercicio, pero una investigación más reciente afirma que algunos deportistas con mucha masa muscular pueden beneficiarse más con 40 gramos. ¿Cuál es la cifra exacta? Los investigadores aún están debatiendo la respuesta a esa pregunta, y la mejor manera de resolverla es con más datos.

Según lo que sabemos en este momento, las cantidades más pequeñas de proteína distribuidas regularmente a lo largo del día parecen ser una mejor manera de consumir proteínas que tratar de comer o beber un montón de proteínas inmediatamente después de hacer ejercicio. No necesitas tomar un suplemento de proteína o batido para obtener proteínas. «No hay evidencia que demuestre que los batidos de proteínas sean mejores que los alimentos convencionales», dice Asker Jeukendrup, un triatleta Ironman y nutricionista deportivo que trabajó para Gatorade antes de lanzar su propio negocio de nutrición deportiva. Los alimentos de uso cotidiano son perfectamente adecuados, ya sea que se trate de productos lácteos, fuentes vegetales como los frijoles o las pequeñas latas de atún y salmón que han experimentado un resurgimiento en Australia.

Pero la pauta de nutrientes no consistía solo en proteínas. El ejercicio prolongado o intenso agota las reservas de glucógeno en los músculos y se necesitan carbohidratos para restaurarlos. Parece que el glucógeno se repone rápidamente si ingieres carbohidratos inmediatamente después de un entrenamiento, dice Schoenfeld. «Pero aquí está el problema. Si no vas a entrenar de nuevo hasta el día siguiente, no tiene relevancia.» Aquí, nuevamente, los estudios iniciales no fueron exactamente incorrectos, pero fueron engañosos debido a su diseño de placebo y reducido ámbito y no son fácilmente aplicables a la mayoría de situaciones de la vida real. Estudios posteriores no mostraron todos esos beneficios tan espectaculares del reabastecimiento de combustible inmediato. Mientras consumas algunos carbohidratos, el análisis de Schoenfeld mostró que las reservas de glucógeno se recuperarán de manera similar si se consumen esos carbohidratos 20 minutos después del entrenamiento o tres o seis horas más tarde. Por otro lado, si vas a entrenar nuevamente en unas pocas horas, entonces restaura tu energía lo antes posible, pero la razón para hacerlo es que pronto vas a necesitar ese combustible, no porque esperar pueda perjudicar la recuperación.

A medida que los investigadores han acumulado más evidencias, se ha empezado a ver que la ventana posterior al ejercicio no es tan crucial como se pensaba inicialmente, dice el investigador del metabolismo de proteínas de la Universidad McMaster, Stuart Phillips. «Realmente, no creo que exista», afirma de la ventana mágica. «La idea de que existe un momento, inmediatamente después del ejercicio, cuando el músculo actúa como una esponja sensible a la provisión de carbohidratos, se disipó en investigaciones posteriores». Sí es importante que los músculos obtengan sus carbohidratos, ya que los necesitan para reponer las reservas de glucógeno perdidas, pero tanto si eso sucede 30 minutos después del ejercicio o seis horas después, los resultados serán similares en el transcurso de un día.

Lo que hace tan atractiva la ventana metabólica de oportunidades y los productos de recuperación es que prometen circunscribir la recuperación a una fórmula científica exacta. Pero esta precisión es también lo que hace dudosas las afirmaciones. Las promesas se adelantaron a la ciencia. No son del todo falsas; son exageradas. El hallazgo de que ingerir una bebida o barra en particular después del ejercicio mejoró la recuperación se convirtió en una afirmación de que este producto es esencial y cualquier otra cosa es de segunda categoría. Esta tendencia a exagerar es un problema continuo en la nutrición deportiva, dice Louise Burke, directora de nutrición deportiva del Instituto Australiano de Deportes. «Estoy segura de que muchas de las personas que lo hacen no están siendo maliciosas o deliberadamente engañosas, pero a menudo cuando intentamos promocionarnos entre los deportistas, incluso con los mejores propósitos, agregamos un poco de exageración». Un nuevo hallazgo que se ve y suena hipotéticamente bueno y sin riesgo se hiperboliza en la comercialización, dice Burke. Lo que comenzó como una idea de vanguardia que aún podría necesitar un poco más de resolución se convierte en una solución única para todos. Pero este ciclo de exageraciones pasa por alto la complejidad de la ciencia, dice Burke. Cuando mira el viejo anuncio de Gatorade que aconseja a los atletas que beban 40 onzas de líquido por hora, se encoge. Ahora está claro que la cantidad de líquido que necesita un deportista depende de una variedad de factores, no de una única fórmula escrita en piedra. Lo mismo podría decirse de la reposición de nutrientes después del ejercicio.

El error crucial ocurre cuando los resultados de los estudios iniciales, que casi inevitablemente proporcionan menos certeza que los proveedores de estos productos implican, se toman como definitivos. De hecho, son solo el comienzo. Así es como funciona la ciencia: es un proceso de acumulación lenta de información y reducción de incertidumbres. Primero descubres que la proteína es importante, pero luego requiere más estudio para determinar cuánto y cuándo. La ciencia es un proceso de descubrimiento muy parecido al juego «20 preguntas», excepto que siempre hay más de 20 preguntas y nunca puedes responder a más de una a la vez, y eso si tienes suerte.

◆ ◆ ◆

En el deporte prevalece la idea de que es posible optimizar perfectamente la fisiología del cuerpo. Tal vez eso sea cierto, pero nuestros cuerpos son extremadamente buenos en neutralizar mucho de lo que hagamos. Estamos programados para mantener la homeostasis, un estado fisiológico de equilibrio, incluso cuando las condiciones no son óptimas. Eso significa que es importante tener una visión global, ya que centrarse en los detalles más pequeños no dará mucho resultado. La creencia de que hay un estado fisiológico absolutamente perfecto que se puede alcanzar si se hace todo bien abre el camino a que aparezcan productos con promesas falsas, que utilizan el lenguaje y la jerga de la ciencia, para aprovecharse de nuestra búsqueda de un ideal inexistente.

Estamos condicionados por una implacable ola de marketing que nos hace creer que necesitamos alimentos y bebidas especialmente elaborados para repostar después del ejercicio, pero hay pruebas que sugieren que esta idea no es más que un triunfo de la publicidad. En 2015, investigadores de la Universidad de Montana publicaron un estudio que comparó la recuperación de unos ciclistas, tras una dura sesión en la que ingerían bebidas deportivas y barritas energéticas, en comparación con otros que solo ingerían comida basura con similar cantidad de calorías.[56] Once participantes masculinos completaron un entrenamiento de intervalos de 90 minutos en bicicletas de ejercicio a una intensidad tal que agotase las reservas de glucógeno muscular. Los ciclistas, inmediatamente después de este primer entrenamiento, consumieron ya sea Gatorade, barras de mantequilla de cacahuate orgánicas y otros productos especializados, mientras que otros comieron pasteles, *hotcakes* y zumo de naranja de McDonald's. (Los investigadores eligieron McDonald's porque estaba convenientemente ubicado frente a la escuela.) Dos horas más tarde, comieron otro refrigerio que consistía básicamente en la misma opción: o ingerían Cytomax, PowerBar Energy Chews y PowerBar Recovery, o ingerían una hamburguesa de McDonald´s con papas fritas y una Coca-Cola. Cuatro horas después del primer entrenamiento, los voluntarios realizaron una prueba de 20 kilómetros para probar su rendimiento. Los investigadores también midieron los niveles de glucógeno muscular después de la primera serie y después del período de recuperación de cuatro horas y tomaron muestras de sangre para analizar la glucosa, la insulina y los lípidos sanguíneos. Una semana después, los participantes regresaron al laboratorio y repitieron el protocolo, excepto que esta vez las personas que habían ingerido comida rápida la primera vez obtuvieron las barritas y bebidas energéticas, y viceversa. En general, los participantes consumieron una cantidad similar de proteínas, carbohidratos, grasas y calorías sin importar qué tipo de alimentos consumiesen.

---

56. Michael J. Cramer, Charles L. Dumke, Walter S. Hailes, John S. Cuddy, and Brent C. Ruby. 2015. «Postexercise Glycogen Recovery and Exercise Performance Is Not Significantly Different between Fast Food and Sport Supplements». *International Journal of Sport Nutrition and Exercise Metabolism* 25 (5): 448–455. doi:10.1123/ijsnem.2014-0230.

Al igual que la mayoría de los experimentos de ciencias deportivas, el estudio fue pequeño, pero los resultados no mostraron diferencias entre las dos opciones. Ya sea que recargaran su energía con barras deportivas elaboradas o con comida rápida, los cuerpos de los ciclistas respondieron de la misma manera: las reservas de glucógeno aumentaron en la misma cantidad, sus niveles de insulina y glucosa en sangre respondieron de manera similar a las diferentes comidas, y el rendimiento no fue muy diferente entre ambas pruebas.

En los Juegos Olímpicos de Pekín de 2008, los técnicos del equipo de atletismo de Jamaica aconsejaron estrictamente a sus atletas que no comieran ningún alimento fuera de la villa olímpica, ya que algunas de las delicias desconocidas que se sirven en los restaurantes locales podían alterar sus sistemas digestivos. La carne de perro, advirtieron, podría terminar en el plato de un atleta si se aventuraba a comer fuera de la villa olímpica. El velocista campeón del mundo, Usain Bolt, estaba seguro de que no quería comer eso, o cualquier cosa que pudiera irritar sus entrañas y perjudicar sus posibilidades de ganar medallas de oro.

Como «jamaiquino, me encantaba mi plato de cerdo, arroz, ñame y albóndigas. El pollo agridulce no es para mí», escribió Bolt en su autobiografía *Fast as lightning*.[57] Así que se fue a buscar a otro lugar de la villa. «Existe la suposición de que la comida basura no está disponible en un complejo olímpico, que todos comemos comidas supersaludables, pero eso no podría haber estado más lejos de la verdad», escribió Bolt. Después de varios días de lidiar con comida desconocida, se hartó. «Olvídate de esto», pensó Bolt, «Me voy a comprar unos *nuggets* de pollo». Así que se dirigió a un McDonald´s y tomó una caja de 20 *nuggets* de pollo para el almuerzo, y volvió a la hora de la cena a por otra ronda.

Con 880 calorías, 54 gramos de grasa, 48 gramos de proteína y 52 gramos de carbohidratos, esos 20 *nuggets* de pollo fueron el equivalente en proteínas y carbohidratos de más de dos cucharadas de proteína de suero en polvo y 24 onzas (70 cl.) de Gatorade, con una carga extra de calorías de grasa. (Los Nuggets también contenían

---

57. Usain Bolt, *Faster than Lightning: My Autobiography*, HarperSport, 2013.

aproximadamente diez veces más sodio que lo que contienen dos bebidas deportivas.) La mayoría de los compañeros de Bolt solo se reían de él, pero la vallista Brigitte Foster-Hylton no podía quedarse callada: «¡Usain, no puedes comer tantos *nuggets*! Come algunas verduras, hombre. ¡Que vas a enfermar!». Él mordisqueó algunos de los vegetales que ella le dio, pero no sabían bien. Foster-Hylton le dio unos sobres de aderezos para ensaladas, que finalmente consiguieron que la verdura fuera lo suficientemente apetecible como para que Bolt la tragara. A partir de entonces, en cada comida, comió vegetales empapados en aderezo con *nuggets* de pollo. «Devoré alrededor de 100 *nuggets* cada 24 horas. «Estuve allí 10 días, lo que significa que para cuando terminaron los Juegos, debí de haber comido alrededor de 1000 trozos de pollo», escribe Bolt.

Bolt no solo disputó tres carreras. La vida de un velocista durante un gran campeonato de pista es una serie de intervalos: carrera-recuperación-carrera. Para llegar a la final de los 100 y 200 metros, Bolt tuvo que realizar tres rondas preliminares en cada evento, y también tuvo que ejecutar el relevo de 4 × 100 metros. La recuperación entre eventos era esencial para su rendimiento. Al final resultó que esos *nuggets* de pollo frito fueron el combustible que le permitió ganar tres medallas de oro.[58] Volvió a conseguir tres medallas de oro en los Juegos Olímpicos de 2012 en Londres y luego nuevamente en los Juegos de Río 2016, donde fue fotografiado mientras comía, nuevamente, *nuggets* de pollo.

La asociación de McDonald's con los Juegos Olímpicos le otorga una pátina de deportividad, pero Bolt no ganó tres medallas de oro en Pekín porque engullía *nuggets* de pollo. Ganó las medallas porque es el hombre más rápido del mundo. Esos *nuggets* eran el combustible adecuado, si no ideal, para alimentarlo a través de sus nueve series y para ayudarlo a recuperar la energía entre ellas. Sentirse satisfecho y no preocuparse por los problemas gastrointestinales seguramente vale

---

58. En enero de 2017, a Bolt y sus compañeros de equipo les quitaron la medalla de oro de las olimpiadas de 2008 correspondiente al relevo 4 × 100 después de que uno de los integrantes, Nesta Carter, no pasara el control posterior antidoping.

El combustible perfecto    **87**

mucho para un atleta que se prepara para los eventos más importantes de la temporada. ¿Habría competido mejor Bolt comiendo otros alimentos para la recuperación? Tal vez. La mejor pregunta es: ¿cuánta diferencia habría? Piense en el cuerpo de Bolt como si fuese un auto deportivo de alto rendimiento. El combustible importa, claro, pero importa en órdenes de magnitud menos que el motor, y el de Bolt no tiene igual.

Cuando los músculos tienen necesidad de combustible, no les importa de dónde proviene la energía, dice Brent Ruby, científico de la Universidad de Montana que supervisó el estudio de ciclistas realizado por su estudiante de posgrado Michael Cramer. La comida rápida en este experimento puede no representar las opciones de alimentos más saludables del día a día, pero tampoco lo son los alimentos de recuperación elaborados, que están altamente procesados y cargados de aditivos, dice. En cualquier caso, cualquiera de estos alimentos funciona. «Al músculo no le importa. Mientras le estés aportando carbohidratos, va a estar satisfecho».

◆ ◆ ◆

Aun así, nos quedamos con la pregunta candente: ¿qué debo comer después de hacer ejercicio? La respuesta más fácil es: lo que sea que le apetezca a tu cuerpo. En la NBA, por ejemplo, los emparedados de mantequilla de cacahuete y mermelada se han convertido en el tentempié preferido. Según un artículo de Baxter Holmes en la revista *ESPN*: «Los Rockets se aseguran de que estén disponibles en su cocina en todo momento y en todas las variedades: con pan blanco y de trigo, tostado o sin tostar, con mermelada de fresa o uva de Smucker's, o la mantequilla de maní de Jif. Hay disponibles entre 12 y 15 sándwiches antes del partido, con reposiciones durante el intermedio y durante los vuelos de vuelta posteriores al partido».[59] Holmes continuó

59. Baxter Holmes. «The NBA's Secret Addiction», *ESPNtheMagazine*, 27 de marzo de 2017, http://www.espn.com/espn/feature/story/_/page/presents18931717/the-nba-secret-addiction.

describiendo cómo los jugadores de los Golden State Warriors llegaron a amotinarse en el año 2015 cuando el nuevo encargado de rendimiento físico y medicina deportiva, Lachlan Penfold, intentó quitarlos del menú del equipo. Cuando Stephen Curry se quejó de la desaparición de sus apreciados bocadillos (con fresa de Smucker's y mantequilla cremosa de Skippy), Penfold, quien anteriormente trabajó en el Instituto Australiano de Deportes, le dijo: «Lo siento, amigo: nada de azúcares». Penfold ya no trabaja para el equipo.

Cuando se le preguntó si la NBA tenía una política sobre el tema, el comisionado de la liga, Adam Silver, le dijo a Holmes: «Nuestra postura oficial es que es un tentempié saludable». Hay que tener un poco de sentido común. La idea de que unas cuantas cucharadas de mermelada dañarán a un grupo de jóvenes que acaban de darlo todo en la cancha es casi tan ridícula como la afirmación de un experto en nutrición, citado por Holmes, de que el placer que se obtiene al comer un sándwich de mantequilla de cacahuate y mermelada es similar a consumir heroína. Con entre 400 y 500 calorías, 50 gramos de carbohidratos, 20 gramos de grasa y 10 gramos de proteína, uno de estos bocadillos proporciona una combinación bastante decente de nutrientes durante el día de partido. Hay que tener en cuenta que el metabolismo de estos deportistas consume energía como un horno de fundición.

◆ ◆ ◆

Lo que queda claro cuando se mira la historia de la nutrición deportiva es que lo que se considera el alimento perfecto está determinado tanto por la cultura y la tradición, como por la ciencia. Cuando los Maxwell estaban formulando sus primeros Powerbars, la grasa era el enemigo, por lo que todos querían alimentos bajos en grasa. Hoy, dice Jennifer Maxwell, esas preferencias han cambiado. La etiqueta «natural» y los productos que parecen menos procesados son los preferidos sobre los que contienen largas listas de ingredientes y aditivos. Nuestras concepción de lo que constituye un alimento «saludable» y por ello deseable ha cambiado con el tiempo. A veces esto sucede en respuesta a una nueva investigación, pero sobre todo responde a las modas y a las cambiantes tendencias del marketing de alimentos.

Nuestras creencias y expectativas tienen una gran influencia en la forma en que experimentamos la toma de los alimentos. Los estudios han demostrado que el mismo vino sabe mejor cuando se cree que es caro que cuando sale de una botella barata. Y la investigación también muestra que las personas califican la comida como más deliciosa (y están dispuestas a pagar más por ella) cuando piensan que es orgánica.[60]

Un ejemplo es el cambio de estrategia comercial de la leche chocolatada. Cuando yo era niña, la leche chocolatada era un regalo especial que mi escuela solo servía en ciertos días de la semana. Pero ahora a la bebida se la ha categorizado como una bebida de recuperación. En 2012, tras varios estudios que sugieren que la leche chocolatada podría mejorar la recuperación después del ejercicio, el Milk Processor Education Program, financiado por las empresas lácteas para aumentar el consumo de leche, lanzó una campaña de «hecho con leche chocolatada.[61] Desde un punto de vista nutricional, es una idea sólida, dice James Betts, investigador de nutrición deportiva en la Universidad de Bath. La leche chocolatada semidesnatada contiene proteínas y carbohidratos, así como electrolitos como el potasio y el magnesio. «Si tuviéramos que diseñar un suple-

60. Patrik Sörqvist, Daniel Hedblom, Mattias Holmgren, Andreas Haga, Linda Langeborg, Anatole Nöstl, y Jonas Kågström. 2013. «Who Needs Cream and Sugar When There Is Eco-Labeling? Taste and Willingness to Pay for "Eco-Friendly" Coffee». Editado por Amanda Bruce. *PLoS ONE* 8 (12). Public Library of Science: e80719. doi:10.1371/journal. pone.0080719.

61. E. Cockburn, E. Stevenson, P. R. Hayes, P. Robson-Ansley, y G. Howatson. 2010. «Effect of Milk-Based Carbohydrate-Protein Supplement Timing on the Attenuation of Exercise-Induced Muscle Damage». *Appl Physiol Nutr Metab* 35 (3): 270–277. doi:10.1139/ H10-017; Kelly Pritchett y Robert Pritchett. 2012. «Chocolate Milk: A Post-Exercise Recovery Beverage for Endurance Sports». En *Medicine and Sport Science*, 59: 127–134. doi:10.1159/000341954; Jason R. Karp, Jeanne D. Johnston, Sandra Tecklenburg, Timothy D. Mickleborough, Alyce D. Fly, y Joel M. Stager. 2006. «Chocolate Milk as a Post-Exercise Recovery Aid». *International Journal of Sport Nutrition and Exercise Metabolism* 16 (1): 78–91. doi:10.1097/00005768-200405001-00600.

mento nutricional desde cero, podría parecerse bastante a la leche con cacao.»

En palabras de una empresa de publicidad contratada para su promoción, la campaña de marketing de la industria láctea «buscó cambiar la percepción de la leche chocolatada para que pasase de ser una bebida dulce y que engorda, a ser una opción saludable y efectiva para reabastecer el cuerpo después del ejercicio». La campaña incluyó un acuerdo de patrocinio por varios años con la marca Ironman de triatlones, lo que le permitió ofrecer leche chocolatada al final de las pruebas e incluía entrevistas a los atletas sobre sus bondades, que luego se difundían por las redes sociales.

Parte del atractivo de la leche con cacao es que es una bebida natural, fácilmente disponible y familiar, no es un producto de ingeniería con un montón de aditivos impronunciables. Esta reacción contra los productos de recuperación altamente procesados también puede explicar parte del atractivo del agua de coco (el líquido acuoso que se encuentra dentro de un coco joven), un producto que se comercializa como «la bebida natural para la recuperación», basado principalmente en el hecho de que es alta en potasio, un electrolito. También tiene algunos carbohidratos y sodio, pero no tanto como la mayoría de las bebidas deportivas convencionales. Hasta ahora, los estudios no han encontrado mucha evidencia de que sea más hidratante o útil para la recuperación que otras bebidas deportivas, pero atrae a las personas que anhelan alimentos «naturales». A juzgar por la proliferación de productos de agua de coco, parece estar funcionando.

El zumo de cereza se ha convertido en otra bebida de recuperación popular en la categoría de lo «natural». Un estudio de 2006 descubrió que las personas que bebían jugo de las cerezas ácidas de Montmorency tenían menos dolor muscular después de una dura serie de ejercicios en los brazos.[62] Desde entonces, al menos otros

---

62. M. P. McHugh Connolly y O. Padilla-Zakour. 2006. «Efficacy of a Tart Cherry Juice Blend in Preventing the Symptoms of Muscle Damage». *Bjsportmed* 22 (4): 679–683. doi:10.1136/bjsm.2005.025429.

siete estudios han encontrado algún efecto positivo del zumo (la mejora de la función muscular o la reducción de la inflamación son los beneficios más comunes), que puede tomarse en forma líquida o a través de concentrados. Las cerezas Montmorency son unas cerezas ácidas que a menudo se cultivan en el medio oeste americano, y son particularmente ricas en los antioxidantes llamados antocianinas y flavonoides, y también contienen melatonina, por lo que un estudio descubrió que podrían ayudar a dormir.

La evidencia existente sobre este jugo de cereza es prometedora, especialmente dado que ya se sabe que los antioxidantes reducen la inflamación, pero aún no es definitiva, y una revisión reciente de 50 estudios sobre el uso de antioxidantes, para prevenir el dolor muscular después del ejercicio, encontró que cualquier beneficio era demasiado pequeño como para ser significativo.[63] Sin embargo, con los cultivadores de cerezas patrocinando campañas de marketing, es probable que su popularidad continúe.

Parece que estamos ávidos de «superalimentos». Ya sea que se trate de algo tradicional como la mantequilla de cacahuate con mermelada, un elemento básico como la leche chocolatada o un producto recién descubierto como el jugo zumo de cereza ácida, todos buscamos la píldora mágica, el ingrediente especial o un compuesto que nos dé un extra, y los anunciantes están preparados para proporcionarlo.

◆ ◆ ◆

En el mundo actual de la alta tecnología, muchos deportistas quieren una aplicación o una fórmula científica que les diga qué comer. Pero una de las habilidades más fundamentales que pueden desarrollar los deportistas es la capacidad de escuchar a sus propios cuerpos. Y al igual que sucede con la sed para la hidratación, el cuerpo tiene una herramienta incorporada para ayudarnos: el hambre.

---

63. Mayur K. Ranchordas, David Rogerson, Hora Soltani, y Joseph T. Costello. 2017. «Antioxidants for Preventing and Reducing Muscle Soreness after Exercise». *Cochrane Database of Systematic Reviews*, December. John Wiley & Sons, Ltd. doi:10.1002/14651858. CD009789.pub2.

El problema es que las señales de hambre de nuestros cuerpos pueden ser difíciles de escuchar ante tanto ruido publicitario y cultural que nos bombardea constantemente. «Muchas personas han perdido la capacidad de prestar atención a las señales de hambre de su propio cuerpo», dice la corredora de distancia Shalane Flanagan, tres veces olímpica, medallista de plata en los 10.000 metros en los Juegos Olímpicos de Beijing 2008 y campeona del maratón de la ciudad de Nueva York en 2017. «Yo siempre trato de escuchar a mi cuerpo.»[64] Al principio de su carrera, Flanagan probó barritas y otras comidas deportivas empaquetadas, pero las encontró desagradables. «No me entusiasmaba comer una barra insípida que me decía que podía obtener 40 gramos de proteína pero sabía a tiza.» Elyse Kopecky, una compañera de equipo de Flanagan de la Universidad de Carolina del Norte en el equipo de carreras de Chapel Hill, se convertiría más tarde en chef y especialista en nutrición, y las dos amigas publicaron un libro de cocina para corredores: *Run Fast, Eat Slow*, que contiene alimentos simples elaborados con ingredientes en su mayoría sin procesar. «Elyse me mostró que podía hacer mis propios alimentos de recuperación que fueran realmente nutritivos y supieran bien», dice Flanagan. «Aprender a cocinar para mí misma y comer comida sana fue un cambio importante.»

Flanagan pone mucho cuidado en cómo alimenta su cuerpo, pero lo hace sin necesidad de tener fórmulas o reglas estrictas. «Me concentro en ingerir alimentos apropiados, asegurándome de que sean alimentos integrales, y entonces no tengo que estresarme por contar calorías o preocuparme por si estaré lo suficientemente ágil o delgada. Centrarse en lo que realmente estás metiendo en tu cuerpo es la parte más importante.»

---

64. Flanagan finalizó tercera en los 10.000 metros de las olimpiadas de 2008, pero en agosto de 2017, el Comité Olímpico Internacional le otorgó la medalla de plata después de que quien quedara segunda, la turca Elvan Albeylegasse no pasara un test antidopaje. La declaración del comité olímpico de Estados Unidos decía: «La corredora de distancia Shalane Flanagan gana la medalla de plata en Beijing 2008» accedido el 13 de mayo de 2018. http//www.teamusa.org/News/2017/August/21/Distance-Runner-Shalane-Flanagan-Upgraded-to-Silver-Medal-In-10.000-Meter-For-Beijing-2008.

Muchos atletas de resistencia, especialmente los corredores de distancia, se complican la vida obsesionándose con las calorías y tratando de mantener un peso bajo, en detrimento de la recuperación. «Ligero y estilizado son una parte importante de este deporte: cuanto menos tengas que transportar durante 42 kilómetros, menos esfuerzo tendrás que hacer», dice Flanagan. «Pero al mismo tiempo, si estás alimentando o nutriendo el cuerpo de manera insuficiente, no podrás hacer el esfuerzo que eres capaz de hacer, porque no tendrás la energía y los recursos necesarios. Los músculos comienzan a romperse y pasas a hacer prácticamente canibalismo de tu propio cuerpo, que te llevará a lesiones y otros problemas.»

Existen evidencias convincentes de que la falta de alimentos puede perjudicar gravemente la recuperación y la adaptación, y también puede conducir a problemas de salud a largo plazo. El problema se identificó originalmente en las atletas femeninas, y se denominó: la tríada de las atletas; una ingesta de energía insuficiente, que provoca interrupciones en el ciclo menstrual, y también problemas para la salud ósea. Pero los investigadores ahora prefieren llamar al problema «deficiencia energética relativa en el deporte» (RED-S, en inglés, por Relative Energy Deficiency in Sports), ya que los deportistas masculinos también son propensos a la falta de alimentación, y también sufren problemas metabólicos, hormonales y óseos como resultado de ello.[65] Claro, mantenerse en un peso bajo puede ayudar al rendimiento, pero es andar por una línea muy fina. Si comes muy poco y te vuelves frágil, tu rendimiento y recuperación también se ven afectados.

Para Flanagan, la solución ha sido centrarse en los alimentos saludables en lugar de fijarse en las calorías. Ella llena la despensa de artículos saludables, por lo que está segura de tener siempre buenas opciones al alcance. A menudo prepara con anterioridad alimen-

---

65. Margo Mountjoy, Jorunn Sundgot-Borgen, Louise Burke, Susan Carter, Naama Constantini, Constance Lebrun, Nanna Meyer, et al. 2014. «The IOC Consensus Statement: Beyond the Female Athlete Triad-Relative Energy Deficiency in Sport (RED-S)». British Journal of Sports Medicine 48 (7). BMJ Publishing Group Ltd y British Association of Sport and Exercise Medicine: 491–497. doi:10.1136/bjsports-2014-093502.

tos para ser consumidos después del entrenamiento, a los que llama «magdalenas de superhéroes» o «bocados de energía vertiginosa». En caso de apuro, siempre tiene a mano un puñado de nueces y dátiles.

◆ ◆ ◆

Para un deportista que busca mejorar la recuperación a corto plazo, como por ejemplo un nadador o corredor de pista que realiza múltiples pruebas o actividades en una jornada, el enfoque según los expertos en nutrición, debe ser reemplazar los carbohidratos y las proteínas perdidos lo antes posible. «Si solo tienes unas pocas horas para recuperarte antes de la siguiente prueba, es algo realmente importante», dice Asker Jeukendrup, triatleta y nutricionista deportivo que también trabajó para Gatorade. Por otro lado, si acabas de correr un maratón o de jugar tu partido de fútbol semanal y no necesitas entrenar o practicar deporte de nuevo inmediatamente, el momento en que repongas nutrientes es mucho menos crucial.

De manera similar, un deportista que entrena en pretemporada apunta a maximizar las adaptaciones del cuerpo al entrenamiento, y aquí puede ser sensato renunciar a algunos beneficios a corto plazo, para poder mejorar las adaptaciones a largo plazo. «Lo que es bueno para la recuperación inmediata puede ser malo para la recuperación a largo plazo», dice Jeukendrup. «A veces, cuando aceleras la recuperación inmediata, en realidad perjudicas las adaptaciones a largo plazo.» Por ejemplo, dice que los antioxidantes pueden ayudar un poco en la recuperación a corto plazo, aunque parecen interferir en las adaptaciones a largo plazo. «Hay algunas pruebas de que tal vez al día siguiente estés un poco menos adolorido, porque has rebajado algo la inflamación, pero esa inflamación es exactamente lo que necesita tu cuerpo para adaptarse.» Varios estudios han indicado que tomar una alta dosis de antioxidantes podría reducir la adaptación al entrenamiento. Jeukendrup advierte de que la relación entre los antioxidantes y la adaptación aún se está investigando, y no todos los estudios han encontrado que los antioxidantes dificulten las adaptaciones (o incluso que reduzcan la inflamación).[66]

Algunos investigadores están experimentando qué sucede si los deportistas evitan reemplazar las reservas de glucógeno de forma inmediata. La idea es que dejar al cuerpo sufrir un poco de estrés durante mayor tiempo podría mejorar la adaptación que este obtiene a una sesión de ejercicios. Un concepto similar, denominado «Training low», implica un entrenamiento sin muchos carbohidratos disponibles, ya sea porque las reservas de glucógeno en los músculos o el hígado se han agotado previamente, o porque no se han ingerido carbohidratos antes o durante el ejercicio. La idea proviene de observaciones acerca de que la disponibilidad de carbohidratos parece estar relacionada con los cambios en la expresión de los genes involucrados en la síntesis de proteínas (un proceso importante en la adaptación del músculo al entrenamiento). Los estudios han demostrado que el «Entrenamiento bajo en carbohidratos» parece producir cambios moleculares beneficiosos, pero hasta el momento no hay mucha evidencia de que esto se traduzca en un mejor rendimiento.

El paradigma de «Train low, race high» o «entrena bajo, compite alto (es decir, entrena bajo en carbohidratos y compite con abundante carbohidrato disponible)» es seductor, pero sin más pruebas para comprender cómo funciona y qué beneficios puede tener, podría convertirse fácilmente en la próxima versión de la sincronización de nutrientes, una idea que comenzó con algunos avances preliminares y unos pocos hallazgos científicos, solo para ser ampliados y sobrevendidos prometiendo en exceso cosas que no se pueden cumplir. Se necesitarán muchos más estudios antes de que se definan las mejores formas de periodizar la nutrición, pero, al menos por el momento, el futuro de la nutrición de recuperación parece utilizar un enfoque similar al de la mayoría de los planes de entrenamiento modernos: es decir, centrarse en promover la adaptación durante la pretemporada y cambiar a un incremento en la reposición de nutrientes du-

---

66. Asker E. Jeukendrup, 2017. «Periodized Nutrition for Athletes». *Sports Medicine (Auckland, N.Z.)* 47 (Suppl 1). Springer: S51–63. doi:10.1007/s40279-017-0694-2.

rante la temporada de competición. Si este enfoque seguirá el camino de la sincronización de nutrientes y pasará a mejor vida, o se convertirá en un evangelio duradero, queda por verse.

Con todos los consejos nutricionales que existen (muchos de ellos contradictorios entre sí), quizás lo que sea más importante entender es que nuestro cuerpo no se ve afectado ante cualquier cosa ni requiere un balance muy preciso de los insumos para evitar deteriorarse. En cambio, somos máquinas altamente adaptables diseñadas para mantener la homeostasis, el equilibrio fisiológico de nuestros cuerpos, y ajustarnos constantemente a nuestro entorno cambiante. El cuerpo humano es notablemente capaz de recuperarse, incluso si lo hacemos todo mal con nuestros regímenes de recuperación, dice James Betts, el experto en nutrición deportiva. «Si no tienes que volver y realizar otro entrenamiento o competición durante varios días, nada es realmente importante. El cuerpo volverá a donde necesita estar.» A menos que tengas alguna necesidad de acelerar la recuperación, como si estuvieras en el Tour de Francia y tuvieras que hacer otra carrera al día siguiente, la cuestión de cuándo te alimentas después del ejercicio no es una cuestión de vida o muerte. «Con que tengas una comida normal estarás bien», dice Betts.

Los proveedores de productos de nutrición deportiva tienen todos los incentivos para promover la idea de que se necesita su producto, pero la noción de que existe un solo alimento ideal para la recuperación no es solo una simplificación excesiva de la ciencia, sino que también puede ser contraproducente si el hecho de tener que comer algo en un momento exacto se convierte en una fuente de estrés. Si después de tu ejercicio comes un dónut con mermelada, un emparedado de mantequilla de cacahuete y mermelada, leche chocolatada o algún zumo diseñado por expertos, dará igual siempre que estés tomando suficientes calorías y nutrientes dentro de una dieta general sana. En un mundo en el que se nos alienta constantemente a pensar demasiado en lo que comemos, puede ser un alivio dejar de lado la obsesión por alcanzar una dieta y una pauta de comida óptimos y, en cambio, confiar en que el cuerpo se adapte a la alimentación sin mayores problemas.

# 4

# La guerra fría

En la foto, LeBron James tiene una mirada que es una mezcla de mueca y gruñido. Se ve al famoso jugador de baloncesto de la NBA sumergido hasta la cintura en una bañera llena de cubitos de hielo, y sus poderosos hombros emergen mientras mantiene brazos y manos fuera del agua helada. «¡El campo de entrenamiento no es nada agradable! #MiCaraLoDiceTodo #EstaBañeraEstaFría #Aspira-ALaGrandeza», se lee en el texto de la imagen, que James compartió con sus casi 30 millones de seguidores en Instagram. El mensaje era claro: James no solo estaba entrenando duro, sino que también se estaba recuperando duro.[67]

Los campos de entrenamiento de pretemporada, como al que asistía LeBron ese año, pueden llevar a los deportistas al agotamiento total. Es así por definición: los bloques de sesiones intensas de múltiples entrenamientos diarios están diseñados para llevar a los deportistas a un estado de «supercompensación», donde el cuerpo tiene que adaptarse al esfuerzo a través de fortalecer sus recursos para ser más rápido, más fuerte y estar en mejor forma.

El camino hacia la supercompensación está pavimentado de dolor, y los baños en hielo (*Icing*) son una forma popular (aunque con-

---

67. James compartió en su Instagram toda su serie de baño el 2 de octubre de 2013. https://www.instagram.com/p/e_ZmReCTJJ/.

tra intuitiva) de hacer frente al dolor. Aunque al principio es doloroso, el hielo adormece las áreas afectadas y los deportistas aseguran
que reduce el dolor. Esta práctica se realiza desde hace ya varias
generaciones, pero la eclosión del método en los círculos deportivos
sucedió cuando en 1978, el médico Gabe Mirkin escribió en su libro
*The Sports Medicine Book* sobre el acrónimo RICE (Reposo, *Icing*,
Compresión, Elevación).[68] Mirkin no inventó ni el nombre ni la secuencia de acciones, ya que estas habían sido ya mencionadas en
revistas médicas desde 1906, pero ayudó a popularizarlo dentro de
la comunidad de la medicina deportiva.[69] Durante 25 años, Mirkin
fue el presentador de un programa de radio sobre la salud y el buen
estado físico, donde a menudo mencionaba el sistema RICE.

Concebido como una forma de acelerar la recuperación del cuerpo al desviar la sangre y las células inflamatorias del tejido lesionado,
RICE se convirtió en un tratamiento estándar para los esguinces y las
distensiones, así como para los músculos que estaban doloridos por
el esfuerzo. En las cuatro décadas transcurridas desde que Mirkin
promovió por primera vez el RICE para lesiones deportivas, la aplicación de hielo (*Icing*) se ha convertido en un consejo estándar para las
personas que sufren esguince de articulaciones, dolor de hombros y
otros dolores o lesiones ortopédicas. ¿Quién no se ha torcido un tobillo y se le ha recomendado que se ponga una bolsa de hielo? Hoy en
día, las bolsas de hielo se han vuelto tan omnipresentes como la as-
pirina: son un elemento esencial en todas las instalaciones de entrenamiento deportivo y se venden en farmacias de todo el mundo.

Los baños fríos y las bañeras de hielo también se han convertido
en una de las ayudas para la recuperación más populares del deporte. Casi todas las universidades y salas de entrenamiento profesional
tienen al menos una bañera de hielo, y durante los últimos diez o
quince años se han convertido en un ritual esencial después del entrenamiento para todos los deportistas. Una de sus atracciones es

---

68. Gabe Mirkin y Marshall Hoffman, *The Sports Medicine Book*, Little Brown & Co, 1978.

69. Edward Swift Dunster, James Bradbridge Hunter, Frank Pierce Foster, Charles Eucha-
riste de Medicis Sajous, Gregory Stragnell, Henry J. Klaunberg, Félix Martí-Ibáñez, *International Record of Medicine and General Practice Clinics, Volume 83*, MD Publications, 1906.

que el *Icing* es barato y fácil. Con unas pocas bolsas de hielo y una bañera o incluso un cubo de basura, cualquier deportista puede hacer un baño de hielo de bajo presupuesto en cuestión de minutos.

Los aficionados al hielo se pueden encontrar en casi todos los deportes. Paula Radcliffe, poseedora del récord mundial de maratón, ayudó a popularizar los tratamientos de frío entre corredores, al atribuir parte de su éxito al hábito de tomar baños de hielo después de las carreras. El surfista Kelly Slater también es asiduo a ellos. En una foto de Instagram de amplia difusión, aparecía sentado en una tina de metal llena de agua helada, sus brazos levitando rígidamente sobre la superficie, como si estuviera a punto de saltar, y sus labios fruncidos en una expresión que sugería un «¡Ay!».[70] Durante los campos de entrenamiento de la NFL, es típico ver a equipos enteros de jugadores temblando en cubas de hielo. En el verano de 2016, un reportero de ESPN probó el periodismo *inmersivo* mientras entrevistaba al jugador de los Washington Redskins Chris Baker, ambos sentados en recipientes de plástico llenos de agua con hielo. Y en una reciente sesión de entrenamiento de verano, diez jugadores de fútbol del Newcastle United fueron fotografiados amontonados en una única piscina infantil inflable llena de agua helada. Incluso las estrellas de rock usan baños de hielo. Madonna le dijo a la revista *Rolling Stone* que después de sus actuaciones, que generalmente incluyen horas de baile, a menudo sobre zapatos de tacón alto, a ella le gusta tomar un baño de hielo de diez minutos para recuperarse.[71] «Es realmente duro cuando entras, pero te sienta muy bien después», dijo la cantante.

Esa sensación de mejoría es merecida ya que un baño de hielo duele. No puedes introducirte lentamente porque la reacción natural a este tipo de frío es retroceder. Debes sumergirte y hacerlo antes de tener la oportunidad de cambiar de opinión. Los primeros segundos estás luchando contra el impulso de tu cuerpo por salir de esa tortura. Después de eso, simplemente estás marinando en constante an-

---

70. *The Inertia* publicó una foto de Slater sentado en una bañera de hielo el 9 de enero de 2017. https://www.instagram.com/p/BPDjcTQBcQs/.

71. Austin Scaggs. «Madonna Looks Back: The Rolling Stone Interview», *Rolling Stone*, 29 de octubre de 2009.

gustia. Los dedos de los pies palpitan y pican. Los pies se entumecen. Los músculos más largos, como los gemelos y los cuádriceps, se estremecen y arden, y si tienes testículos, es posible que intenten volver a subir por el canal inguinal. «Un hombre en un baño de hielo nunca tendrá una erección», dijo un experto que me hizo prometer que no lo nombraría.

Toda esa agonía es parte de una cultura del deporte que idolatra la persistencia y asume que el dolor equivale al triunfo. El hecho de que el *Icing* sea tan insoportable se convierte en prueba de su efectividad. Los científicos llaman a esto un efecto placebo activo: nuestra inclinación natural a creer que si un tratamiento es doloroso, debe ser muy eficaz. Si duele, se asume que debe estar funcionando, y esto puede influir después en la evaluación de cuánto nos ayudó.

La razón que busca explicar la efectividad del *Icing* es más o menos la siguiente: el frío estimula la reacción de las fibras nerviosas simpáticas, que indican a los vasos sanguíneos en el área afectada que se contraigan y envíen sangre a los órganos vitales para protegerlos. Este flujo de sangre que se aleja de las extremidades reduce el flujo de sangre en las áreas en las que se está congelando y retrasa los procesos metabólicos en estas regiones, incluida la respuesta inflamatoria, y por lo tanto reduce cualquier hinchazón que de otro modo pudiera producirse. La presión del agua también puede proporcionar cierta compresión contra los músculos y los vasos sanguíneos, lo que también podría hacer disminuir la inflamación y la hinchazón. Finalmente, la formación de hielo alivia el dolor al adormecer las áreas afectadas, al menos temporalmente.

El hecho de que el *Icing* podía suprimir la inflamación fue originalmente su punto fuerte. Pero en los últimos años, Mirkin, el popularizador del método RICE, ha llegado a pensar que esa es una desventaja, no una ventaja. En un giro completo, ahora denuncia los métodos de hielo que una vez defendió. No hay duda de que la formación de hielo puede reducir el dolor, al menos temporalmente, me dijo, pero tiene un coste. «Cualquier cosa que reduzca la respuesta inmunológica también retrasará la curación muscular», dice Mirkin. «El mensaje es que las citocinas de la inflamación están bloqueadas por la congelación, como se ha demostrado en varios estudios».[72] Ahora cree que en lugar de promover la curación y la recuperación, el *Icing* en realidad podría deteriorarla, y su cambio de opinión se debió en gran parte a la investigación de una persona.

◆ ◆ ◆

Gary Reinl es un guerrero contra el frío. Un hombre delgado cuyo cabello largo y canoso a menudo está cubierto con una gorra de béisbol, Reinl tiene el aspecto curtido y bronceado de un maratonista veterano. Es entrenador personal, empresario, vive en Las Vegas y ha pasado los últimos cuarenta años trabajando en la industria de la salud y el ejercicio. En ese lapso de tiempo ha creado, por ejemplo, programas de rehabilitación para trabajadores lesionados, y un protocolo de fortalecimiento que se usa en las residencias de personas mayores en todo el país. En el verano de 2016, recibió un certificado de reconocimiento por sus logros en apoyo a la Unidad Médica de la Casa Blanca, y ha sido consultor de golfistas profesionales, tenistas, equipos de CrossFitters y de la NFL, MLB, NBA y NHL. También ha escrito libros sobre el estado físico posterior al embarazo, y sobre la pérdida de grasa. Su título más reciente, *Iced!*, es una obra autopublicada sobre la inutilidad de aplicar hielo a las lesiones deportivas y a los músculos cansados, una causa que se ha convertido en su obsesión.

Reinl no es médico, científico ni entrenador. Se define como: «Solo soy un reportero que intenta ayudar a la gente». El camino que lo llevó a convertirse en un escéptico respecto de la aplicación de hielo comenzó en el verano de 1971. Estaba a punto de empezar su último curso en la escuela secundaria, y tenía una misión: romper el récord de flexiones de pecho de su instituto. Para lograrlo, tendría que completar 42. Después de algo de práctica consiguió hacer 28 seguidas y, por eso, confiado en que si continuaba practicando, po-

---

72. Gabe Mirkin. «Why Ice Delays Recovery», Dr.Mirkin.com, accedido en enero de 2018. http://www.drmirkin.com/fitness/why-ice-delays-recovery.html.

dría batir el récord a fin de año, le anunció a algunos amigos que tenía la intención de batir esa marca. Mientras tanto, apareció un rival que anunció que ya podía hacer 40 flexiones y que intentaría también batir el récord. «Me quitaron la ilusión», escribió Reinl en *Iced!*. Consideraba al otro tipo más duro y más musculoso que él, y por eso abandonó su objetivo. Más tarde, ese mismo año, ambos realizaron las pruebas de aptitud física para entrar a la Marina. Uno de los eventos eran las flexiones de pecho, y Reinl vio que su oponente se esforzaba para poder completar 15.«Me dieron náuseas», dice Reinl. Su fe ciega en la jactancia de su rival había acabado con su propio sueño.

Esa, dice, fue la última vez que aceptó una afirmación sin pruebas. «Desde ese momento en adelante, hice todo lo posible por identificar y rechazar cualquier afirmación sin fundamento», escribió. Desde entonces, Reinl ha construido toda una carrera basada en cuestionar la sabiduría convencional. Ha sostenido, por ejemplo, que las mujeres podrían sentirse mejor durante el embarazo si hicieran algo de entrenamiento de fuerza y que las personas mayores pueden abandonar sus andadores y sillas de ruedas si realizan un buen entrenamiento.

Su última misión es simple: convencer a las personas para que dejen de usar hielo en las articulaciones torcidas y en los músculos doloridos. Le gusta mencionar el Museo de Dispositivos Médicos Cuestionables de St. Paul, Minnesota.[73] «No descansaré hasta que el museo agregue otro dispositivo médico cuestionable a la colección de falsos curadores, ¡la bolsa de hielo!»

A lo largo de los años ha trabajado con equipos deportivos, escuadrones militares de élite y entrenadores de todo el mundo. «La gran mayoría de las personas con las que trabajo usan hielo, hasta que se topan conmigo», dice. «La primera pregunta que les hago a todos es: "¿por qué usas hielo? ¿Qué estás tratando de conseguir?" La mayoría

---

73. El museo cerró en 2002, pero aún existe la colección de «instrumentos médicos cuestionables» en el museo de ciencias de Minnesota «Museum of Quackery and Medical Frauds», Atlas Obscura, accedido en mayo de 2018. https://www.atlasobscura.com/places/museum-quackery.

de la gente dice: "para prevenir la inflamación"», explica. «"Bueno, ¿por qué querrías bloquear o prevenir la inflamación? ¡Sin inflamación no hay curación! ¡Así es como tu cuerpo se regenera!"» Su voz se intensifica con impaciencia mientras dice esto, luchando por ocultar su frustración por la estupidez contra la que lucha. «Cuando enfrías con hielo, no evitas nada. Todo lo que haces es ralentizar las cosas para que no te cures tan rápido.»

Para evaluar el argumento de Reinl, es esencial comprender lo que sucede en el cuerpo después de un ejercicio intenso. Uno de los efectos secundarios más comunes (y dolorosos) de una sesión de entrenamiento duro es el dolor muscular, en particular el fenómeno llamado «dolor muscular de aparición tardía», o DMAT que es lo que me dejó paralizada después de la primera vez que corrí la Garfield Grumble. La agonía del DMAT normalmente alcanza el máximo de entre 48 a 72 horas después del ejercicio, y es más agudo cuando ejercitas tus músculos de tal manera que estos están bajo tensión mientras se están alargando. Estas fuerzas opuestas tiran de los músculos y producen roturas microscópicas en las fibras musculares.

El cuerpo responde a esta lesión movilizando a un equipo de limpieza para eliminar los tejidos dañados y reconstruir los músculos. Este proceso fortalece los músculos haciéndolos más fuertes. Esta respuesta de reparación también es la razón por la cual una serie repetida de ejercicios, que dañan los músculos, produce menos DMAT que la primera serie. En respuesta a la serie inicial, el músculo se ha vuelto más fuerte y más resiliente.

Ese proceso de limpieza y reparación es esencialmente el proceso de inflamación, y el mensaje básico de Reinl es el siguiente: la inflamación es la forma que tiene el cuerpo de curarse, y lo único que hace el hielo es retrasar esta respuesta de curación, ya sea como reacción a una lesión o a un microdaño muscular de un entrenamiento duro. Pueden asemejarse estas pequeñas lesiones a los accidentes de tráfico en las autopistas. Cuando hay un accidente, es bueno que el tráfico fluya a su alrededor para que la ambulancia y el personal de emergencia puedan llegar al lugar del accidente lo más rápido posible. Lo mismo ocurre con una articulación lesionada o con un músculo dolorido: es deseable que el sistema inmunitario llegue al sitio del problema pronto, pero el hielo detiene el flujo sanguíneo y retarda la respuesta del sistema inmunitario, dice Reinl. Es como quitar el tráfico de la autopista pero bloquear las rampas de acceso para que los médicos no puedan acceder al accidente. En lugar de acelerar la recuperación, este enfoque solo retrasa que los equipos de emergencia puedan hacer su trabajo.

Reinl dice que tanto si se está congelando una lesión para reducir la hinchazón o enfriando un músculo dolorido para domesticar la inflamación, a largo plazo no funcionará, porque la congelación simplemente ralentiza el flujo de sangre al área, no la detiene indefinidamente. Y una vez que el frío pase y el flujo de sangre vuelva a la normalidad, el proceso que intentas impedir volverá a ocurrir. La hinchazón continuará y la inflamación comenzará. Lo único que hiciste fue retrasar las cosas. En este aspecto, Reinl logró influir sobre Mirkin, quien escribió en el prólogo de *Iced!*: «Gary Reinl ha hecho más que nadie para demostrar que el enfriamiento y la inmovilización retrasan la recuperación».

La gente a menudo se sorprende de lo que dice Reinl, especialmente por su forma animada de defender su punto de vista, que a veces puede hacerlo parecer un extremista. Pero hay una sólida investigación que lo respalda. «La gente dirá que soy un idiota, pero ni una sola persona ha señalado un error en lo que digo. Y saben que si pudieran encontrar algo, lo harían y se haría viral en internet», dice Reinl.

De hecho, estudios recientes confirman la corazonada de Reinl de que, en lugar de acelerar la recuperación, el hielo o el enfriamiento podrían dificultarlo. Un estudio de 2006 comparó los efectos posteriores a un entrenamiento en bicicleta estática y a uno de brazos, según si hubo o no un baño frío después del mismo.[74] Los participan-

---

74. Motoi Yamane, Hiroyasu Teruya, Masataka Nakano, Ryuji Ogai, Norikazu Ohnishi y Mitsuo Kosaka. «Post-Exercise Leg and Forearm Flexor Muscle Cooling in Humans Attenuates Endurance and Resistance Training Effects on Muscle Performance and on Circulatory Adaptation». *European Journal of Applied Physiology* 96 (5) (2006): 572–580. doi:10.1007/s00421-005-0095-3.

tes hicieron el mismo ejercicio en todas las extremidades, pero solo un brazo o pierna se sometió al baño de hielo. En el transcurso de cuatro a seis semanas de entrenamiento, las extremidades enfriadas hicieron menos mejoras de rendimiento que sus contrapartes que se salvaron de pasar por él. Sí, el hielo puede reducir el dolor y la hinchazón, pero no parece ayudar a la curación.

Un estudio de 2013 analizó lo que sucedió al aplicar compresas frías sobre músculos ejercitados durante 15 minutos después de una serie de extensiones de brazo.[75] Resultó que los sujetos que usaron hielo tenían más fatiga que los que no, y las compresas frías en realidad demoraban la recuperación. De manera similar, un estudio de 2015 realizó dos experimentos que observaron cómo la inmersión en agua fría influía en la respuesta de los músculos a un programa de entrenamiento de fuerza, y descubrió que el tratamiento con frío reducía las ganancias en la masa muscular y fuerza, y debilitaba la activación de proteínas clave en el músculo esquelético.[76] Los estudios «desafían la idea de que la inmersión en agua fría mejora la recuperación después del ejercicio», escribieron sus autores.

Con pruebas como esta, que lo respaldan, Reinl ha comenzado a ganar fuerza entre algunos líderes de la comunidad deportiva, entre ellos Kelly Starrett, un conocido fisioterapeuta y fundador de San Francisco CrossFit y de Mobility WOD.[77] Starrett publicó un vídeo de 26 minutos de sí mismo escuchando el relato antihielo de Reinl, y el clip se ha visionado más de 200.000 veces en YouTube.[78] «¿Listo para

---

75. Ching-Yu Tseng, Jo-Ping Lee, Yung-Shen Tsai, Shin-Da Lee, Chung-Lan Kao, Te-Chih Liu, Cheng- Hsiu Lai, M. Brennan Harris y Chia-Hua Kuo. 2013. «Topical Cooling (Icing) Delays Recovery From Eccentric Exercise–Induced Muscle Damage». *Journal of Strength and Conditioning Research* 27 (5): 1354–1361. doi:10.1519/JSC.0b013e318267a22c.

76. Llion A. Roberts, Truls Raastad, James F. Markworth, Vandre C. Figueiredo, Ingrid M. Egner, Anthony Shield, David Cameron-Smith, Jeff S. Coombes y Jonathan M. Peake. 2015. «Post-Exercise Cold Water Immersion Attenuates Acute Anabolic Signalling and Long-Term Adaptations in Muscle to Strength Training». *The Journal of Physiology* 593 (18): 4285–4301. doi:10.1113/JP270570.

77. Como todo aficionado al CrossFit sabe, WOD significa «workout of the day». (Trabajo del día.)

78. «Icing Muscles Information», vídeo de YouTube subido por Kelly Starrett en julio de 2012. https://www.youtube.com/watch?v=0UmJVgEWZu4.

matar a una vaca sagrada?», escribió Starrett en una publicación complementaria del blog.[79] «Deberías dejar de aplicarte frío. Nos equivocamos.» Starrett me dijo que, como muchos fisioterapeutas, tiempo atrás había sido defensor del hielo y la aplicación de frío y que era una creencia difícil de superar. «Personalmente, tuve dificultades para matar a esta vaca sagrada del hielo, hasta que me confrontaron directamente con la fisiología», escribió en un mensaje a los miembros de Mobility WOD. «Es difícil luchar contra la corriente de la ortodoxia. ¿Por qué hacemos lo que hacemos? ¿Porque siempre lo hemos hecho? Podemos hacerlo mejor.» Instó a sus seguidores a «dejar el hábito del hielo».

El movimiento de Reinl, que él llama «el deshielo», llega en un momento en que el *Icing* sigue siendo tan popular como siempre, con nuevos dispositivos de enfriamiento, como mangas y puños de hielo que son promovidos implacablemente en las redes sociales.[80] Incluso ante la evidencia de que el *Icing* y la terapia de frío podrían tener inconvenientes, no todos están dispuestos a dejar de utilizarlos, al menos no del todo.

◆ ◆ ◆

Shona Halson es la mayor experta mundial en temas de recuperación.[81] Halson, una fisióloga de la recuperación, exdirectora del Instituto Australiano de Deportes (AIS), tiene una actitud cálida y alegre y su acento australiano le da a su discurso un tono amistoso. Shona fue criada en una familia de deportistas, su padre era profesor de Educación Física y entrenador de fútbol, y ella creció en el mundo

---

79. Kelly Starrett. «Ready to Slay a Sacred Cow», Daily M/WOD (blog). Accedido el 15 de febrero de 2018. https://www.mobilitywod.com/propreview/people-weve-got-to-stop-icing-injuries-we-were-wrong-sooo-wrong-community-video/.

80. Jeff Bercovici. «How This Fitness Entrepreneur Won Over Blake Griffin and LeBron James», Inc., abril de 2015.

81. En agosto de 2018 Shona Halson renunció al Australian Institute of Sport para convertirse en profesora asociada en la School of Behavioural and Health Sciences de la Australian Catholic University.

del atletismo. «Me gustaba correr tan rápido como pudiese. Cien metros eran demasiado, 60 metros eran la distancia ideal», dice Halson. También llegó a jugar al tenis de competición, pero su rendimiento «nunca fue muy deslumbrante». «Soy bastante típica en eso. Al igual que muchos científicos [deportivos]. Competí un tiempo, pero no era lo suficientemente buena como para llegar a los grandes torneos.» Le gusta su trabajo, ya que le permite mantenerse en contacto con el deporte.

Halson se graduó con honores en el estudio del síndrome de fatiga crónica y su trabajo doctoral se centró en el sobreentrenamiento en deportistas. «Mi interés en la recuperación provino de mi interés en la fatiga», dijo. Pero la fatiga es un fenómeno complejo que es difícil de estudiar, por lo que después de su doctorado se dedicó a estudiar la recuperación, porque es (algo) más fácil de cuantificar y evaluar, y también era un área de creciente interés en la comunidad científica y entre los deportistas, que se dieron cuenta de que, para optimizar su entrenamiento, también necesitaban comprender la recuperación. Halson ha estado en el AIS desde 2002, y en este tiempo ha trabajado con deportistas olímpicos en una gran variedad de disciplinas. «La natación y el ciclismo son los dos deportes con los que paso la mayor parte del tiempo», dice ella, pero también comenzó a trabajar con el equipo australiano de surf, que hará su debut en los Juegos Olímpicos de 2020.

Halson conoce todo lo escrito sobre recuperación de arriba abajo, siendo una de las principales contribuyentes a lo que se ha investigado al respecto, pero también tiene más de 15 años de experiencia en la aplicación de la ciencia a los deportistas. Su perspectiva comprende ambos puntos de vista. Básicamente, hay dos teorías que compiten con respecto al *Icing* y la terapia con frío, explicó. La primera es que al disminuir la inflamación, los baños de hielo pueden afectar a la capacidad del cuerpo para adaptarse al entrenamiento. La otra es que si un baño de hielo puede reducir el dolor, entonces el deportista podría volver antes a entrenar duro. Cuál es la teoría correcta es algo que todavía está en el aire, y podría ser que ambas tuvieran razón, según las circunstancias, dice. La investigación sobre esta cuestión sigue evolucionando rápidamente, y se necesitan más estudios para que las respuestas sean más concluyentes.

De lo que los investigadores están empezando a darse cuenta, dijo Halson, es de que la recuperación puede ser más efectiva cuando se realiza de forma periódica, al igual que el entrenamiento. La idea es que, en lugar de utilizar las mismas técnicas de recuperación día tras día, se ajuste la recuperación según hayan sido los objetivos de ese entrenamiento en particular. Cuando los deportistas están en pretemporada, el objetivo es forzar las adaptaciones que aumentarán el rendimiento en las competiciones más adelante. En ese caso, la adaptación es lo más importante, y vale la pena renunciar a un poco de rendimiento a corto plazo si se pueden obtener mayores ventajas a largo plazo. Este es un argumento en contra de esos baños de hielo que son tan omnipresentes durante los campos de entrenamiento de pretemporada de la NFL y la NBA. Por otro lado, dijo Halson, cuando un atleta está en temporada de competición, la mayoría de las adaptaciones ya se han logrado, y el objetivo es el rendimiento a corto plazo. El tipo de entrenamiento y su propósito deben determinar qué tipo de métodos de recuperación utiliza un deportista.

Dada la evidencia actual, dice Halson, los baños de hielo probablemente no son una gran idea después de un duro entrenamiento cuyo objetivo sea fortalecerse. Tampoco son el mejor enfoque si el deportista se encuentra en una fase de entrenamiento en la que el objetivo es la supercompensación. A tenor de lo que se conoce actualmente, las situaciones en las que los deportistas tienen más probabilidades de beneficiarse del hielo o la inmersión en agua fría son aquellas en las que se busca una recuperación a corto plazo entre varias pruebas y no preocupan las adaptaciones a largo plazo. En otras palabras, dijo, si te hace sentir mejor, ponte hielo entre las series preliminares y las finales de tu carrera, o entre las distintas pruebas de CrossFit. Ella también ve un motivo para la terapia de frío cuando un deportista se siente excesivamente cansado. Pero si desean maximizar los resultados de una pretemporada o un entrenamiento duro, ella cree que lo mejor es olvidarse del hielo.

En la práctica, Halson ha encontrado que los deportistas generalmente reportan pequeñas pero significativas mejoras en cómo se sienten después de la inmersión en agua fría. Un metaanálisis de 2011 publicado por el *British Journal of Sports Medicine* también estimó que los baños fríos reducían el dolor percibido en un promedio del 16 por ciento. Pero el análisis también identificó un fallo importante en los estudios observados, lo que debilitó sus conclusiones.[82] El problema es que no hay una manera fácil de hacer una evaluación con el sistema de doble ciego, ya que los participantes saben si están recibiendo o no el tratamiento; si toma un baño de hielo, lo sabrá. Y si los voluntarios saben que están realizando algo que se supone que ayuda a su recuperación, son susceptibles al efecto placebo. La expectativa de que se beneficiarán puede empujarlos a percibir una mejora.

¿Una reducción del 16 por ciento en el dolor es una diferencia significativa? Tal vez. Estudios anteriores han calculado que para que una disminución del dolor repercuta de manera real, en la vida cotidiana, debe ser del orden del 14 al 25 por ciento.[83] Eso implica que las reducciones en el dolor muscular, que se observan en estos estudios, estaban en el límite de marcar una diferencia notable.

Puede resultar que los mayores beneficios de un baño de hielo sean psicológicos. Un estudio de 2014 empleó un astuto truco para probar los efectos de una bañera de agua fría. Los investigadores hicieron que el grupo placebo se aplicara una crema falsa para aliviar el dolor y luego se sumergiera en una bañera a temperatura ambiente, mientras que un grupo de control solo tomó el baño.[84] Resultó que el placebo era tan efectivo como el remojo en frío. Los autores del

---

82. J. Leeder, C. Gissane, K. van Someren, W. Gregson y G. Howatson. «Cold Water Immersion and Recovery from Strenuous Exercise: A Meta-Analysis». *British Journal of Sports Medicine* 46 (2012): 233–240. https://doi:10.1136/bjsports-2011-090061.

83. François Bieuzen, Chris M. Bleakley y Joseph Thomas Costello. «Contrast Water Therapy and Exercise Induced Muscle Damage: A Systematic Review and Meta-Analysis». *PLoS ONE* 8 (4) (2013). https://doi:10.1371/journal.pone.0062356.

84. James R. Broatch, Aaron Petersen y David J. Bishop. 2014. «Postexercise Cold Water Immersion Benefits Are Not Greater than the Placebo Effect». *Medicine and Science in Sports and Exercise* 46 (11) (2014): 2139–2147. Https://doi:10.1249/MSS.0000000000000348.

estudio destacaron que el dolor muscular es subjetivo, y por lo tanto es difícil saber si la gente siente que el frío le alivia el dolor debido a una causa fisiológica, o porque simplemente espera que le duela menos después de que tanta gente lo recomiende. Es difícil de decir.

Más y más personas están empezando a cuestionar la magia de los baños fríos. Malachy McHugh es director de investigación en el Instituto Nicholas de Medicina Deportiva y Trauma Atlético de la ciudad de Nueva York. McHugh es un irlandés deportista que juega al fútbol gaélico (un juego irlandés a menudo comparado con el rugby) y entrena con su equipo en el mismo campo de juego que el equipo de fútbol del Manhattan College. Una noche, mientras el equipo de McHugh estaba entrando al campo, un grupo de jugadores de fútbol que acababan de terminar su entreno se sumergieron en grandes cubos de basura llenos de agua helada. Al ver a McHugh acercarse, lo llamaron mientras señalaban sus improvisados baños de hielo. «Malachy, tú eres el científico deportivo. ¿Qué opinas de esto? ¿Funciona?». Su respuesta fue: «Sería mejor que metieras allí tu pack de cervezas».

No puedo dejar de pensar que lo que mejor hace el frío es darle a las personas un ritual de recuperación y un sentido a lo que hacen, la sensación de que han hecho algo bueno para ellos mismos. Seguramente, eso es útil, incluso si no cambia tu fisiología. Si, como hacía Paula Radcliffe, la mujer que ostentaba el récord de maratón, tienes la costumbre de terminar tus entrenamientos con un baño de hielo, el agua fría también puede desencadenar una potente respuesta psicológica. De la misma manera que el postre indica que la comida ha terminado, un baño de hielo podría indicar al cuerpo que se ha realizado el ejercicio y que es hora de relajarse. Aunque, francamente, hay maneras más agradables de conseguir eso.

◆ ◆ ◆

Es posible que haya ganado algunas batallas, pero Gary Reinl está muy lejos de ganar la guerra fría. Soy testigo del número cada vez mayor de deportistas que toman baños de hielo a otro nivel con *crio-*

*sauna*, que utilizan nitrógeno líquido para exponer rápidamente el cuerpo a temperaturas de menos 150 grados, una técnica conocida como «crioterapia de cuerpo entero». La práctica se originó a finales de los años 70 en Japón con Toshiro Yamauchi, un médico que se especializó en el tratamiento de la artritis reumatoide. Yamauchi notó que sus pacientes parecían mejorar después de ir de vacaciones de invierno, especialmente cuando iban a esquiar o hacían ejercicio en lugares fríos. Inventó la crioterapia de cuerpo entero en un intento de replicar este método en la clínica, y posee varias patentes en Estados Unidos relacionadas con la crioterapia.[85] La primera *criocámara* se construyó alrededor de 1980, y la técnica pronto se extendió a Polonia y Alemania.

La crioterapia de cuerpo entero comenzó como un tratamiento para la artritis reumatoide y otros trastornos inflamatorios, pero finalmente llegó al mundo del deporte. Los Dallas Mavericks utilizaron la crioterapia durante la temporada de 2011 en la NBA. El jugador base Jason Kidd describió la técnica como un arma secreta para el rejuvenecimiento. El equipo de béisbol Kansas City Royals, el programa de ejecución del Proyecto Oregon de Nike, el departamento de atletismo de la Universidad de Misuri y el equipo de fútbol Dallas Cowboys se encuentran entre las docenas de programas deportivos de élite que han usado esta técnica.

La crioterapia es «como un baño de hielo con esteroides, pero sin el dolor o la incomodidad», dice el quiropráctico Ryan Tuchscherer, que dirige una serie de clínicas en la región de Denver donde cualquiera que esté dispuesto a pagar unos 50 dólares puede pasar de dos a tres minutos rodeado de aire enfriado por nitrógeno. Sus clientes incluyen al portero de los Kings, Jeff Zatkoff; el luchador de MMA, J. J. Aldrich; y numerosos miembros de los Broncos de Denver, incluido Von Miller y Aqib Talib (ahora con Los Ángeles Rams).

«Uso crioterapia cuando mi cuerpo está muy dolorido. Me ayuda a recuperarme y me lleva al punto óptimo en el campo», dice Talib,

---

85. Tres patentes de Toshima Yamauchi relativas a la crioterapia se pueden ver detalladas aquí: https://patents.justia.com/inventor/toshima-yamauchi.

quien ha jugado en la NFL desde 2008. Anteriormente, en su carrera, dice, le prestaba menos atención a la recuperación. «Luego me di cuenta de que los muchachos que juegan ocho, nueve o diez años, realmente, cuidan sus cuerpos.» Ahora él considera que la recuperación es una parte importante del trabajo. «Tienes que tratar tus músculos como si fueran tus herramientas, tus piernas, tus ruedas. Tienes que cuidarlos.» También usa baños de hielo y baños de contraste (una variación en la inmersión en agua fría donde el deportista alterna entre los jacuzzis fríos y calientes para promover la circulación), pero esto conlleva mucho más tiempo. Con la crioterapia, solo tiene que permanecer en el frío durante tres minutos. «Una vez llegues a los dos minutos, comenzarás a sentir mucho frío. Duele como el infierno, pero solo tienes que pasar por eso durante un minuto de crioterapia, a diferencia de la bañera fría, donde tienes eso durante unos cinco minutos antes de que te entumezcas», dice. «Lo uso mucho durante el campo de entrenamiento de pretemporada cuando realmente trabajamos duro y mi cuerpo tiene que recuperarse rápidamente para volver a la práctica el día siguiente. Von Miller y yo salimos del campo de entrenamiento y nos vamos directamente a la criocámara».

No contenta con aceptar únicamente la palabra de Talib, visité la 5280 Cryo&Recovery Clinic de Tuchscherer en Denver en un frío día de diciembre, el tipo de mañana de invierno en la que parecía una insensatez salir de casa, y mucho menos para ir a meterse en un barril de gas helado. Pero era una reportera con una misión: probar esta alta tecnología de la que tanto había oído hablar. Había ido a correr el día anterior y estaba ansiosa por saber si una criosauna podía aliviar un poco el dolor de mis piernas.

Tuchscherer tiene el cabello corto castaño, una barba bien recortada, ojos azul cristalino y va vestido con vaqueros, una sudadera con capucha de los Broncos y una gorra de béisbol con el logotipo de su clínica. Nos encontramos en la consulta, la charla discurrió en un tono amistoso como el que utilizarías tomando unas copas en el bar, mezclado a la vez con el discurso de emprendedor quiropráctico a cargo de una gran empresa de centros de recuperación. Tuchscherer desarrolló su vocación emprendedora de pequeño al ver a su padre dirigir una cadena de farmacias en Texas y Oklahoma, y actualmente está metido en múltiples negocios: clínicas en Colorado y Kansas y nuevas instalaciones en varios otros estados. Además de las clínicas, vende carne Angus de ganado que cría en los ranchos de su familia en Kansas y Dakota del Norte.

Ubicado en un distinguido complejo de oficinas, su clínica de Denver era luminosa y alegre, con suelo de madera noble y mucha luz. El logotipo del «hombre en movimiento» de la clínica, un ingenioso esquema de un velocista con engranajes para las articulaciones, se muestra prominente en una pared azul brillante detrás de la recepción, así como en la propia máquina de crioterapia, para garantizar que todos los *selfies* que se publicarán en las redes sociales, incluyan la marca adecuada.

La criocámara en sí estaba colocada en una habitación pequeña como la que se podría encontrar en el consultorio de un médico. Un armario en una habitación adyacente contenía nitrógeno líquido para enfriar la cámara, que se almacenaba en un tanque de metal aproximadamente del tamaño de un defensa de fútbol americano. Una pequeña tubería de gas conectaba el tanque a la criocámara a través de un agujero en la pared. Tuchscherer me dijo que estos dispositivos cuestan entre 50.000 y 60.000 dólares cada uno. Sus clínicas tienen diez de ellas, incluidas dos unidades móviles que llevan a gimnasios y eventos deportivos. En enero de 2018 Tuscherer abrió un nuevo centro en Dallas junto a Aqib Talib y Von Miller.

Para prepararme para mi sesión, entré en un vestuario y me quedé solo con la bata, calcetines secos y los raros guantes que Tuchscherer me había dado. Me advirtió que no usara mis propios calcetines si estaban húmedos, ya que cualquier líquido se congelaría de inmediato contra mi piel. Me comentó que el exescolta de los Cleveland Cavaliers Manny Harris sufrió graves quemaduras por congelación en su pie en 2011 después de ingresar a una máquina de crioterapia con calcetines húmedos.[86] El velocista de pis-

---

86. Darren Rovell. «Did a Mistake In New Age Ice Bath Set Back NBA Player?», martes 27 de diciembre de 2011, CNBC website. https://www.cnbc.com/id/45768144.

ta Justin Gatlin también desarrolló congelación en los pies antes del campeonato mundial de 2011 después de someterse a crioterapia con los calcetines sudorosos.[87]

Seca y totalmente desnuda bajo la bata, estaba lista para relajarme. Tuchscherer me mostró la criocámara. Parecía un gran tambor de acero. La parte frontal del dispositivo se abrió como la puerta de un refrigerador y el interior estaba forrado con relleno de espuma azul. Respiré hondo y me metí dentro. Tuchscherer ajustó la altura del suelo para que solo mi cabeza saliera del cilindro, luego cerró la puerta.

«Ok, cuando estés lista, puedes pasarme tu bata», me dijo Tuchscherer. No esperaba eso, y sentía frío solo de pensar en lo que vendría. Pero estaba allí para tener la experiencia completa, así que me quité la bata y luego se la entregué por encima de la pared del tanque. Ahora estaba desnuda en una habitación con este amigable desconocido que estaba a punto de aplicarme aire muy frío. Por extraño que pareciera en aquel momento, me recordé a mí misma que este era un privilegio por el que la gente paga mucho dinero. Tuchscherer me preguntó si estaba lista y levanté un pulgar. Y así comenzó el flujo de nitrógeno. Era como estar desnuda en una tormenta de viento en un día de invierno con varios grados bajo cero, y la corriente de gas se apreciaba notablemente más fría sobre mis pies y piernas que cuando subía por el resto de mi cuerpo. Usé un gorro de esquí a lo largo de todo el proceso, y tenía las manos enguantadas sobre el tanque, lo que sin duda me ayudó a retener algo de calor corporal. Un teclado numérico en la parte superior mostraba cómo bajaba la temperatura en el tanque: −11, −14, −17, −19, −28F, −29F, −45F, −73, −91,−100, hasta −135 grados Celsius y por debajo. La temperatura continuó bajando los dos minutos y medio completos que estuve allí.

Aproximadamente un minuto y medio después de comenzar, Tuchscherer me dijo que fuera rotando en círculo lentamente, prin-

87. Associated Press. «Justin Gatlin dealing with frostbite», 11 de agosto de 2011. http://www.espn.com/olympics/trackandfield/story/_/id/6890891/justin-gatlin-arrives-world-championships-frostbite.

cipalmente para distraerme del frío, admitió más tarde. El tratamiento se completó antes de haber podido terminar de cantar *Frío
como el hielo*, pero apenas habría podido cantar cuando mis labios
se fruncían y mi aliento cálido creaba una nube blanca. No estaba
temblando del todo, pero estaba tan cerca ya que respiraba a ritmo
de staccato, pensando todo el tiempo: «frío, frío, frío, frío, frío». Me
estaba aclimatando cuando repentinamente se acabó. Por un momento, me sentí desconcertada, ¿qué acababa de suceder? Me costó
un minuto poder procesar las sensaciones.

Tuchscherer me entregó la bata y sentí una increíble descarga de
adrenalina cuando salí de la cámara. Mis piernas estaban entumeci-
das pero vigorizadas. Admito que era escéptica al entrar, pero luego
entendí el atractivo. Era fácil convencerse de que algo profundo acababa de suceder. Prácticamente no había dolor, solo una agradable
frialdad en los músculos de las piernas. El tratamiento era frío, pero
luego producía una fluidez muy agradable que tenía cierta cualidad
adictiva. Lo volvería a hacer con ganas. Salí del tanque sintiéndome
energizada y ligeramente entusiasmada. Entendí totalmente por qué
a tantos luchadores de MMA les gustaba hacer esto antes de un com-
bate. Soportar el chorro de aire frío me hizo sentir poderosa. Estaba
lista para ir contra lo que se me pusiera por delante. En cuanto a la
experiencia, me habían conquistado.

Mientras el nitrógeno fluía y estaba allí desnuda y encerrada dentro de la cámara helada, Tuchscherer agitaba las manos explicando,
con términos grandilocuentes, la razón que había detrás del tratamiento. El problema con los baños de hielo, me dijo, es que el flujo
de sangre a las extremidades nunca se detiene al 100 por cien. «El
corazón todavía insiste en empujar la sangre hacia las extremidades.
Con la criocámara, la cámara se enfría tan rápidamente que, en un
lapso de dos minutos y medio a tres minutos, se extrae toda la sangre
de los tejidos.» Desde los tejidos, dijo, la sangre es arrastrada hacia
el centro del cuerpo, principalmente hacia el corazón, el cual la hace
circular, la superenriquece, la oxigena. «Al salir, esa sangre súperen-
riquecida y reoxigenada tiene que ir a algún lugar, así que comienza
a circular por todo el cuerpo durante las próximas seis a ocho ho-

ras», dijo. «Es una forma legal de dopaje sanguíneo.» El tratamiento solo dura unos minutos, pero sus efectos duran mucho más tiempo, afirmó.

Estas declaraciones sonaban increíbles, pero quería una opinión experta y algo de ciencia para respaldarlas. Darryn Willoughby es un científico deportivo de la Universidad de Baylor que escribió una revisión de la escasa investigación existente sobre la crioterapia. Cuando le conté sobre la afirmación de que la crioterapia podía «sobreoxigenar» la sangre, se rio. «¡Oh dios mío! ¿Hablas en serio?» Me dijo que es fisiológicamente imposible sobrealimentar la sangre, porque la sangre que sale del pulmón ya está casi 100% oxigenada en condiciones normales. «Nuestra sangre solo es capaz de transportar una cantidad de oxígeno. No hay tal cosa como la superoxigenación», dijo. La idea de que la exposición al frío empuja la sangre a la parte central del sistema de circulación es correcta, pero todo esto sucede muy rápidamente y también vuelve a la normalidad rápidamente. ¡Vaya dopaje legal de sangre!

¿La conclusión de Willoughby?: «Esto es solo otra moda. Desaparecerá en unos pocos años, como muchas otras cosas. Siempre sucede lo mismo».

Tuchscherer también afirmó que la crioterapia estimula una respuesta de huida o lucha que provoca la liberación de endorfinas y aumenta las moléculas antiinflamatorias naturales del cuerpo. Esta afirmación parecía un poco más plausible. Definitivamente sentí el instinto de huida o lucha que describió. Era la misma sensación que he tenido después de casi caerme mientras esquiaba o después de casi haber tenido un accidente al conducir. Sin embargo, aún no se ha comprobado si alguno de estos resultados mejora la recuperación.

Los entusiastas de la crioterapia sugieren que puede relajar el cuerpo, pero yo tenía dudas. El gas pudo haber estado a −210 °C, pero seguramente hubiera dolido mucho más si fuese mi piel la que se hubiera enfriado tanto. Tampoco parecía plausible que tres minutos en la criocámara enfriara mis músculos tanto como 15 minutos en un baño de hielo, por la sencilla razón de que el agua es mejor conductora del calor que el aire. Física básica, como diría mi padre. De hecho, un estudio de crioterapia de cuerpo entero descubrió que incluso con temperaturas de −180 °C cuantificadas a la salida del dispositivo, las disminuciones de temperatura registradas en la piel aún estaban entre −4 °C y −14 °C.[88] El estudio encontró que los músculos se enfriaron incluso menos, aproximadamente −1,1 °C, y concluyó que estas diferencias son más pequeñas de lo que se experimentaría al usar una bolsa de hielo o una cuba de agua fría. En otras palabras, hay una razón por la que la crioterapia es más placentera que una bañera de hielo: a pesar de las bajas temperaturas, en realidad no te enfrías tanto.

En 2016, la FDA (Food & Drug Administration) emitió una advertencia al consumidor de que hay muy poca evidencia sobre los supuestos beneficios de la crioterapia o su efectividad en el tratamiento de las afecciones para las que se publicita, que incluyen no solo la recuperación del ejercicio, sino también la artritis, la esclerosis múltiple, la fibromialgia, el Alzheimer y el dolor crónico. La FDA también dejó claro que la seguridad del uso de la crioterapia aún no se había establecido.[89] Una investigación hecha por Cochrane en 2015 examinó la ciencia de la crioterapia de cuerpo entero y concluyó que los estudios existentes eran todos de baja calidad, en parte porque no hay un placebo convincente, y porque algunos de los beneficios declarados, como paliar el dolor, carecen de una medida objetiva y son susceptibles al efecto placebo.[90] Se han publicado más de 20 estudios sobre crioterapia, pero ninguno de ellos ofrece respuestas convincentes.

---

88. Christophe Hausswirth. «The Effects of Whole-Body Cryotherapy Exposure in Sport: Applications for Recovery and Performance». http://skinmatrix.co.uk/image/data/cryopod/WBC_The_Science.pdf.

89. «Whole body Cryotherapy (WBC): A cool trend that lacks evidence, poses risks», actualización al consumidor de la FDA del 5 de julio de 2016, accedido el 27 de abril de 2018. https://fda.gov/ForConsumers/Consumerupdates/ucm508739.htm.

90. Joseph T. Costello, Philip R. A. Baker, Geoffrey M. Minett, François Bieuzen, Ian B. Stewart y Chris Bleakley. 2015. «Whole-Body Cryotherapy (Extreme Cold Air Exposure) for Preventing and Treating Muscle Soreness after Exercise in Adults». The Cochrane Database of Systematic Reviews 9 (9): CD010789. doi:10.1002/14651858.CD010789.pub2.

Tuchscherer enfatiza que la crioterapia que ofrecen sus clínicas son productos de consumo, no dispositivos médicos y no hace afirmaciones sobre la aprobación de la FDA. En cambio, un folleto de la clínica apunta a las recomendaciones «de muchos médicos, equipos deportivos y entrenadores de deportistas profesionales» y su aparición en programas de televisión como el Dr. Oz y The Doctors. Pero estos programas son conocidos por su escaso rigor y análisis científico.

La crioterapia definitivamente me hizo sentir bien. Pero ¿ese impacto momentáneo proporcionó algún beneficio duradero? Me quedé cerca de una hora hablando sobre su clínica y otras prácticas. Tuchscherer también brinda atención quiropráctica, y me realizó una «técnica de liberación activa», una especie de terapia física, sobre mis doloridos isquiotibiales. Después, Tuchscherer me preguntó si me sentía mejor. Realmente no pude detectar ninguna diferencia notable, pero ese tipo de dolor es difícil de cuantificar. Quiero decir, cuanto más pensaba, más me encontraba pensando, bueno, tal vez me sentía un poco mejor, pero era difícil decirlo con seguridad.

Tan solo la idea de decirle que su truco final no servía de nada me hacía parecer desagradecida, así que le dije que me sentía un poco mejor. Luego me pregunté, ¿sentían las personas en esos estudios de crioterapia una obligación similar de decir que estaban mejor? Me encontraba muy bien inmediatamente después de la sesión de crioterapia, pero cuando me fui del centro, no me sentía muy diferente de cuando había llegado. El frío fue agradable, pero por mucho menos dinero y esfuerzo podría haber obtenido un efecto similar si me tiraba desnuda sobre la nieve virgen y comenzaba a dibujar un ángel moviendo los brazos.

# 5

# Que la sangre fluya

La teoría que subyace al entrenamiento y la recuperación se basa en lo siguiente: uno somete al cuerpo a un esfuerzo o una tensión especial, y este responde fortaleciendo sus recursos para manejar mejor esa tensión. Pones en tensión tu músculo al levantar un gran peso, y este arregla los daños menores que se producen en el músculo, reforzando la fibra muscular para que sea más resistente la próxima vez. La rapidez con la que se recupere de la tensión del entrenamiento, y aumente la fuerza y la resistencia, depende de la cantidad de tensión que experimente y de los recursos disponibles que tenga para trabajar. Imagina que tu cuerpo es una casa, y el entrenamiento y otros factores estresantes son el clima y demás elementos. Comienzas con una casa hecha de paja y tu primer entrenamiento sería como una ráfaga fuerte de viento. Tira unas cuantas paredes y las reconstruyes. Si tienes los medios, probablemente construirás los nuevos muros de ladrillo. Cuando llega la próxima serie de ejercicios, tus paredes son más resistentes y esta vez nada se desmorona. Sigues entrenando y, al hacerlo, aumentas tu carga de entrenamiento: al levantar más pesas, correr más millas o efectuar más lanzamientos, aumentas la tensión. Este nuevo nivel de entrenamiento vendría a ser como una tormenta, que quizás rompe algunas ventanas o despega algunas tejas. Una vez más, sales y arreglas el daño, y si tienes recursos, reparas los desperfectos para que la casa pueda soportar aún más tensión la próxima vez. Tal vez reemplaces las ventanas de un solo cristal con ventanas de doble cristal o reemplaces las viejas tejas de madera por materiales más resistentes. Este ciclo de tormenta/reparación/repetición es como el ciclo de entrenamiento, y la forma de ser más fuerte, más rápido y más resistente es someter a tu cuerpo a mucha tensión, de modo que este «supercompense».

El nuevo enfoque en la recuperación reconoce que un entrenamiento es tan bueno como lo es la recuperación que le sigue. Si piensas en la analogía de la casa y la tormenta, lo que determina lo preparada o lo resistente que estará la casa no es solo el grado de mal tiempo al que está expuesta (es decir, la intensidad del entrenamiento), sino la calidad de las reparaciones que realices (es decir, la calidad de la recuperación que realices) en las pausas entre tormentas. Y ahí es donde las «modalidades» de recuperación se abalanzan en tu ayuda.

Cada truco o producto de recuperación es un poco diferente, pero una gran parte de ellos tiene como objetivo aumentar el flujo sanguíneo. Eso es por una buena razón. La sangre es el gran sistema de distribución que tiene el cuerpo. Ayuda a producir la recuperación. Es lo que transporta los subproductos metabólicos del ejercicio lejos de los tejidos y trae las moléculas inflamatorias que ayudan a reparar los elementos que necesitan ser reparados. La sangre también suministra oxígeno a las células y glucógeno a los músculos agotados. El sistema circulatorio es como una red de transporte de una gran ciudad: permite que las cosas se transfieran de una parte del cuerpo a otra. Cuanto mejor fluye el tráfico, más eficientemente se puede realizar el trabajo del cuerpo. La proteína puede llegar a los músculos para reconstruir el daño, el glucógeno puede llegar a los músculos que han agotado esta fuente de energía, y los productos de desecho se pueden mandar a los riñones o al hígado para su procesamiento y eliminación. Teniendo en cuenta todo esto, no es de extrañar que prácticamente todos los dispositivos y métodos de recuperación afirmen aumentar el flujo sanguíneo. Sin embargo, no todas las razones que se aducen para estimular la circulación son ciertas.

Cuando era corredora en el instituto a fines de la década de 1980, mi entrenador nos decía que sacudiéramos las piernas para «sacar el ácido láctico». Por aquel entonces, pensábamos que el ácido láctico era lo que hacía que nos dolieran los músculos. Pero esa convicción estaba equivocada, dice Michael Joyner, un científico especializado en ejercicios de la Clínica Mayo. El ácido láctico, compuesto de lactato y una molécula de ácido, se produce en los músculos durante el ejercicio intenso, pero resulta que probablemente no sea el responsable de la quemazón que sentía en mis piernas al final de una exigente carrera de 400 metros, y tampoco es el causante de que los músculos duelan después del ejercicio. De hecho, la investigación realizada por George Brooks, de la Universidad de California-Berkeley, mostró que el lactato en realidad puede proporcionar en algunos casos una fuente de combustible para los músculos, e incluso puede ayudar a desencadenar la producción de nuevas mitocondrias, las estructuras de las células que producen energía. Si bien es cierto que hacer ejercicio intenso aumenta los niveles de lactato y la acumulación de lactato parece estar relacionada con la fatiga, la idea de que el lactato debe eliminarse de los músculos después de un entrenamiento es errónea, dijo Joyner. «El ácido láctico se elimina del músculo muy rápidamente durante la recuperación activa. Lo eliminas en menos de una hora. Incluso si no haces nada, bajará bastante rápido.» Aumentar tu flujo sanguíneo solo acelera un poco las cosas.

Aun así, la circulación es un factor importante para acelerar los procesos celulares involucrados en la recuperación, y si deseas que la sangre fluya, el calor puede ayudar. El calor no solo hace que los vasos se dilaten, lo que aumenta el flujo sanguíneo, sino que también sienta bastante bien. Soy una fanática del calor, mientras que un baño de hielo me hace sentir rígida y entumecida, una ducha caliente o un baño termal siempre deja mis músculos relajados y sueltos. Así que probablemente estaba predispuesta a dejarme llevar por una palabra relacionada con el calor que se estaba poniendo de moda: «infrarrojos».

◆ ◆ ◆

Lo primero que noté al entrar en la sauna de infrarrojos fue que no estaba muy caliente. Eso me agradó. Era una tarde de agosto, y acababa de pasar tres horas en bicicleta de montaña subiendo y bajando por las empinadas pendientes alrededor de Crested Butte. El calor no era lo primero que anhelaba en aquel momento, pero ya había concertado una cita para probar ese método de recuperación del que tanto había oído hablar. Parecía que todos los centros de recuperación que había encontrado tenían una sauna de infrarrojos, y pasar tiempo en ellas se publicitaba cada vez más como una herramienta de recuperación esencial.

Así que me fui al *Sea Level Spa* y pagué 30 dólares por pasar 30 minutos en una sauna de infrarrojos. El lugar tenía un poco de estilo hippy, y cuando llegué, un par de turistas de mediana edad descansaban en la sala principal, respiraban oxígeno suplementario a través de tubos nasales y hablaban de lo delgado que era el aire en las Montañas Rocosas. Además del oxígeno, el spa también ofrecía una cámara hiperbárica improvisada, un artilugio de madera que parecía haber sido fabricado en la clase de artesanía del instituto. Por una modesta tarifa, podías entrar en la misma, que estaba presurizada para imitar el aire a nivel del mar.

Estos artilugios para quienes vienen de vivir a nivel del mar puede que sirvan, pero a mí que he vivido a gran altura durante la mayor parte de mi vida adulta lo único que me interesaba era esa sauna especial. «Se trata más de estar frente al elemento que del calor propiamente dicho», me dijo el hombre barbudo de la recepción mientras me mostraba mi sauna privada y me indicaba cómo abrir una pequeña ventana en la puerta si tenía demasiado calor. Parecía una sauna de madera ordinaria. La única diferencia que pude ver fue que en lugar de un calentador grande o una cesta de carbón, tenía cuatro elementos de calefacción pequeños que se parecían mucho a las estufas eléctricas que colocan los restaurantes en sus terrazas para mantener a los comensales calientes. Los calentadores emitían un sonido similar al de un ventilador suave.

Me desnudé y entré. La sauna era aproximadamente del tamaño de un automóvil de dos plazas, pero había suficiente espacio para que pudiera estirar las piernas sobre las tablillas de madera. Me eché hacia atrás y esperé. Unos altavoces emitían versiones suaves a pura flauta de *Ode to Joy, Angel of the Morning* y *Greensleeves*. Según el lector digital, la temperatura comenzó en 32 grados y alcanzó un máximo de 47 grados (una sauna tradicional generalmente varía entre 65 y 100 grados). Tal vez porque no tenía frío cuando entré, el calor era agradable pero no especialmente relajante. Cerré los ojos y traté de concentrarme en la experiencia en todas sus dimensiones. Quería sentir de qué trataba esta sauna tan especial, pero sea lo que sea que tuviera ni con mis mejores esfuerzos pude apreciarlo. Esperaba sentir algo único o atractivo o, al menos, ultrarelajante. Pero sentí tan solo como si estuviera sentada desnuda en unos listones de madera cálidos. La música le dio a la experiencia una sensación de *new age,* pero no podría asegurar si eso afectó o no a mis músculos en modo alguno. Solo sentí algo de calor seco. Eso fue todo.

Después de que el termómetro se detuviese en 47°, abrí la ventana de la puerta para dejar entrar un poco de aire fresco, y la brisa me pareció muy suave. Después de unos 15 minutos, estaba aburrida y a punto de irme, pero me sentía obligada a quedarme durante toda la sesión. Mi ansiosa espera no era nada relajante. Pensé que debía haber alguna razón por la que establecieran sesiones de 30 minutos, aunque nunca supe por qué. Los últimos cinco minutos parecieron eternos. No me sentía como si estuviera en una sauna normal. Pero estaba empezando a sentir un poco de sudor, y necesitaba refrescarme. Estoy bastante segura de que hubiera disfrutado más la experiencia en invierno, con el frío fuera. Pasar de un día cálido a una sauna cálida resultaba algo extraño. Me pareció que simplemente sentarme afuera, bajo el cálido sol de Colorado, habría sido lo mismo, si no mejor, pero tal vez los beneficios de los infrarrojos no me habían alcanzado todavía. Quería mantener la mente abierta.

Así que llamé a un par de fabricantes de saunas de infrarrojos para intentar descubrir lo que me había perdido. «Lo que hace que una sauna de infrarrojos sea diferente de una sauna tradicional es la longitud de onda de la radiación que utiliza», me dijo Raleigh Duncan, fundador de las saunas de infrarrojos Clearlight. Una rápida lección de física: la radiación infrarroja es un tipo de radiación térmica que se encuentra justo a la derecha de la luz visible en el espectro electromagnético, por lo que tiene una frecuencia más baja y una mayor longitud de onda que la luz que podemos ver con nuestros ojos. El infrarrojo cercano está más cerca de la luz visible, y el infrarrojo lejano está más alejado en el espectro. Las ondas infrarrojas cercanas son invisibles para nosotros, son el tipo de frecuencia que usa el control remoto de un televisor. Percibimos el infrarrojo lejano como calor.

Entonces, para traducir: lo que hace que una sauna de infrarrojos sea diferente de una sauna normal es que utiliza radiación de calor. Espera, ¿acaso una sauna normal no irradia también calor? Sí, pero utiliza una forma diferente de calor. Lo que experimentamos como calor ocurre cuando entra energía en nuestro cuerpo y zangolotea nuestras moléculas. Esto puede suceder de múltiples formas. Una sauna normal utiliza calor *convectivo*. Aire caliente creado por una fuente de calor nos bombardea con moléculas energéticas. Estas moléculas llegan a nuestra piel y de allí la energía se transfiere a nuestra sangre y el resto del cuerpo. Una sauna infrarroja utiliza calor radiante: los fotones de una determinada longitud de onda son irradiados por el calentador y absorbidos por nuestro cuerpo.

Pero ¿qué tiene que ver todo eso? Duncan me dijo que las saunas tradicionales calientan el aire, mientras que la sauna de infrarrojos «penetra en la piel, en el tejido blando», calentando el cuerpo desde dentro. «Inicialmente, parece que no ocurre gran cosa, pero luego empiezas a absorber el calor infrarrojo a pesar de que la temperatura del aire no ha cambiado», dijo. «Esencialmente, esa es la diferencia.» En ambas saunas algo está zangoloteando tus moléculas y haciéndote sentir caliente. La diferencia está en cómo se produce ese zangoloteo. Es como la diferencia entre calentar tu comida en un horno tradicional o uno microondas. La sauna es un microondas ineficiente para tu cuerpo.

Si la sauna de infrarrojos que probé solo me había calentado por dentro, yo no lo aprecié así. La temperatura del aire en la sauna ciertamente era cálida, y si el aire no se calentaba, ¿por qué aumentaba la temperatura? Claro, la temperatura de mi cuerpo y el aire en la sauna se apreciaban más fríos de lo que hubieran estado en una sauna normal, pero aun así se estaba caliente. Entonces, mi conclusión es que las saunas de infrarrojos son más frescas y, quizás, más agradables y menos intensas que las que tienen temperaturas más altas. Pero ¿qué pasa con la recuperación?

Una de las razones por las que ayuda a la recuperación, según un promotor de saunas de infrarrojos con el que hablé, es que el calor infrarrojo de alguna manera ayudará al cuerpo a eliminar un montón de sustancias tóxicas que supuestamente se acumulan como resultado del ejercicio. Las saunas de infrarrojos «hacen que la sangre vaya más rápido, por lo que puede eliminar las toxinas que se acumulan», me dijo la directora de ventas de una fábrica de saunas infrarrojas. La presioné sobre qué quería decir con lo de las toxinas que se acumulan durante el entrenamiento: «Cuando producimos energía, esta producción genera toxinas dentro del cuerpo», dijo, pero aún no podía explicar qué eran esas toxinas. No he encontrado evidencia creíble de que la producción de energía normal genere toxinas que requieran ser eliminadas. Y de todos modos, el cuerpo no necesita ayuda especial, nuestros hígados y riñones son muy hábiles para eliminar las toxinas que recogemos del medio ambiente.

Solo he encontrado un estudio publicado que examina el uso de saunas de infrarrojos para recuperación: un pequeño estudio exploratorio de Finlandia que probó el uso de una sauna de infrarrojo lejano después de un ejercicio de fuerza y un ejercicio de resistencia (bicicleta y correr) y solo encontró una pequeña mejoría en una prueba especial de salto en comparación con el grupo de control.[91] Quizás resulte sugerente, pero es solo una medida particular que puede o no ser relevante para la mayoría de nosotros. Sin más estudios, es poco convincente.

---

91. Antti Mero, Jaakko Tornberg, Mari Mäntykoski y Risto Puurtinen. «Effects of Far-Infrared Sauna Bathing on Recovery from Strength and Endurance Training Sessions in Men». *SpringerPlus* 4. (2015): 321, https://doi:10.1186/s40064-015-1093-5.

«Infrarrojo» e «infrarrojo lejano» son palabras de moda comunes en el mundo de la recuperación. Se utilizan para describir láseres fríos, camas de masaje e incluso unos caros pijamas que promociona la estrella del fútbol americano Tom Brady. Hay docenas de promesas que hablan de las propiedades mágicas de la radiación infrarroja, entre ellas: reduce la inflamación, aumenta los niveles de hormonas de crecimiento que ayudan en la creación y recuperación muscular, y refuerza el sistema inmunológico, etc. En el mejor de los casos, estas afirmaciones se basan en estudios minúsculos, muchos de ellos en animales de laboratorio. Ninguno de estos supuestos beneficios se ha confirmado. Algunas de las afirmaciones acerca de las saunas infrarrojas que se hacían, tales como: «excelentes para reducir la hinchazón, la inflamación y el dolor asociado» y «el uso de la sauna expulsa toxinas del cuerpo», han tenido que ser prohibidas por la FDA, ya que no tenían fundamento.[92]

La radiación infrarroja es una cosa real, pero la mayoría de las veces, el término se invoca para dar un aura científica a un producto normal. Puedes decir que una sauna es cálida, o que calienta tu cuerpo con radiación infrarroja. Es lo mismo, solo que con palabras diferentes.

◆ ◆ ◆

Una de las formas más populares que utilizan los deportistas para mejorar la recuperación después de un gran esfuerzo son los masajes. Es una modalidad tradicional y de baja tecnología para «llevar sangre» a los músculos. Es una práctica estándar entre los deportistas profesionales. Los equipos de ciclismo viajan con *soigneurs* que frotan las piernas de los ciclistas después de cada etapa, casi todas las salas de entrenamiento de la NBA, NFL, MLB

---

92. Nota oficial de la U.S. Food and Drug Administration. «Class 2 Device Recall Portable FAR Infrared Sauna», accedido en enero de 2018. https://www.accessdata.fda.gov/scripts/cdrh/cfdocs/cfRes/res.cfm.

y NHL ofrecen terapeutas de masaje para trabajar los músculos. Los masajes son algo estándar en los centros de entrenamiento olímpicos.[93]

A pesar de todo el agrado que sienten los deportistas por que les froten y presionen los músculos: «Hay muy poca evidencia sobre beneficios que causa el masaje», dice Paul Ingraham, un masajista, exeditor de ScienceBasedMedicine.org y editor de PainScience.com. «Hay alrededor de 100 razones comunes por las que la gente se da un buen masaje, y creo que alrededor del 98 por ciento de ellas no tiene sentido.» Si bien hay algunas evidencias de que el masaje ayuda a la ansiedad y la depresión, no hay muchas pruebas que demuestren que mejore el rendimiento o la recuperación. «El masaje es un potente placebo», dice, porque proporciona la sensación de que algo está sucediendo y aumenta la expectativa de que así sea. «Con el masaje, obtienes tanto placer como expectativas, y el placer puede ser bastante potente. Puede hacerte sentir extremadamente bien.» Vale la pena quedarse quieto y sentirse bien durante una hora, eso es casi la definición misma de relajación. Recuperación en estado puro.

¿Hay evidencias de que realmente acelera la recuperación? «El masaje puede ser efectivo para el rendimiento si el período de recuperación que se tiene es muy corto, hasta diez minutos. De lo contrario, no hay mucha evidencia de que ayude con la recuperación del rendimiento», dice Shona Halson, la experta en recuperación australiana. El masaje a menudo se explica como una forma de sacar el lactato y otros productos de desecho fuera del músculo, pero Halson dice que «no hay pruebas de que el masaje elimine el lactato, simplemente no existen». Y a menos que tenga que volver a competir en una hora y media o menos, el lactato se eliminará por sí mismo, por lo que es una mala razón para hacerlo, dice ella. (Y sabiendo que el ácido láctico no es el culpable del dolor, no tiene mucho sentido concentrarse en él, de

---

93. Un *soigneur* es un miembro de un equipo de ciclismo que da masajes y todo tipo de apoyo al entrenamiento a los ciclistas. El término proviene de la palabra francesa *soigner* que significa cuidar.

todos modos.) Si el masaje hace que los atletas se sientan mejor, probablemente no esté relacionado con el flujo sanguíneo, dijo.

Si el masaje ayuda con la recuperación, lo hace por alguna otra razón distinta a la circulación, concuerda Timothy Butterfield, investigador de la Universidad de Kentucky. Hace un par de años, una colega de universidad de Butterfield, Esther Dupont-Versteegden, analizó una posible explicación. Gran parte de lo que el ejercicio de resistencia le provoca al músculo está relacionado con las fuerzas mecánicas, y se preguntó si lo mismo podría ocurrir con el masaje. Dupont-Versteegden es profesora de ciencias de la salud y directora del programa de doctorado de servicios de rehabilitación de la Universidad de Kentucky, donde estudia la atrofia muscular. Su investigación ha demostrado que masajear un músculo puede producir cambios en los marcadores de las células inmunitarias, y estos cambios parecen variar según la intensidad y la profundidad del masaje. «En qué manera eso cambia el dolor es algo que no sabemos», dice ella.

Los estudios de Butterfield sobre el masaje y la recuperación sugieren que el masaje realizado poco después del ejercicio puede aumentar la síntesis de proteínas en el músculo, al menos en ratas. «Creemos que es la señal mecánica que da el masaje. Le estamos dando a la célula una señal para que reaccione de manera diferente.» Sus resultados se han repetido en estudios con animales, pero esperan confirmación en humanos. Si esto también ocurre en las personas, podría significar que el masaje podría ayudar a los músculos a recuperarse del daño inducido por el ejercicio, al promover reparaciones a través de la síntesis de proteínas, pero esa idea aún no se ha demostrado.

Pero incluso si el masaje no mejora directamente la recuperación o el rendimiento, tiene otros beneficios potencialmente importantes que son sutiles, difíciles de cuantificar y casi imposibles de probar. Muchos deportistas (yo entre ellos) aducen que recibir masajes los ayuda a tener una mejor relación con su cuerpo, ser más conscientes de sí mismos y a estar en sintonía con cómo se sienten sus músculos. «Estas son probablemente las razones por las que los deportistas no te dejarán que les quites sus sesiones de masajes», dice el masajista Ingraham. «Quieren esa experiencia y esa conciencia corporal, independientemente de si tiene efectos probados en la recuperación o el rendimiento.»

Los deportistas tienden a preferir un masaje vigoroso, en lugar de uno suave, tal vez porque creen que un masaje profundo eliminará más ácido láctico. Pero conviene tener cuidado. «Mucha gente piensa que el masaje tiene que doler para ser efectivo», dice Ingraham. Pero un masaje demasiado vigoroso o profundo puede causar una afección llamada *«postmassage soreness & malaise»* PMSM, (dolor y malestar postmasaje) que produce una serie de síntomas similares a los de la gripe. Algunos masajistas explican esto como una señal de que el masaje ha «desechado» toxinas de los músculos, pero esta idea es totalmente falsa, dice Ingraham. No hay absolutamente ninguna evidencia de que haya toxinas en el músculo que deban salir. En lugar de toxinas «liberadoras», el masaje podría llegar a producir desechos si es tan vigoroso que causa un daño menor al músculo. Después de que Ingraham escribiera sobre el PMSM, comenzó a recibir cartas de personas que habían recibido un masaje profundo y habían desarrollado rabdomiólisis, una afección grave que ocurre cuando el daño muscular libera la proteína mioglobina en la sangre, lo que puede causar daño renal. Él dice que todavía es una hipótesis no probada, pero parece posible que un masaje muy profundo pueda causar pequeñas heridas o lesiones en los músculos que liberan mioglobina y que causen la conocida como «rabdo».

Pero ¿qué sucede entonces con esas dolorosas bolas de masaje y rodillos de espuma que probé en el *Denver Sports Recovery*? Muchos deportistas adoran los rodillos de espuma y otras formas de automasaje, que se dice ayudan a la fascia. La fascia es simplemente el tejido conectivo que envuelve tus músculos como el film que se usa para envolver alimentos. El término puede ser confuso, porque a veces se usa para describir otro tejido conjuntivo, como la vaina alrededor de un tendón o cápsulas articulares. Pero técnicamente la fascia es la vaina que envuelve los músculos esqueléticos, dice Jan Wilke, profesor de medicina deportiva en la Universidad Goethe en Fráncfort y quizás el principal experto mundial en fascia.

Los anatomistas pensaban tiempo atrás que la fascia era un tejido pasivo que solo servía como protección, pero esa visión ha cambiado en los últimos años, dice Wilke. Aunque no tiene la fuerza contráctil del músculo esquelético, la fascia puede contraerse activamente y sus contracciones pueden regular la rigidez de las células musculares. Puede resultar que la sensación de rigidez que a veces sentimos después de un duro ejercicio provenga de la fascia, dice, pero en este momento es solo una hipótesis de trabajo. El estudio de la fascia aún es incipiente, y algunas ideas que parecen altamente plausibles ahora pueden resultar erróneas o incompletas. Pero la última investigación ha encontrado algunos resultados interesantes. «Sabemos que la fascia tiene las características fisiológicas para ser una generadora de dolor», dice Wilke. Cuando los investigadores inyectaron una sal hipertónica en la fascia (una forma inofensiva de infligir dolor en el laboratorio), las personas lo calificaron como más doloroso que cuando se aplicó la inyección al músculo.[94] Por esta razón la utilización de dispositivos de automasaje que se han vuelto populares, como los rodillos de espuma pueden causar dolor.

La idea que sustenta la utilización de rodillos de espuma y similares es que aflojan los músculos y actúan sobre las adherencias que pueden formarse entre las capas de la fascia. «El tejido se puede pegar porque la fascia no es solo una vaina que rodea los músculos, también tiene tres o cuatro capas y entre las capas hay ácido hialurónico, el mismo líquido que se encuentra en las cápsulas de las articulaciones», dice Wilke. El ácido hialurónico permite que las capas de la fascia se deslicen y reduce la fricción para permitir que la fascia se mueva suavemente. Si no te mueves, es posible que la fascia pueda

94. Jan Wilke, Robert Schleip, Werner Klinger y Carla Stecco. «The lumbodorsal fascia as a potential source of low back pain: A narrative review», *BioMed Research International* (2017). doi:10.1155/2017/5349620.

volverse pegajosa y restringir el movimiento, y si esta teoría es correcta, podría explicar por qué algunas personas se despiertan por la mañana sintiéndose rígidas, dice Wilke. La idea de que presionar y masajear un grupo muscular con un rodillo de espuma o un dispositivo similar disuelve las adherencias entre las capas de la fascia «es una teoría muy plausible, pero no se ha demostrado hasta ahora», dice Wilke.

Y luego está la teoría del cerebro: la idea de que aplicar compresión a los músculos a través de un rodillo de espuma o un dispositivo similar envía una señal al cerebro que le indica que disminuya la excitabilidad del músculo y relaje el tono muscular. «Si el tono del músculo es más bajo, podría tener un mejor rango de movimiento», dice Wilke.[95] Está «bastante convencido» de que hay un mecanismo neuronal detrás de los beneficios que las personas reportan después de utilizar rodillos de espuma. Existe una evidencia bastante clara de que las personas que los utilizan después del ejercicio tienen menos dolor muscular, pero aún no está claro si la diferencia es simplemente un cambio de percepción o si realmente están modificando algo en el músculo. Un estudio de 2017 encontró que masajear la parte anterior de una pierna también ayuda a la flexibilidad de la otra.[96] Un estudio de David Behm en la Memorial University of Newfoundland sugiere igualmente que el masaje en la pantorrilla derecha también disminuye el dolor en la izquierda.[97] Resultados como estos indican que debe existir un componente neuronal importante sobre lo que sucede, dice Behm, aunque la evidencia aún

95. James D. Young, Alyssa-Joy Spence y David G. Behm. «Roller Massage Decreases Spinal Excitability to the Soleus», *Journal of Applied Physiology* 124, n.º 4 (abril 2018). https://www.physiology.org/doi/pdf/10.1152/japplphysiol.00732.2017.

96. M. T. García-Gutierrez, P. Guillén-Rogel, D. J. Cochrane y P. J. Marín. «Cross Transfer Acute Efects of Foam Rolling with Vibration on Ankle Dorsiflexion Range of Motion», *Journal of musculoskeletal and Neural Interactions* (2017). http://www.ismni.org/jmni/pdf/72/jmni_18_262.pdf.

97. Behm me habló sobre este estudio en una entrevista. También se detalla en un artículo de Cary Groner. «The Mechanistic mysteries of Foam Rolling», *Lower Extremity Review* (octubre de 2015), accedido en mayo de 2018: http://lermagazine.com/cover_story/the-mechanistic-mysteries-of-foam-rolling.

es poca.[98] «Es un buen placebo. Si lo haces y crees que estás haciendo algo bueno para tu cuerpo y crees firmemente en él, funcionará», dice Wilke. La investigación en este tema es aún muy incipiente, pero a medida que avanza la ciencia, deberíamos aprender más sobre la fisiología de por qué el masaje y los rodillos nos hacen sentir mejor.

◆ ◆ ◆

Mi perro comenzó a ladrar para alertarme de que la vecina llamaba a la puerta y, entonces, entré en pánico. Sabía que ella vendría, pero no podía salir a atenderla porque estaba acostada en mi cama con los pies en el aire, tratando de sacarme unas medias de compresión. Estas mallas de recuperación de Zoot estaban confeccionadas con una tela sintética muy ajustada, y había tenido que ponérmelas como si fuesen un par de jeans muy apretados. Por más desafiante que hubiera sido ponérmelas, ahora estaba descubriendo que eran aún más difíciles, si no imposibles, de quitar.

A la mañana había realizado una sesión de pesas y luego salí a correr. Se suponía que las calzas especiales ayudarían a mis múscu-los a recuperarse. El hecho de haber tenido dificultad para ponérme-las no me preocupó en aquel momento. Pensé que era una señal de que estarían lo suficientemente ajustadas como para funcionar.

---

98. Entre los estudios más prometedores de los rodillos de espuma, al menos a primera vista, hay un estudio de 2014 que concluyó que el masaje con estos rodillos reduce el dolor las 72 horas con posterioridad a hacer un ejercicio fuerte de sentadillas. Los diez hombres que realizaron un masaje de 20 minutos con rodillos después de los entrenamientos tuvie-ron mejor rendimiento en una prueba de saltos verticales y consiguieron mayor altura en comparación con los diez que no lo realizaron. Un estudio de 2015 realizado por algunos de los mismos investigadores descubrió que estos masajes con rodillos de espuma reducen las agujetas y mejoran el rendimiento, pero ambos estudios han sido pequeños y utilizaron análisis estadísticos poco apropiados, lo que hace que sus conclusiones sean sospechosas. Graham Z. Macdonald, Duane C. Button, Eric J. Drinkwater y David George Behm. 2014. «Foam Rolling as a Recovery Tool after an Intense Bout of Physical Activity». *Medicine and Science in Sports and Exercise* 46 (1): 131–142. doi:10.1249/MSS.0b013e3182a123db. Mien-tras, otro pequeño estudio en 2014 no encontró beneficio alguno en estos masajes. Kellie C., Healey, Disa L. Hatfield, Peter Blanpied, Leah R. Dorfman y Deborah Riebe. «The Effects of Myofascial Release with Foam Rolling on Performance». *Journal of Strength and Condi-tioning Research* 20, n.º 1 (2014). https://doi:10.1519/JSC.0b013e3182956569.

Utilicé las mallas durante casi dos horas aquel sábado. Al principio, resultaban cómodas, como un apretón agradable alrededor de mis músculos, pero después de un tiempo, comenzaron a constreñirme, particularmente detrás de las rodillas. Comencé a quitármelas, empezando por la cintura, y todo salió bien hasta que llegué a mis grandes y anchas pantorrillas. Ahí se atascó y por eso estaba haciendo contorsiones ridículas para intentar quitármelas.

Cuando escuché a mi vecina, consideré buscar las tijeras para cortar aquella maldita cosa, pero luego me di cuenta de que para llegar a ellas, tenía que arrastrarme por delante de la puerta de cristal en ropa interior, con estas estúpidas calzas aferradas a mis piernas. Finalmente, mi vecina se rindió y se fue, y poco después, logré quitarme las calzas. Puedo decir, con certeza, que la experiencia no ayudó a mi recuperación.

Mallas, calcetines y mangas de compresión se ven por todas partes hoy en día, y hay de todas las variedades. Unas de ellas, comúnmente vistas en los maratones y partidos de baloncesto, están diseñadas para cubrir los músculos de los brazos o las piernas durante el ejercicio y supuestamente reducir la vibración muscular y la fatiga. Estos productos, que incluyen artículos como Copper Fit o 2XU, se han convertido en omnipresentes en las pistas, campos deportivos y canchas de todo el mundo. Las prendas de recuperación, como mis inamovibles calzas, están destinadas a «facilitar el regreso de la sangre al corazón, lo que la reoxigenará», según Nick Morgan, un científico deportivo de Sports Integrated que es consultor de varias empresas que confeccionan ropa de compresión. «Es un sistema para ayudar a la circulación y a que el cuerpo vuelva al punto de partida.» Sí, eso es. La circulación normal devuelve la sangre al corazón, que la bombea a los pulmones donde se oxigena. Pero ¿qué hacen las calzas que mi cuerpo no pueda hacer sin ellas? Para su crédito, Morgan no dijo que la ropa de compresión eliminaría el ácido láctico, pero sí dijo que puede ayudar a controlar la hinchazón. «La hinchazón en realidad es algo bueno, eso es lo que estimula la respuesta adaptativa, pero a veces tienes demasiada hinchazón y quieres reducirla», me dijo. Una de las razones más importantes por las que los deportistas usan prendas de compresión es para aliviar dolor muscular, dijo Morgan.

Como aprendí gracias a mi experimento, el ajuste y el grado de compresión son cruciales, y estos pueden variar según la marca. He probado alrededor de media docena de productos, incluyendo SKINS. Según las tallas de esa empresa, yo era claramente un tamaño S y cuando llegaron las calzas, me preocupó tener que pasar otra vez por lo mismo. (En general uso tamaño M.) Sin embargo, me resultó fácil ponérmelas y quitármelas, pero tal vez eso no fuese algo bueno ya que el nivel de compresión que brindaban era mínimo. Eran cómodas, pero lo opuesto a las otras calzas que no me pude sacar. Si estas estaban comprimiendo, no era mucho. Probé muchas otras marcas que tenían la palabra «compresión» en la etiqueta, y la mayoría de ellas eran como calzas normales. Morgan ha realizado pruebas de numerosas marcas y ha confirmado que el nivel de compresión de los productos es todo menos uniforme, y es muy difícil de determinar sin probarlas, ya que el grado ajuste es muy personal.

¿Cuál es la evidencia de que usar estas cosas me ayudará a recuperarme? Los estudios sobre ropa de compresión son variados. Halson, la experta en recuperación australiana, dijo que «en general, si se analizan la mayoría de los estudios hasta la fecha, parece haber pequeños efectos positivos por parte de las prendas de compresión tanto para el rendimiento como para la recuperación». Un metaanálisis de 2013 encontró que la ropa de compresión redujo moderadamente el dolor muscular de inicio tardío, además de ayudar a la recuperación de la función muscular después del ejercicio.[99] Una investigación de 2017 encontró pequeños beneficios similares.[100]

---

99.  Jessica Hill, Glyn Howatson, Ken van Someren, Jonathan Leeder y Charles Pedlar. «Compression Garments and Recovery from Exercise-Induced Muscle Damage: A Meta-Analysis». *British Journal of Sports Medicine* 48 (18) (2014): 1340–1346. https://doi:10.1136/bjsports-2013-092456.

100.  Freddy Brown, Conor Gissane y Glyn Howatson. «Compression Garments and Recovery from Exercise: A Meta-Analysis». *Sports Medicine* 47 (11) (2017). Springer International Publishing: 2245–2267. https://doi:10.1007/s40279-017-0728-9.

Morgan dijo que también hay un componente psicológico en juego aquí. A algunas personas realmente les gusta la forma en que se sienten usando las prendas de compresión. Durante el ejercicio, pueden reducir la vibración en el músculo y además pueden sentir como si los músculos estuvieran recibiendo un abrazo.

◆ ◆ ◆

En la década de 1990, Laura Jacobs era la jefa de medicina física y rehabilitación en el Cooper Hospital University Medical Center de Nueva Jersey y regularmente atendía a pacientes con terribles problemas de circulación. Curiosa por naturaleza, ingeniera y médica de formación, Jacobs pensó que podría encontrar algo para ayudar a estos pacientes. «Pensó en cómo mueve los fluidos un cuerpo sano por todo el cuerpo e intentó imitar eso», me contó su hijo, Gilad Jacobs. (Laura murió en 2012.) Cuando tienes sangre que se está acumulando en los pies, la acción de bombeo de los músculos de la pantorrilla actúa como un pequeño corazón, empujando la sangre hacia arriba por las venas y el sistema linfático y manteniendo la presión de una manera que evita que el fluido caiga de nuevo a los pies. Ella se dio cuenta de que sería posible crear una cobertura neumática que se colocase en los pies y las piernas para imitar esta acción. Después de algunas pruebas y errores (y muchas ideas esbozadas en las servilletas de Dunkin Donuts) nació NormaTec. El dispositivo y la compañía llevan el nombre de la abuela de Gilad Jacobs, Norma. «Nos alegramos de que su nombre no fuera Mildred o Phoebe, no sonaría igual», bromeó Jacobs.

El sistema de compresión NormaTec tiene accesorios para piernas, caderas y brazos. El dispositivo utiliza aire comprimido para inflar los distintos accesorios colocados alrededor de la parte del cuerpo en particular. La idea es aumentar el flujo sanguíneo y reducir la hinchazón ayudando al sistema linfático a transportar el líquido del músculo a la sangre. Usando un patrón de compresión de los músculos, el dispositivo exprime la sangre lejos de las extremidades y hacia el corazón, por donde pasa el fluido.

Los dispositivos NormaTec «permiten que la sangre fluya más fácilmente y expulse las cosas nocivas», dijo Jacobs. ¿Qué cosas nocivas? «Ese es un tema muy debatido», dijo Jacobs. «El ácido láctico fue la palabra de moda durante 20 años, y más tarde el calcio. Todavía es una ciencia emergente.» A juicio de Jacobs, «cualquier cosa que podamos hacer para acelerar el flujo sanguíneo sobre el tejido es ventajosa». Tal vez, pero no está claro si los dispositivos neumáticos realmente aceleran el proceso. Una cosa es usar un dispositivo de este tipo en una persona con mala circulación (el sistema NormaTec se creó originalmente para mejorar el flujo sanguíneo en personas con problemas circulatorios), pero la mayoría de los deportistas no tienen mala circulación. Si bien algunos estudios sobre dispositivos de compresión neumática han encontrado mejoras en el flujo sanguíneo y han reducido la hinchazón entre los usuarios, otros no han encontrado cambios. Es biológicamente plausible que la compresión neumática ayude a los músculos a recuperarse, pero también es probable que haya un gran componente psicológico en ello. A los deportistas les gustan, porque los hace sentir muy bien. «Es agradable esa sensación de presión en lugar de una sensación de dolor», dice Halson.

Si tuviera que adivinar una razón, es esa sensación agradable que provocan lo que ha convertido a los sistemas de compresión neumática, como NormaTec, en un elemento imprescindible para los deportistas de casi todas las disciplinas. Simone Biles, la gimnasta olímpica ganadora de la medalla de oro, confía en ellos, y otros deportistas que los han utilizado son el jugador de los Golden State Warriors Kevin Durant, la campeona de los Juegos CrossFit Annie Thorisdottir, el jugador australiano de críquet David Warner, el equipo de karate olímpico de los Estados Unidos y el equipo de la NBA Phoenix Suns. Son sin duda unos de los juguetes de recuperación más codiciados entre los deportistas profesionales con los que he hablado. Aunque NormaTec es la marca más conocida, tiene numerosos competidores. A un precio de varios miles de dólares, son demasiado caros para que la mayoría de la gente los compre por sí misma, pero muchos equipos profesionales compran unidades para sus deportistas y también están disponibles en muchos gimnasios, centros de recuperación e incluso a la llegada de algunos triatlones y otros eventos deportivos.

◆ ◆ ◆

Habiéndolos probado, puedo confirmar que estos sistemas de compresión te hacen sentir bien. Las botas de compresión que probé en el *Denver Sports Recovery* es uno de mis juguetes de recuperación preferidos, pero aún me asombra que se piense que los deportistas necesitan complicados artilugios para que fluya la sangre. Debido a lo que hacen, los deportistas tienen buena circulación sanguínea. Si hay algo que frena la recuperación de los deportistas, difícilmente sea la falta de circulación de la sangre. Es más, la mejor forma de mejorar la circulación es haciendo ejercicio. Cuando te mueves, aumenta el ritmo cardíaco y también la circulación sanguínea. Si quieres aumentar la circulación en los músculos cansados para eliminar desechos tras un arduo ejercicio, tales como los lactatos, una forma simple y efectiva de hacerlo es con ejercicio suave, como el que hacen los ciclistas pedaleando lentamente después de una etapa.[101] A esto se le llama «recuperación activa» o, como decía mi entrenador del colegio, aflojar.

---

101. Monèm Jemni, William A. Sands, Françoise Friemel y Paul Delamarche. «Effect of Active and Passive Recovery on Blood Lactate and Performance during Simulated Competition in High Level Gymnasts». *Canadian Journal of Applied Physiology* 28 (2) (2003): 240–256. https://doi:10.1139/h03-019. Egla-Irina D. Lopez, James M. Smoliga y Gerald S. Zavorsky. 2014. «The Effect of Passive Versus Active Recovery on Power Output Over Six Repeated Wingate Sprints». *Research Quarterly for Exercise and Sport* 85 (4) (2014): 519–526. https://doi:10.1080/02701367.2014.961055; Gillian E. White y Greg D. Wells. «The Effect of On-Hill Active Recovery Performed Between Runs on Blood Lactate Concentration and Fatigue in Alpine Ski Racers». *Journal of Strength and Conditioning Research* 29 (3) (2015): 800–806. https://doi:10.1519/JSC.0000000000000677.

# 6

# Calmar los sentidos

Uno de los aspectos más desafiantes de la recuperación es que requiere tener un determinado estado mental, uno que no siempre es habitual en los deportistas altamente motivados. Una vez, un entrenador me dijo: «Cualquier tonto puede ir a entrenarse más. Se necesita coraje para descansar».[102] Trond Nystad, el entonces entrenador en jefe del equipo de esquí de los Estados Unidos, se refería a un problema común entre los deportistas, quienes tienden a ser un grupo automotivado. Sentimos ansiedad cuando no estamos practicando nuestro deporte. Nos hace sentir bien esforzarnos, y se nos ha enseñado que el trabajo duro se traduce en éxito. Es común que se confunda el descansar con abandonar o ser muy blando. Pero como me explicó Nystad, a veces el camino hacia el rendimiento requiere hacer menos, no más.

Lo veo una y otra vez, especialmente entre mis amigos corredores. Cogemos un resfriado o sentimos un dolor molesto en la rodilla y, en lugar de reconocerlo, tratamos de fingir que no es nada. Si descansamos, lo hacemos de acuerdo con una línea de tiempo presupuesta basada en ilusiones. Nos decimos: «Bueno, hoy estoy enfermo, pero estaré bien en dos días, momento en el que saldré y entrenaré el doble

---

102. Según el psicólogo deportivo Göran Kenttä hay un proverbio sueco que dice: «Cualquier tonto puede entrenar más. Se necesita coraje para descansar».

de fuerte, para recuperar el tiempo perdido». Así es como he convertido un resfriado simple que debería haberme dejado fuera de juego menos de una semana en una enfermedad persistente que me dejó sin aliento durante varias semanas, y una lesión leve en un tendón que podría haber superado si me hubiera tomado un par de semanas de descanso, en una lesión que duró toda una temporada. Para dominar la recuperación, tuve que aprender a relajarme.

◆ ◆ ◆

Nunca lo conocí, pero en ese momento maldije al gran Stephen Curry de la NBA, al tiempo que mi cuerpo desnudo se introducía en una pequeña cápsula ovalada llena de agua salada. Estaba en el Reboot Float Spa en el distrito de la Marina de San Francisco, unas horas después de un recorrido de ocho millas que agotó mis piernas, porque la estrella de los Golden State Warriors había dicho que «flotar» en uno de los tanques de sal en Reboot le había ayudado a relajarse y recuperarse durante el año en el que se convirtió en el primer jugador en la historia de la NBA en alcanzar 400 triples en una sola temporada. Un especial de ESPN en el cual Curry y su compañero de equipo, Harrison Barnes, mencionaban los beneficios de flotar, ayudó a que la técnica se convirtiera en la última moda en temas de recuperación.

Ciclistas, triatletas, luchadores de UFC, CrossFitters y hackers de Silicon Valley también se han sumado a la tendencia. Incluso Homer Simpson ha intentado flotar. En un episodio de Los Simpson, Lisa Simpson arrastra a su padre a un centro *new age* de flotación.[103] Después de un comienzo ansioso, Lisa se dice a sí misma: «¡Eh, funciona! Oh no, eso es pensar...». Lisa ve un caleidoscopio de imágenes fantasiosas, mientras se pregunta a sí misma: «¿Cómo se supone que debo alucinar con todos estos colores que me distraen?» (Mientras tanto, Homer está en un tanque adyacente, murmurando para sí mismo: « ¡Aburrido!».)

---

103. Décima temporada de los Simpsons, episodio 16. «Make Room for Lisa». https://www.imdb.com/title/tt0781978/, http://www.simpsonsworld.com/video/473093187636.

Es posible que Homer no se haya enamorado de la flotación, pero Curry afirmó que a él lo ayudó a relajarse y «a alejarse de todas las tensiones de la cancha y de la vida». Después de escuchar a Curry y muchos otros deportistas elogiar los beneficios de flotar, me sentí obligada a intentarlo. Estaba segura de que odiaría cada momento de la sesión de una hora por la que me había inscrito a un coste de 60 dólares.

En la época en que los tanques flotantes eran más conocidos por su aparición en la película de 1980 *Altered States (Viaje alucinante al fondo de la mente),* sobre un científico loco que estudiaba experiencias psicodélicas, estas piscinas autocontenidas de agua salada se denominaban cámaras de privación sensorial. La «privación sensorial» suena como una forma de tortura, por lo que no es sorprendente que la última versión de estos dispositivos haya sido rebautizada como «tanques flotantes». (No piense que está encerrado en un espacio oscuro y estrecho; imagínese que flota suavemente a través del espacio.) La idea es simple: te encuentras en una cámara pequeña y oscura con una piscina poco profunda de agua salada. La salinidad del agua permite que tu cuerpo flote sin hacer nada, y la oscuridad y la tranquilidad bloquean las distracciones para que puedas relajar tu cuerpo y aquietar tu mente. En Reboot, yo flotaba en una cápsula llena de aproximadamente 800 litros de agua y unos 500 kilos de sales de Epsom. Pensarlo me dio tanta ansiedad que casi anulo la cita.

La flotación comenzó a utilizarse en la década de 1950 por el neurocientífico John C. Lilly como una forma de tratar los trastornos de conducta.[104] Lilly pasó muchos años estudiando la comunicación entre delfines y humanos y llegó a ver la flotación como una forma de fomentar la autoconciencia y la «armonía personal». En 1977, publicó el libro *The Deep Self* en el que exploraba cómo flotar en un tanque de privación sensorial (como se conocerían más tarde

---

104. Andrew Revkin. «John C. Lilly Dies at 86; Led Study of Communication With Dolphins», *The New York Times*, 7 de octubre de 2001. http://www.nytimes.com/2001/10/07/us/john-c-lilly-dies-at-86-led-study-of-communication-with-dolphins.html.

los dispositivos) podría expandir la conciencia de una persona de sus estados internos de ser. La película de ciencia ficción de 1980 *Altered States (Viaje alucinante al fondo de la mente)* se basa vagamente en Lilly y sus experimentos con los tanques (y con las drogas psicodélicas).

El vídeo introductorio que vi en Reboot explicaba que la experiencia me acercaría a «un estado similar a estar en el útero», que a menudo la gente encuentra «extremadamente eufórico». El vídeo me dijo que pensara en esta experiencia como «un botón de reinicio, física y mentalmente», y en el sitio web de Reboot se afirma que flotar «reduce las hormonas del estrés, repone los neurotransmisores y libera endorfinas, lo que induce una relajación ultraprofunda y proporciona un resplandor similar al estado zen que puede durar días».

Por muy tentador que sonaba la relajación eufórica, sentía ansiedad. La idea de desvestirme y encerrarme dentro de una vaina oscura solo un poco más grande que un ataúd me daba claustrofobia. La quietud no es mi estado natural, y mi cerebro de mono tiene la costumbre de piratear a mi mente meditativa. Me preparé para pasar una hora en el tanque, con la esperanza de poder soportarlo para luego describirlo y no volver nunca más.

Mi cuarto privado estaba equipado con una ducha con azulejos y una cápsula, que parecía una almeja blanca gigante. La tapa se levantaba y se cerraba con elevadores neumáticos y en su interior había una luz con tres configuraciones: púrpura psicodélica, un lento desvanecimiento de púrpura a azul a verde y naranja, y apagado. La sesión comenzaba con unos minutos de suave música instrumental que se iría desvaneciendo gradualmente y luego volvería a iniciarse cuando me quedaran cinco minutos. (Cuando se acaba el tiempo, el filtro de alta potencia de la cápsula se activa para limpiar el agua.)

Abrí la cápsula y me deslicé dentro, dejando la tapa abierta para evitar volverme loca. El agua estaba a temperatura corporal, ni caliente ni fría. Me sentí maravillosamente flotando en el agua, que estaba tan salada que el spa proporcionaba una botella con atomizador llena de agua fresca y un paño para limpiarse los ojos en caso de que les entrara agua salada. Aunque el agua tenía solo unos centímetros de profundidad, flotaba fácilmente sin tocar el fondo. Tuve que experimentar un poco hasta encontrar una posición que me pareciera natural. Finalmente, opté por dejar que mis brazos se movieran sobre mi cabeza como si estuviera levantando las manos.

La persona que me había explicado el sistema, me había instado a probar al menos unos minutos con la luz apagada, y mientras decía eso pensé: «¡Sí, claro, ni loca me quedo a oscuras!». Pero una vez que estuve en la cápsula, mi actitud se relajó junto con mi cuerpo. Después de unos diez minutos de que los diferentes colores se desvanecieran y volvieran, presioné el interruptor y la luz se apagó. Tenía la intención de presionar el botón dos veces, cambiarlo a un color púrpura constante, pero en lugar de eso lo presioné una vez y se apagó. Alcancé de nuevo el interruptor, y cuando no lo encontré de inmediato, pensé: ¿por qué no intentarlo un minuto sin la luz?

Para entonces, la música se había detenido, pero no la extrañaba. Estaba tranquilo y oscuro, y todo lo que quería hacer era entregarme a esa suave euforia. Era como si estuviera flotando en una corriente de conciencia, pero en lugar de palpitar con pensamientos nerviosos o ideas enérgicas, mi mente simplemente estaba a la deriva en una nada agradable. No había demandas de mi atención, ninguno de mis sentidos estaba siendo estimulado, y la tensión en mi cuerpo parecía desaparecer. Había corrido bastante tan solo unas horas antes, pero ahora mis músculos y articulaciones se sentían totalmente relajados. Durante un período que parecía atemporal, podía limitarme a solo ser. Sentía como una modalidad más prolongada de ese momento en que se está a punto de caer en un profundo sueño.

Antes de comenzar, no estaba segura de ser capaz de durar toda una hora en la cápsula. Pero cuando la suave música volvió para indicar que solo me quedaban cinco minutos, sentí un momento de pánico. No podía haber pasado ya una hora, pensé. «¡No estoy lista para salir!»

El vídeo promocional que había visto antes de entrar hacía muchas promesas que, en ese momento, parecían exageradas. Pero para cuando salí, me habían convencido. No tuve alucinaciones ni pensamientos memorablemente profundos, y no creí ni por un minuto que

mi cuerpo se estaba «desintoxicando». Era escéptica a que la flotación hubiera expulsado el ácido láctico o reducido la inflamación en
mis músculos, o estuviera a la altura de la larga lista de beneficios
aludidos, pero estaba segura de que acababa de experimentar sesenta de los minutos más relajantes de mi vida. Una pizarra en el pasillo
tenía escrito: «Flotar me hace sentir...» trazado en letras grandes en
la parte superior con respuestas escritas en diferentes colores y letra
a mano: supremo, asombroso, espacioso, impresionante, relajado,
tranquilo. Flotar a mí me hizo sentir serena. Esa noche, fácilmente
caería en un sueño profundo y satisfactorio, a pesar del largo día de
viaje y los desafíos de dormir en un lugar desconocido.

Cuando me fui, el asistente me preguntó cuándo volvería. «¿Mañana quizá?», le contesté. Al diablo con la reunión por la que había
venido a San Francisco. Quería más tiempo en la cápsula. Por lo visto, igual que muchas otras personas, ya que me dijo que estaba todo
reservado durante semanas.

◆ ◆ ◆

Los primeros modelos científicos de entrenamiento, recuperación y
adaptación prácticamente han pasado por alto el papel del estrés
psicológico en el proceso. Pero investigaciones que comenzaron en la
década de 1970 sugieren que la respuesta fisiológica del cuerpo al
ejercicio depende, al menos en parte, del estado emocional y de la
capacidad percibida para enfrentar el desafío. «Gran parte de la atención se ha centrado en los aspectos físicos de la recuperación, y los
aspectos psicológicos se han descuidado por completo», dice Jonathan Peake, científico deportivo de la Queensland University of
Technology en Brisbane, Australia. Las sensaciones generales en
cuanto a salud y bienestar desempeñan un papel importante en la
forma en que las personas se recuperan y se adaptan al entrenamiento. «Esta podría ser la línea más emocionante de la investigación sobre la recuperación», dice Peake.

En lo que respecta al cuerpo, el estrés es estrés, no importa si se
trata de una sesión de ejercicios de alta intensidad o de la tensión

emocional por una ruptura romántica, dice John Kiely, un científico deportivo y entrenador del rendimiento con sede en Irlanda, que ha trabajado con deportistas de ámbito mundial en numerosos deportes, incluyendo rugby y atletismo. «Si realmente deseas optimizar la recuperación, necesitas gestionar el estrés», dice Kiely.

El estrés psicológico no solo dificulta la recuperación, también puede reducir la capacidad del cuerpo para adaptarse al entrenamiento. Un estudio de 2012 pidió a voluntarios que calificaran su estrés mental y sus recursos para sobrellevar el estrés antes de comenzar un programa de ciclismo diseñado para mejorar su condición física.[105] El estudio solo duró dos semanas, pero los participantes no estaban haciendo ejercicio previamente, por lo que se esperaba que mostraran algunos beneficios bastante inmediatos. (Es más fácil progresar cuando empiezas desde cero que cuando ya estás altamente entrenado.) Los resultados mostraron que las personas que manifestaron niveles bajos de estrés notaron un aumento notable en la capacidad aeróbica y la potencia máxima, pero estas mejoras fueron pequeñas o inexistentes entre las personas que reportaron altos niveles de estrés. El estudio sugiere que el estrés puede ser un factor que contribuye a la variación en las respuestas fisiológicas al ejercicio.

El estrés mental también parece aumentar las probabilidades de una lesión. Un estudio realizado en 2015 sobre jugadores universitarios de fútbol americano encontró que, en momentos de alto estrés académico, el riesgo de sufrir una lesión era casi el doble que en los momentos en que el estrés relacionado con los estudios era bajo.[106] Estas diferencias fueron más pronunciadas en los deportistas que jugaban regularmente en los partidos, lo que llevó a los autores a

---

105. Piritta S. Ruuska, Arto J. Hautala, Antti M. Kiviniemi, Timo H. Mäkikallio y Mikko P. Tulppo. «Self-Rated Mental Stress and Exercise Training Response in Healthy Subjects». *Frontiers in Physiology* 3 (2012). Frontiers Media SA. https://doi:10.3389/fphys.2012.00051.

106. Bryan Mann, Kirk Bryant, Brick Johnstone, Patrick Ivey y Stephen Sayers. «The Effect of Physical and Academic Stress on Illness and Injury in Division 1 College Football Players». *Journal of Strength and Conditioning Research*, (mayo de 2015): 20–25. doi:10.1519/JSC.0000000000001055.

especular que «mucho estrés académico puede afectar a los deportistas que compiten, en mayor grado que mucho estrés físico».

Los deportistas a menudo piensan en la recuperación solo en términos de ejercicio físico planificado, y pasan por alto las tensiones emocionales en sus cuerpos. «El entrenamiento no es solo salir y correr. Es también lo que haces después de correr», dice Kiely, un exboxeador de élite. Un ejemplo clásico, dice, es el deportista cuyo día de descanso se dedica a realizar actividades emocionalmente exigentes como pueden ser algunas tareas domésticas, la contabilidad de impuestos o trámites frustrantes. «Termina siendo un día bastante estresante. Entonces tienes que preguntarte: ¿fue ese realmente un día de descanso o simplemente otro día en el que estuviste sujeto a otro tipo de tensiones?»

Cuando se trata de estrés, lo que importa es el contenido emocional del potencial estresante; es decir, lo estresante que se aprecia. Y cuán estresante se aprecia depende en gran medida de las expectativas, dice Kiely. «Si espero poder gestionar este estrés, entonces puedo. Si espero no poder hacerlo, entonces esta expectativa lo amplificará.» Lo que es estresante para un atleta puede no ser estresante para otro. Por ejemplo, las compras en un supermercado pueden resultar enormemente difíciles para un deportista que está luchando por comer bien con un presupuesto ajustado, mientras que puede proporcionar un placer relajante a un aficionado a la comida que disfruta de cocinar. Las circunstancias personales de cada uno, su genética e incluso su educación pueden influir en cómo se procesa y experimenta el estrés. Estas tendencias personales no están escritas en piedra, dice Kiely. «No podemos cambiar los genes o el ambiente fetal o la crianza de un deportista, pero podemos cambiar la forma en que experimenta el estrés al ayudarlo a replantearse las cosas y al darle una caja de herramientas con capacidades de gestión del estrés.»

Esta caja de herramientas para gestionar el estrés puede incluir escuchar música, leer un poema, meditar o pasear por el bosque. «La regla básica es que tiene que ser algo con lo que disfrutes», dice Kiely. «Voy al deportista y le digo: "Encontremos una herramienta que se adapte a ti"» La relajación mental rara vez se prescribe con el mismo grado de precisión que el entrenamiento, pero así debería ser, dice Kiely. A veces la receta es tan simple como: «sal y pasea a tu perro». En serio, dice. «Los dueños de mascotas son menos reactivos al estrés».

Hace mucho tiempo que creo que la parte más importante de mi día es el paseo por la colina y los bosques que tomo cada mañana con mi esposo y mi perro. El ritual me conecta con ambos, la naturaleza y mi tierra, y es una oportunidad para mover el esqueleto, despejar mi mente y reflexionar sobre el día. Es una actividad física relajante, en lugar de exigente, y me permite evaluar cómo siento mi cuerpo.

Una vez compartí esta observación con Kelly Starrett, el reconocido fisioterapeuta y entrenador de CrossFit, y él asintió con la cabeza en reconocimiento. «Sabes, uno de los comportamientos de rendimiento más importantes que [mi esposa] Juliet y yo hemos cambiado es que llevamos a nuestros hijos a la escuela todos los días. Comenzamos nuestro día con una caminata de aproximadamente dos kilómetros hasta la escuela, y eso ya es un cambio radical. Nuestra actividad no relacionada con el ejercicio aumenta y, para cuando llego al trabajo, ya he calentado y me siento bien. Y eso es una actividad de baja tecnología llamada caminar».

◆ ◆ ◆

A principios de la década de 2000, recorría toda América del Norte compitiendo con el equipo de esquí Rossignol. Viajar con un montón de equipo de esquí en invierno provocaba que asiduamente me perdieran parte del equipaje, que hubiera vuelos con retraso por causas climáticas y otras pequeñas delicias de los viajes frecuentes. Después de un trayecto particularmente difícil en el que mis esquís de competición se fueron a Miami, estaba cansada y al borde de una crisis. El director de nuestro equipo me llevó aparte y me dio unos consejos. «Mira», dijo. «Estos inconvenientes son solo parte del trabajo. ¿Quieres ser una esquiadora profesional? Entonces aprende a lidiar con eso. Puedes perder toda tu energía enfadándote con la aerolínea, o puedes aceptar que esto sucederá y ahorrar tu energía emocional para la carrera.» Él tenía razón. No podía cambiar lo que estaba sucediendo, pero podía cambiar la forma en que yo respondía. Ese cambio de actitud redujo al instante mis niveles de estrés.

La vida presenta muchas situaciones en las que el estrés no se puede evitar. En estos casos, no tiene sentido intentar eliminar el causante, dice Göran Kenttä, psicólogo deportivo de la Escuela Sueca de Deportes y Ciencias de la Salud. En cambio, la solución es cambiar cómo se relaciona uno con el estrés. Kenttä trabajó con el equipo de natación sueco en los Juegos Olímpicos de Río 2016, donde dos de las mujeres que compitieron tenían niños pequeños. Algunos de los estreses relacionados con la maternidad que estas madres enfrentaban a diario no iban a desaparecer, por lo que el truco era encontrar una manera de coexistir con ellos.

«Aprender a responder a ese tipo de estrés es cambiar tu relación con el factor estresante», dice Kenttä. Puede sonar contraintuitivo, pero él dice que en lugar de alejarte de una fuente de estrés que no puedes eliminar, es más efectivo dirigir tu atención hacia ella. «Realmente se reduce a una cosa: si hay pensamientos que no te atreves a tener, si te los guardas, eso es lo peor», dice. «Hay que aceptar lo que es [el factor estresante] y aceptarlo tal como es», dice. Con esa conciencia y estado consciente, puedes decidir qué quieres hacer con la situación. En el caso de mis incesantes problemas de viaje, dejé de temerlos y en su lugar los esperaba y, en la medida de lo posible, me preparaba para ellos. No podía evitar que mi comida preferida no estuviera fácilmente disponible en los aeropuertos o en otros lugares de paso, pero podía viajar con un alijo de bocadillos saludables. No podía hacer nada al respecto si llegaba a una carrera y mis esquís no lo hacían, pero podía aceptar que eso estaba fuera de mis manos y tener un plan B (competir con un par de esquís de alguien más del equipo).

Viajar es una fuente común de estrés entre los deportistas. En enero de 2017, el ultramaratonista Mike Wardian compitió en el World Marathon Challenge, un evento ridículo en el que los corredores completan siete maratones en siete continentes en siete días.[107] Wardian batió el récord del evento con un promedio de 2:45:57 en las siete carreras.[108] El corredor de Arlington, Virginia, tenía mucha experiencia previa en competiciones de larga distancia. Ha ganado numerosas carreras de 100 millas, ha sido campeón nacional en 100 kilómetros y en 50 millas y tiene el récord mundial de maratón más rápido llevando un disfraz de Elvis Presley. Lo que hizo que el World Marathon Challenge fuese particularmente desafiante, dice, fue el implacable viaje entre eventos y los cortos períodos de descanso entre cada carrera. La semana siguió un patrón: llegar al nuevo país, correr, subir a un avión e ir al próximo continente. «Mi descanso fue terrible», dice. En muchos casos, solo podía dormir en el avión, que no es el ambiente más propicio para dormir.

En busca de ayuda, recurrió a la meditación, una técnica que había adoptado recientemente después de escuchar un comentario sobre una aplicación de meditación llamada Headspace. «La meditación es una de esas cosas en las cuales se vende mucho humo, pero no parecía que esta aplicación fuera así. Parecía bien diseñada. Me convencieron con un vídeo y la voz de su protagonista, además era gratis, así que ¿por qué no probar?». Escuchó las meditaciones guiadas de diez minutos de la aplicación, que lo guiaron a través del proceso. La aplicación no siempre consiguió hacerlo dormir en esos viajes en avión entre continentes durante el World Marathon Challenge, pero, dice Wardian, «me tranquilizó y sentí que tal vez mi cuerpo estaba mejor preparado para recuperarse». Le gusta la forma en que la meditación lo hace sentir, por lo que ha seguido practicándola. Lo hace cada pocos días, generalmente antes de acostarse, pero a veces por la mañana antes de salir de la cama para correr.

Headspace ha recibido mucha atención. Su fundador es el británico Andy Puddicombe, un gurú habitual de las TED Talks converti-

---

107. Ryan Hall también compitió, pero el exatleta de élite ya retirado debido al sobreentrenamiento no corrió para ganar, y no lo hizo. Wardian le ganó fácilmente.

108. Erin Strout. «Michael Wardian Wins World Marathon Challenge in Record Time», 29 de enero de 2017. Accedido el 11 de marzo de 2018. http://www.runnersworld.com/eliterunners/michael-wardian-wins-world-marathon-challenge-in-record-time.

do en monje tibetano. Ha sido entrevistado en *The New Yorker* y en otros medios. He hablado con varios entrenadores que han alentado a sus jugadores a probar la aplicación. Aparentemente es popular entre algunos jugadores de la NFL, y una campaña publicitaria reciente (sí, la meditación es ahora un producto que se anuncia) contó con un levantador de pesas que decía: «Medito para conseguirlo».[109]

Las despreocupadas meditaciones de Puddicombe no eran para mí, pero no por eso pensaba descartar la meditación. Esperaba conseguir algo que me ayudara a alcanzar el tipo de felicidad meditativa que había logrado en el tanque flotante. Entonces, cuando me enteré de que existe una diadema que enseña a las personas a meditar proporcionando una actividad de *biofeedback* basada en la actividad eléctrica del cerebro, no pude menos que sentirme intrigada.

La cinta para la cabeza se llama Muse y utiliza electrodos y electroencefalografía (EEG) para medir la actividad eléctrica en el cerebro. Durante la meditación, los meditadores experimentados tienden a cambiar su actividad cerebral a favor de las ondas theta de frecuencia moderada, y el dispositivo promete traducir lo que está sucediendo en el cerebro cuando meditas en «sonidos de guía» que pueden ayudarte a mantenerte concentrado. «Esta diadema es increíble», me dijo Peake, el científico que estudia la recuperación del ejercicio en la Universidad de Queensland. «Proporciona *biofeedback* para entrenar a la gente a meditar. Creemos que tiene un gran potencial». Muse pretende ayudar a notar los cambios sutiles en tu estado mental para que puedas aprender a suavizar los pensamientos estresantes a través de la meditación.

Te pones la cinta en la frente y pones las patillas detrás de las orejas. Se supone que los electrodos en la parte frontal de la banda de la cabeza y los de detrás de las orejas miden las ondas cerebrales, es decir las corrientes eléctricas que fluyen en el cerebro. (El dispositivo se enlaza con un teléfono inteligente, que proporciona el au-

109.  Eliza Barclay. «Meditation is Thriving Under Trump. A Former Monk Explains Why. The Headspace App Co-founder on Monetizing Mindfulness», 2 de Julio de 2017. Accedido el 11 de marzo de 2018. https://www.vox.com/science-and-health/2017/6/19/15672864/headspace-puddicombe-trump.

dio.) Cada sesión comienza con una lectura de «línea de base», y la primera vez que lo probé, se necesitaron aproximadamente cuatro intentos para hacer que la cinta funcionara. Después de mucho juguetear con la colocación, finalmente obtuve mi línea de base, y luego pasé a una sesión de diez minutos. Antes de comenzar, tuve la oportunidad de elegir un paisaje sonoro, desde música ambiental hasta del desierto, bosque tropical o playa. Seleccioné selva tropical y comencé.

El valor diferencial de Muse es que proporciona sonidos que responden a lo que el dispositivo está midiendo en las ondas cerebrales. Si tu cerebro parece calmado, también lo son las olas o la suave lluvia. Pero si el EEG indica que tu cerebro está en un estado más activo, los sonidos se vuelven más agitados o lluviosos. Si te sientes realmente relajado, escuchas a los pájaros revolotear tranquilamente en el fondo. Al final de la sesión, se te muestra un resumen de cómo lo hiciste, cuántos minutos estuvo tu cerebro «activo», «neutral» o «tranquilo». También obtienes puntos por el tiempo de calma y hasta un contador de aves.

No me gusta lo que dice de mí el hecho de que me pareció interesante esta cuantificación de mi sesión de meditación, pero fue así. También me pareció profundamente desconcertante que la meditación pudiera ser *gamificada*. «Una de las primeras cosas que nos preocuparon fue la adicción. ¿V amos a convertir la meditación en el Candy Crush?», me dijo Jay Vidyarthi, jefe de experiencia del usuario en Muse. «Pero esa preocupación se disipó bastante rápido. La meditación es realmente muy difícil, así que hubiera sido como preguntar: ¿Fitbit se va a convertir en Candy Crush?»

Era muy consciente de que al convertir la meditación en una especie de juego, Muse introdujo un elemento de juicio. Pero «lo que sacrificamos con eso, lo ganamos en motivación», dijo Vidyarthi. «Muse permite llevar la meditación a un público al que, de otro modo, no llegaría.» No es culpa de los usuarios de Muse que estén motivados por el logro, dijo. «No hacemos clasificaciones competitivas, y solo está compitiendo uno mismo. Depende de cada uno si lo hace con integridad.» El objetivo por el que comenzar la meditación no es estar en un estado perfecto y armonizado, dijo Vidyarthi. «Es para desarrollar la capacidad de prestar atención.»

Muse está diseñado y pensado como una herramienta de entrenamiento. Los comentarios que hace ayudan al deportista a saber si está logrando el estado de atención deseado, y le permite saber cuándo su mente está vagando (en caso de que no pueda darse cuenta por sí mismo). Después de unas cuantas sesiones, comencé a tomarle el gusto. Quería escuchar pájaros, y si no los escuchaba, me concentraría en respirar más profundamente y en mantener la atención en mi respiración. Pero también noté que a veces me sentía extremadamente relajada y libre de pensamientos extraviados, incluso cuando el paisaje sonoro estaba un poco agitado y libre de pájaros. Una mañana, antes del trabajo, me sentí particularmente relajada y decidí hacer una sesión corta, imaginando que podría obtener una puntuación alta y acumular un montón de pájaros. (Me doy cuenta de que estaba perdiendo de vista el objetivo de la meditación.) Así es como descubrí la importancia de la medición de línea de base. Resulta que, cuando comienzo calmada, es muy difícil mejorar, ya que es en referencia a esa línea de base cómo se mide la sesión de meditación. Como tengo alma de científica, hice algunos experimentos y descubrí que cuanto más activa y agitada estaba durante la prueba de referencia, más retroalimentación positiva recibía durante mi sesión de meditación. Simplemente abriendo y cerrando los ojos repetidamente durante la línea de base podría aumentar mi puntuación para poder pasar mi sesión con un coro de pájaros.

Le pregunté a Vidyarthi sobre esto, y él reconoció que la línea de base puede sesgar las cosas, y agregó que están trabajando para resolver esto por medio de recopilar más datos de línea de base longitudinales. Pero el tema también plantea otra pregunta: ¿con qué precisión mide la pequeña cinta de plástico el EEG y cómo de significativos son los datos?

«¿Se puede captar la intensidad de concentración con EEG? Creo que se puede, pero no con la diadema Muse cuyo método de resolución es bastante bajo como para hacerlo», dice Norman Farb, psicólogo de la University of Toronto Mississauga, que ha investigado las características de la cinta de la cabeza Muse. Un producto como Muse tiene menos electrodos que los dispositivos utilizados en el laboratorio, por lo que los datos producidos serán más básicos. No es sencillo trasladar las lecturas de EEG a estados mentales. No todos los meditadores muestran los mismos patrones de ondas cerebrales, por lo que hay una gran dosis de interpretación. Lo que quizás importa aún más es si las sesiones de meditación están teniendo los resultados esperados. Gran parte de la investigación que se ha hecho sobre la meditación se ha centrado en personas con una amplia formación, y aún no está claro si los dispositivos como Muse y las aplicaciones como Headspace pueden ofrecer el mismo tipo de resultados que un curso más tradicional de ocho semanas. «Hay una cesta de expectativas positivas, pero ¿realmente estás vendiendo algo más que una cesta?» El jurado, según Farb, aún está deliberando.

El psicólogo deportivo John Sullivan trabaja con jugadores de la NFL, NBA, WNBA y MLS, así como con algunos atletas olímpicos, y afirma que los deportistas están acostumbrados a buscar *feedback*. Aunque lo ideal es que la meditación se realice sin juzgar, dijo: «desde un punto de vista deportivo, eso no se cumple. Los deportistas están siendo juzgados constantemente y quieren ver los datos que generan». Sullivan usa Muse con algunos de sus deportistas, y lo que lo hace atractivo es que ofrece información procesable.

Después de jugar con Muse un rato, me decidí por una práctica de meditación que utiliza una grabación de audio de yoga de 15 minutos que comienza con instrucciones para relajarse en la postura de shavasana, después van un par de minutos de una voz suave que lee un poema seguido de música instrumental. Descubrí que escuchar la misma grabación relajante cada vez sirve como una señal de que es hora de relajarse y reagruparse. No necesito centrarme en las instrucciones, puedo poner mi atención en la respiración y simplemente observar mis pensamientos flotar, sin juzgarlos. La cuestión es convertirme en una observadora de mis pensamientos, en lugar de en la mano que los mueve, y me parece que esto es más fácil de hacer cuando estoy sola en mi cabeza.

◆ ◆ ◆

Deportistas y militares que fueron sujetos de estudio en el programa de Seguimiento de Recetas de la Fuerza Aérea para una Nutrición y Entrenamiento Optimizados (STRONG por su siglas en inglés) han probado muchas formas diferentes de mejorar la recuperación, y han encontrado una que parece funcionar para todos. «El tanque flotante ha sido la recuperación más exitosa para nosotros», dice Joshua Hagen, director de STRONG en el Laboratorio de Investigación de la Fuerza Aérea en Dayton, Ohio. «Puedo poner a cualquier deportista u operador en el tanque y va a mejorar». Un estudio que el grupo de Hagen llevó a cabo con investigadores de la Universidad de Cincinnati descubrió que flotar puede reequilibrar los sistemas nerviosos simpático y parasimpático, que tienden a desajustarse cuando alguien está estresado o fatigado. (El sistema parasimpático promueve la relajación y controla las actividades subconscientes como la respiración y la digestión, mientras que el sistema simpático controla las reacciones de estrés y la respuesta de «lucha o huida».) «Si eres demasiado parasimpático, corrige tu sistema parasimpático y te equilibra. Si eres demasiado simpático, eso lo arregla también», dice. «Es la única modalidad que hemos visto que siempre puede ayudarte.» Dice que la flotación se ha utilizado en el ejército durante mucho tiempo, y «a los chicos les encanta».

Yo también me enamoré. En mi ciudad, en Colorado, encontré dos lugares cercanos donde puedo flotar, y después de media docena de sesiones, he llegado a pensar que es una meditación forzada para personas que no están naturalmente orientadas a meditar. Eso puede explicar su popularidad entre los militares y los deportistas más «machotes». «Estás solo con tus pensamientos. Tienes que apagar tu cerebro, y nosotros nunca apagamos nuestros cerebros», dice Hagen. «Tienes que relajarte y tu cuerpo inevitablemente va a experimentar una buena recuperación.» El equipo de la Fuerza Aérea de Hagen acaba de comenzar una colaboración con la Universidad Estatal de Ohio para estudiar los beneficios de la recuperación y el rendimiento de la flotación. Los resultados completos aún no están disponibles, pero una medida, la hormona del estrés cortisol, parece prometedora. «Estamos viendo una reducción del 25 por ciento en el cortisol en la sangre antes y después de una flotación», dice. Un estudio publicado en 2016 examinó los efectos de flotar en 60 deportistas de élite de nueve disciplinas diferentes y descubrió que flotar reduce el dolor muscular percibido y mejora el estado de ánimo de los participantes, haciéndolos sentir más relajados, tranquilos y felices y menos agotados y tensos.[110] Otro estudio de personas que se estaban recuperando de enfermedades relacionadas con el estrés mostró que flotar mejoraba su sueño.[111]

Flotar no es solo un método para reducir el estrés, también puede ayudar a los deportistas a perfeccionar su concentración mental. Las sesiones en un tanque flotante fueron una parte importante de la preparación de la ciclista Evelyn Stevens para conseguir su récord mundial de la hora; es decir, recorrer la mayor distancia en un velódromo durante una hora. Stevens comprendió desde el principio que la concentración mental sería clave para romper el récord. Fue campeona del mundo y dos veces olímpica. En 2009 dejó un trabajo exigente en la industria financiera de Wall Street para convertirse en ciclista profesional. Una vez adoptada esa decisión tuvo que permanecer centrada en su nuevo propósito. «Fue diferente a cualquier tipo de presión que haya experimentado en una bicicleta», dice ella.

«Mi esposo es un gran fan de Stephen Curry, leyó sobre el tema de la flotación y se dio cuenta de que ese spa flotante estaba justo al lado de nuestro apartamento en San Francisco, por lo que hizo una reserva», dice Stevens. La flotación la ayudó a lidiar con el estrés y la ansiedad para poder recuperarse por completo de sus entrenamientos y llegar a la línea de partida mentalmente descansada y lista para

110. Matthew W. Driller y Christos K. Argus. «Flotation Restricted Environmental Stimulation Therapy and Napping on Mood State and Muscle Soreness in Elite Athletes: A Novel Recovery Strategy?» *Performance Enhancement & Health* 5 (2) (2016). Elsevier Ltd: Epub ahead of print. https://doi:10.1016/j.peh.2016.08.002.

111. S. Bood, U. Sundequist, A. Kjellgren, T. Norlander, L. Nordström, K. Nordenström, et al. «Eliciting the Relaxation Response with the Help of Flotation-rest (Restricted Environmental Stimulation Technique) in Patients with Stress-Related Ailments». *International Journal of Stress Management*, 13 (2) (2006), 154.

actuar. «A veces puedo visualizar una parte de la carrera, pero otras veces simplemente desconecto de todo. Toda mi ansiedad simplemente pasa volando, lo que es útil, porque entonces no la tendré cuando esté acostada en la cama por la noche.» Las sesiones de una hora le parecían una preparación perfecta para su récord. «Son 60 minutos de privación sensorial, lo que para mí es algo así como el récord: 60 minutos de privación. Es práctica, ¿a dónde va tu mente en esos 60 minutos?». En 2016, en el velódromo del Centro de Entrenamiento Olímpico de los Estados Unidos en Colorado Springs, ante muchos seguidores, Stevens estableció un nuevo récord de la hora.[112]

◆ ◆ ◆

La verdadera recuperación requiere nutrirse de una mentalidad de recuperación, una que respete por completo la necesidad del cuerpo de recuperarse y que sienta cuándo es tiempo de relajarse. Esta actitud puede ser difícil de cultivar en una cultura que nos bombardea constantemente con mensajes del tipo «dalo todo o vete a tu casa». Estamos mentalizados para superar el dolor y hacer otra milla o una serie más. Aplaudimos a los «*streakers*», que es como se llama a quienes corren todos los días durante años. Pero si tu cuerpo no se recupera y no se adapta a esos entrenamientos, simplemente está registrando kilómetros basura que te desgastan en lugar de fortalecerte. No me importa aplaudir a esas personas que logran mantener diariamente sus entrenamientos, pero tal vez también deberíamos aplaudir a los deportistas que dominan el arte del descanso.

---

112. El nuevo récord de la hora de Evie Stevens fue de 47,980 kilómetros. Su récord fue batido en septiembre de 2018 por Vittoria Bussi, de Italia, quien hizo 48,007 kilómetros.

# 7

## El descanso cura

El pijama de Tom Brady llegó a mi puerta en dos bolsas que parecían salidas de la era espacial que contenían uniformes galácticos. Al abrir el precinto del paquete que tenía el eslogan: «Descansar. Ganar. Repetir», encontré lo que parecía una ropa deportiva común, combinando piezas de una tela sintética negra. La camisa, de manga larga con escote redondo y cinco botones en la parte delantera, se apreciaba suave y elástica. El pantalón, con un cordón elástico en la cintura y remates elásticos en los tobillos, estaba hecho del mismo material delgado y flexible y tenía una pequeña luna creciente azul impresa en el trasero.

Las prendas de dormir TB12 se venden al por menor a 199,98 dólares el juego completo, pero no son pijamas comunes, sino que contienen una tecnología de recuperación desarrollada científicamente, según Under Armour, su fabricante, y el jugador de los New England Patriots Tom Brady (el número 12), su endosador homónimo. El interior del material tiene un patrón hexagonal que contiene el polvo biocerámico que supuestamente dan a estos pijamas toda su magia. El material biocerámico supuestamente absorbe el calor del cuerpo y lo vuelve a emitir como radiación infrarroja lejana. «El infrarrojo lejano, cuando está contra tu piel, termina reduciendo la inflamación», dice Brady en un vídeo en la página web de Under Armour. «Sin la ropa de dormir, realmente no creo que hubiera podido lograr hacer lo que he hecho y espero seguir haciendo.»

Parecía una gran exageración de marketing, pero si estos pijamas eran realmente la clave de la longevidad y el éxito atlético de Brady, estaba dispuesta a probármelos. Soy solo unos años mayor que Brady y entro en una era en la que las promesas de eterna juventud tienen bastante atractivo. Acababa de realizar una larga y dura sesión de esquí de fondo y me sentía destrozada, así que pensé que era una buena noche para la primera prueba.

La primera impresión es que eran cómodos, al menos para descansar antes de acostarse. Las prendas eran prácticamente indistinguibles de cualquier otra ropa deportiva de Under Armour. Y hacían sentir igual de bien. La tela ligera era suave con mi piel, y aunque el pijama cubría mi cuerpo desde el cuello hasta el tobillo, no sentía constreñimiento o demasiado calor. Había sospechado que su truco era el calor, que generalmente sienta bien a los músculos doloridos. En su lugar, se apreciaba un pijama muy templado, no particularmente cálido ni fresco. Me metí debajo de las sábanas y me dormí como de costumbre. No noté nada diferente sobre mi sueño o cómo me sentí al día siguiente al despertarme. Por la mañana salí a correr un poco y me sentía como siempre. No me veía ni más ni menos recuperada de lo normal. Los probé en varias noches. Si el pijama había mejorado mi recuperación, el beneficio era demasiado pequeño para que yo lo apreciara.

«El objetivo de la ropa de dormir es permitir desbloquear el sueño», me dijo el vicepresidente sénior de productos globales de Under Armour, Glen Silbert. Silbert no explicó qué era lo que mantenía el sueño bloqueado, y cuando pregunté si las prendas funcionaban reflectando calor, Silbert dijo que no. «No funciona tomando y devolviendo calor. Básicamente, lo que hace es absorber calor y devolverlo en infrarrojos lejanos, que no es calor, sino una energía.» Lo que es divertido, porque, según el artículo de investigación, que Under Armour señaló como prueba de los principios científicos que respaldaban su tecnología de infrarrojo lejano: «El infrarrojo lejano transfiere energía puramente en forma de calor que los termorreceptores de la piel humana pueden percibir como calor radiante». En otras palabras, la ropa de dormir absorbe el calor corporal y lo refleja de nuevo como... calor radiante. Al igual que la sauna de infrarrojos que irradia un calor especial llamado «infrarrojo». Para ser justos, los pijamas supuestamente emiten el calor a una longitud de onda diferente, de menor energía, para lo que sea que valga la pena. (Si la radiación infrarroja lejana es calor o no es una cuestión semántica, pero para todos los propósitos prácticos los dos son sinónimos. No podemos ver la radiación infrarroja lejana, solo podemos sentirla como calor.) En el vídeo promocional, Brady afirma que el infrarrojo lejano del tejido del pijama reduce la inflamación, pero no está claro cómo funciona y hay poca evidencia de esta afirmación. De todos modos, disminuir la inflamación podría ser algo malo si estás esperando una adaptación muscular al entrenamiento.

Silbert me dijo que las pruebas de laboratorio que se hicieron con estos pijamas habían demostrado que «te ayuda a caer dormido más rápido y a hacerlo con más tranquilidad, lo que significa que te levantas menos en la noche y finalmente duermes más». No noté ninguno de estos efectos en mis pruebas, pero Silbert me aseguró que «hay ciencia que lo respalda. Tom Brady es nuestra prueba». La evidencia, dijo, se encuentra en el rendimiento de Brady. «A los 39 años, se podría argumentar que juega como un joven de 23 años. Es el mejor mariscal de campo en la NFL, y no creo que nunca haya jugado mejor que este año», dijo Silbert sobre la temporada 2016/2017 que terminó con el equipo de Brady ganando la Super Bowl.

Solo pude sacudir la cabeza. Tom Brady es probablemente uno de los mejores mariscales de campo de la NFL, pero fue un jugador de fútbol exitoso antes de firmar con su nombre estos pijamas y, atribuir su éxito al polvo de biocerámica en su ropa de dormir, parece ilógico. El verdadero truco aquí no es el polvo de duendes, es algo mucho más poderoso: dormir. Brady es conocido por levantarse temprano y acostarse a las 20:30. Los buenos hábitos de sueño contribuyen más a su rendimiento y longevidad que cualquier ropa especial (o, para el caso, los colchones de lujo que también promociona). Sin embargo, hay una razón por la que Brady y Under Armour promocionan el dormir: funciona. Si se puede asegurar que hay algún secreto mágico para la recuperación, el sueño es uno de ellos.

Los beneficios del sueño no pueden ser exagerados. Es indiscutiblemente la herramienta de recuperación más poderosa conocida por la ciencia. Nada se acerca más a los poderes que mejoran la recuperación que el propio sueño. Podrían sumar todos los demás dispositivos de recuperación que se hayan descubierto, y no se acercarían. Ir a dormir es como llevar tu cuerpo al taller de reparaciones. Mientras se duerme, los procesos de recuperación del cuerpo aumentan para reparar el daño que se hizo durante el día y lo preparan para volver a realizarlo al día siguiente.

A lo largo de la noche, recorremos cuatro etapas del sueño. La primera etapa es el sueño más ligero, y generalmente dura menos de 10 minutos. Luego viene la segunda etapa, donde pasamos alrededor del 50 por ciento de la noche y que parece ser importante para el procesamiento de la memoria. La etapa tres es la etapa más profunda, donde el cuerpo libera sustancias como la testosterona y las hormonas de crecimiento para impulsar la reparación de los tejidos a toda velocidad. Escatimar en el sueño puede atenuar la liberación de hormonas involucradas en el desarrollo muscular y el rejuvenecimiento. En un pequeño estudio, los hombres jóvenes y sanos que dormían solo cinco horas por noche durante una semana experimentaron un descenso del 10 al 15 por ciento en sus niveles de testosterona.[113] La etapa tres es también donde el aprendizaje factual se codifica en el cerebro y los recuerdos superfluos se eliminan. La etapa final del sueño es REM, o movimiento rápido de los ojos, momento en el que ocurre la mayoría de los sueños. La memoria procedimental parece mejorarse durante el sueño REM, por lo que para quienes practican un deporte que involucra habilidades motoras o cognitivas, esta fase del sueño es especialmente crucial.

---

113. R. Leproult y E. Van Cauter. «Effect of 1 Week of Sleep Restriction on Testosterone Levels in Young Healthy Men». *JAMA* 305 (21) (2011): 2173–2174. https://doi:10.1001/jama.2011.709.

Tom Brady promociona las virtudes del sueño en su libro *The Tortoi-se & The Hare & Tom Brady* (La tortuga, la liebre y Tom Brady), un libro infantil ilustrado, producido por Under Armour y escrito por el grupo de comediantes Funny or Die.[114] En la historia, el Sr. Tortuga y la Sra. Liebre le envían a Brady un mensaje de texto («Tom Brady, eres muy malo en fútbol americano») desafiándolo a un partido. Mientras se prepara para el desafío, Brady comparte sus consejos para dormir bien, que se leen como una página de una guía de expertos del sueño, mencionando algunos productos como el TB12, por supuesto. En una escena, Brady le dice a una foto enmarcada de Boston: «Esta ropa de dormir de recuperación ayudará a que mi cuerpo se recupere más rápido mientras duermo».

Antes de acurrucarse bajo las sábanas, Brady baja su termostato. «Así. 18 grados Celsius. Mi temperatura ideal para un sueño repara-dor», le susurra Brady a sus cuatro anillos de ganador de la liga. «Los anillos le guiñan un ojo, como hacen todas las noches.» Más allá de que guiñen, Brady tiene razón acerca de la temperatura: 18 grados es fresco pero no frío, una temperatura ideal para dormir.

Brady también apaga sus dispositivos electrónicos 30 minutos antes de acostarse. Con su teléfono guardado de forma segura en una caja especial para evitar que lo distraiga, Brady se pone sus gafas (solo para el show, por supuesto, su visión es perfecta) y se acomoda con su libro favorito. Este es un consejo totalmente fiable. Un estudio realizado por investigadores del Hospital Brigham & Women's com-paró los patrones de sueño y los ritmos circadianos de los volunta-rios que leen en un dispositivo electrónico antes de acostarse en comparación con los que leen libros impresos.[115] Encontró que aque-

---

114. Aunque tiene la apariencia de un libro para niños, *The Tortoise & The Hare & Tom Brady* es más para adultos, ya que tiene un humor irónico y guiños a la seriedad de Brady. Ha sido publicado por Under Armour, con ilustraciones de Jorge Lacera y escrito por el grupo de comediantes Funny or Die (ser gracioso o morir). Accedido en marzo de 2018. http://s7d4.scene7.com/is/content/Underarmour/V7/Special%20Landers/TB12/LP/TB12_Bedtime_Story.pdf.

115. Anne-Marie Chang, Daniel Aeschbach, Jeanne F. Duffy y Charles A. Czeisler. «Evening Use of Light-Emitting eReaders Negatively Affects Sleep, Circadian Timing, and next-Morning Alertness». *Proceedings of the National Academy of Sciences of the United States of America* 112 (4) (2015). National Academy of Sciences: 1232–1237. https://doi:10.1073/pnas.1418490112.

llos que miraban fijamente una pantalla habían suprimido los niveles de melatonina, mostraban un reloj circadiano retrasado y un estado de alerta reducido a la mañana siguiente en comparación con aquellos que habían leído libros impresos. La investigación sugiere que es la luz azul emitida por las computadoras, tabletas y teléfonos lo que interrumpe nuestros relojes biológicos, por lo que las aplicaciones como F.lux, que eliminan progresivamente la luz azul a medida que avanza la noche, pueden ayudar a reducir el riesgo para aquellos que no pueden vivir sin ver la pantalla antes de dormir.[116]

Cuando está a punto de quedarse dormido, Brady recibe una visita del Sr. Búho, quien dice: «Tom Brady, no olvides tus tapones para los oídos. Un ambiente tranquilo es crucial para el buen sueño». Consejos más útiles: además de una hora fija para acostarse y despertarse, un buen ambiente para dormir sin ruidos entrantes, luz y otras distracciones puede ayudar a optimizar el sueño.

Mientras Brady está preparándose para un buen descanso, el Sr. Tortuga está abajo en el bar tomando zumos de zanahoria. No es sorprendente que Brady gane el juego por 200 puntos, pero como es un buen chico comparte algunos electrolitos de la marca TB12 con el Sr. Tortuga y la Sra. Liebre después del juego.

◆ ◆ ◆

En el sueño es cuando ocurre la recuperación y la adaptación, y priorizarlo puede ayudar a los atletas a prosperar. La cantidad óptima de sueño varía según la persona. «Le pregunto a los deportistas, ¿si no pusieras la alarma cuánto tiempo dormirías?», dice Erik Korem, director de ciencia del deporte para el equipo de Houston Texans NFL. «Esto es lo que quiero que hagas: ir a la cama a una hora normal en un lugar oscuro y fresco, sin alarmas. Cuando despiertes, úsalo como punto de partida.» Le recomienda a los jugadores: «Te estás esforzando

---

116. A. Green, M. Cohen-Zion, A. Haim y Y. Dagan. «Evening Light Exposure to Computer Screens Disrupts Human Sleep, Biological Rhythms, and Attention Abilities». *Chronobiology International*, May de 2017, 1–11. https://doi:10.1080/07420528.2017.1324878.

por encontrar el punto justo. Como regla general, eso es de siete a nueve horas de sueño por noche». Korem alienta a sus jugadores a prestar atención cuando duermen, aunque depende de ellos decidir si quieren registrarlo formalmente. «Lo más importante es la consciencia», dice. Una vez que los deportistas comienzan a prestar atención, se dan cuenta de que si solo duermen seis horas una noche, luego se sienten cansados, así que mejor ir a la cama temprano a la noche siguiente.

Es común en algunos círculos que las personas se jacten de lo poco que duermen, como si la falta de sueño fuera un símbolo de estatus. Hace poco conocí a un renombrado neurocientífico que culpaba de su dificultad para mantener una conversación a que solo dormía cuatro horas. (¡Estaba tan ocupado con todas sus *startups!*) Pero descuidar las necesidades básicas de su cuerpo era solo un signo de autoengaño. Sí, existen algunos afortunados que están genéticamente programados para que les alcance con dormir solo unas cuatro horas de sueño por noche, pero esta condición es extremadamente rara.[117] «La mayoría de las veces, cuando alguien dice que solo necesita dormir cinco o seis horas, lo que significa es que su capacidad para tolerar la falta de sueño es mejor que la de la mayoría», dice Meeta Singh, directora médica del Laboratorio del Sueño Henry Ford. «En realidad, están permanentemente con déficit de sueño, y se han olvidado de lo que se siente al estar despierto y alerta.»

La investigación muestra que las personas que padecen privación crónica de sueño pierden la percepción normal de somnolencia y se convierten en jueces deficientes de su rendimiento neurocognitivo, dice Sigrid Veasey, médica e investigadora del sueño de la Universidad de Pennsylvania. Cuando las personas limitan a cinco horas el sueño por noche durante una semana, informan de que se sienten muy somnolientas después de la primera noche, pero la pérdida crónica de sueño debilita el impulso del sueño, por lo que después de una o dos noches, la persona no tiene tanto sueño como debería.

---

117. Genshiro A. Sunagawa, Kenta Sumiyama, Maki Ukai-Tadenuma, Dimitri Perrin, Hiroshi Fujishima, Hideki Ukai, Osamu Nishimura, et al. «Mammalian Reverse Genetics without Crossing Reveals Nr3a as a Short-Sleeper Gene». *Cell Reports* 14 (3) (2016): 662–677. https://doi:10.1016/j.celrep.2015.12.052.

«Crees que estás funcionando bien, pero no lo estás», dice ella. Es posible que puedas realizar tareas de memoria después de cinco horas de sueño, pero cualquier cosa que requiera resolución de problemas o pensamientos complejos será cada vez más difícil.

Escatimar con el sueño es como aparecer borracho en un partido. «Si solo duermes seis horas, duplicas o triplicas tus tiempos de reacción normales», dice Singh. Ella señala un estudio en el que los investigadores sometieron a voluntarios a una dosis de alcohol o privación del sueño y luego les hicieron una serie de pruebas de atención, tiempo de reacción y somnolencia.[118] Los resultados mostraron que las personas que solo pasaban seis horas en la cama estaban tan deterioradas como las que habían consumido entre dos y tres cervezas, mientras que cuatro horas de descanso equivalían a unas cinco o seis cervezas. Quédate despierto toda la noche, y eso es como beberte 10 u 11 cervezas y luego tratar de rendir con normalidad.

Si te obligan a elegir entre una siesta adicional o un entrenamiento extra, es mejor elegir dormir, dice Singh. Sacrificar una hora de sueño para hacer un entrenamiento matutino es totalmente contraproducente.

Sin un sueño adecuado, el cuerpo se vuelve frágil. Los estudios del Henry Ford Sleep Lab han demostrado que escatimar en el sueño hace que las personas sean más sensibles al dolor, y un estudio de atletas de secundaria descubrió que dormir menos de ocho horas aumentaba el riesgo de lesiones. La falta de sueño también puede deprimir el sistema inmunológico y hacerlo más susceptible a los virus. En un estudio, los investigadores midieron los patrones de sueño de 164 personas en el transcurso de una semana, luego los llevaron al laboratorio donde se los puso en cuarentena y se les administraron gotas nasales que contenían un virus del resfriado.[119]

---

118. Timothy Roehrs, Eleni Burduvali, Alicia Bonahoom, Christopher Drake y Thomas Roth. «Ethanol and Sleep Loss: A Dose Comparision of Impairing Effects», *Sleep* 26, n.º 8 (2003): 981-985.

119. Aric A. Prather, Denise Janicki-Deverts, Martica H. Hall y Sheldon Cohen. «Behaviorally Assessed Sleep and Susceptibility to the Common Cold». *Sleep* 38 (2015): 1353–1359. https://doi:10.5665/sleep.4968.

Las personas que habían dormido un promedio de seis horas o menos por noche durante la semana anterior eran mucho más propensas a desarrollar un resfriado que aquellas que habían dormido siete o más horas. El cuarenta y cinco por ciento de las personas que habían dormido cinco horas o menos enfermaron, mientras que menos del veinte por ciento de los voluntarios que habían tenido un promedio de siete o más horas de sueño sufrieron un resfriado.

Se han escrito cientos de libros enteros sobre la cantidad de práctica que necesitan los deportistas para tener éxito a alto nivel, pero si no acarrean el suficiente sueño, incluso diez millones de horas de entrenamiento no ayudarán. El sueño refuerza el aprendizaje de las habilidades motoras, y el sueño en las primeras 24 horas después del entrenamiento parece ser especialmente crucial: un descubrimiento que llevó a los psicólogos Matthew P. Walker y Robert Stickgold a proponer que: «Es el entrenamiento junto al sueño lo que hace la perfección».[120] Después de una tarde practicando el saque de tenis, swing de golf o estilo de natación, se necesita un descanso de una noche completa para que las lecciones se aprendan.

Medir exactamente la cantidad de sueño de calidad que alguien tiene es difícil fuera del entorno de un laboratorio. Aunque muchos dispositivos para registrar ejercicios y aplicaciones de teléfono prometen medir la duración y la calidad del sueño, estos dispositivos no son muy fiables. «Afirman que cuantifican el sueño profundo y el sueño ligero, pero no hay forma de hacer eso a menos que estés midiendo la actividad cerebral», dice Amy Bender, una científica del sueño del Centro para el Sueño y el Rendimiento Humano en Calgary. Un estudio demostró que estos dispositivos, que generalmente miden los movimientos para estimar cuándo y cuán profundo estás durmiendo, estuvieron inactivos hasta una hora. En lugar de confiar en una medición tan poco precisa, Bender les pide a los deportistas algo tan simple como que califiquen la calidad del sueño. Cuando se

---

120. Matthew P. Walker y Robert Stickgold. «It's Practice, with Sleep, That Makes Perfect: Implications of Sleep-Dependent Learning and Plasticity for Skill Performance». *Clin Sports Med* 24: 301–317 (2005). https://doi:10.1016/j.csm.2004.11.002.

sienten insatisfechos con la calidad del sueño es señal de que algo no funciona correctamente. Y les pide que hagan un seguimiento simple, anotar cuándo se acuestan y cuándo se levantan.

Algunas aplicaciones y entrenadores del sueño abogan por un protocolo en el que los tiempos de dormir y de despertarse se calculan en función de un intervalo de sueño de 90 minutos para garantizar que se despierten en el sueño REM, lo que se dice que los mantiene más alerta durante el día. «Pero el ciclo de 90 minutos no se basa en la ciencia o la evidencia», dice Bender. Los ciclos de sueño varían mucho, de persona a persona, pero también en la misma persona de una a otra noche. Sea cual sea tu patrón habitual, pasarás más tiempo en onda lenta y sueño profundo temprano en la noche después de una sesión de entrenamiento realmente difícil, y eso retrasará tu ciclo REM, dice Bender. «Es extremadamente difícil identificar cuándo debes despertarte, y no es realmente tan importante asegurarte de despertarte durante el sueño REM. Lo que es más importante es la cantidad y la calidad del sueño.»

Aunque su trabajo principal en estos días es entrenar a corredores universitarios y profesionales, Steve Magness sigue teniendo alma de científico. Durante una temporada reciente, el entrenador de cross country de la Universidad de Houston les dio a sus corredores una aplicación que les permitió registrar cuántas horas habían dormido, cuánto habían rendido cada día y cómo se sentían. Al final de la temporada, contrastó los números y descubrió que dormir era lo único que podía predecir cómo rendirían en un día determinado. «Fue lo único que se pudo medir bien. Había una correlación directa entre el sueño y lo estresados que se sentían», dice. «Realmente fue fructífero para muchos de ellos.» En un estudio, el sueño adicional se tradujo en un mejor rendimiento en una prueba de contracción muscular, y el ejercicio resultó más fácil para aquellos que habían descansado más.[121]

---

121. Pierrick J. Arnal, Thomas Lapole, Mégane Erblang, Mathias Guillard, Cyprien Bourrilhon, Damien Léger, Mounir Chennaoui y Guillaume Y. Millet. «Sleep Extension before Sleep Loss: Effects on Performance and Neuromuscular Function». *Medicine and Science in Sports and Exercise* 48 (8) (2016): 1595–1603. doi:10.1249/MSS.0000000000000925.

Prestar atención al sueño es saludable, pero fijarse demasiado en los datos puede ser contraproducente. La entrenadora de resistencia Kristen Dieffenbach recuerda a una triatleta *master* a la que entrenaba y que quería hacer todo conforme a los datos. Al ver caer el rendimiento de la atleta, Dieffenbach le aconsejó que se retirara del entrenamiento y que descansara un poco más. Ella, que era médica, le contestó: «¡Pero mi monitor de sueño dice que he dormido lo suficiente!». Como dice Dieffenbach: «Hay un punto en el que cómo te sientes importa mucho más que el dato que arroje algún dispositivo».

Los dispositivos registradores de ejercicios también pueden inducir a error en la otra dirección. Investigadores de Chicago publicaron recientemente un estudio de caso de una mujer de 27 años que acudió a ellos preocupada porque se estaba despertando sintiéndose sin descanso, y notó que sus datos de FitBit indicaban que estaba durmiendo mal.[122] Ella acudió a un laboratorio del sueño, donde los investigadores utilizaron instrumentos científicos para medir las ondas cerebrales, la frecuencia cardíaca y otros factores fisiológicos mientras dormía. Resultó que estaba durmiendo bien, pero la mujer no quería creerlo porque su dispositivo le estaba diciendo algo diferente. Su fijación con los datos de su sueño la había puesto excesivamente ansiosa por cómo dormía, una condición que se ha vuelto tan común que los investigadores le han dado un nombre: ortosomnia.

Como sabe cualquiera que haya pasado despierto buena parte de la noche, el sueño tiene un poderoso componente psicológico que puede crear bucles de retroalimentación. Por ejemplo, los insomnes tienden a sobreestimar el tiempo que han estado despiertos durante la noche. «Ellos subestiman la cantidad que han dormido», dice Meeta Singh, la científica del Laboratorio del Sueño Henry Ford, «y cuando llegan a un laboratorio del sueño creen que han dormido el 20 por ciento de la noche cuando en realidad han dormido el 60 o

---

122. Kelly Glazer Baron, Sabra Abbott, Nancy Jao, Natalie Manalo y Rebecca Mullen. «Orthosomnia: Are Some Patients Taking the Quantified Self Too Far?» *Journal of Clinical Sleep Medicine* 13 (2) (2017): 351–354. https://doi:10.5664/jcsm.6472.

el 70 por ciento». La persona se despierta y luego siente una ansiedad que se retroalimenta a sí misma. «La sensación de frustración que te da cuando miras el reloj a las 2:00 a. m. despierta más células cerebrales y hace que sea más difícil volverte a dormir.» Singh les dice a los deportistas con los que trabaja que eviten mirar el reloj durante la noche y, si es necesario, que giren el reloj para que no se vea desde la cama.

Para los deportistas que tienen problemas para conciliar el sueño, Bender recomienda la técnica de «arrastrarse cognitivamente». Es decir, comienza por pensar en una palabra como, por ejemplo: «dormir». Luego comienza con la primera letra, en este caso la D, e imagina todas las palabras que puedas pensar que comiencen por esa letra. Cuando te quedes sin palabras para D, pasa a la siguiente letra, O, R, M, etc. Esta técnica apunta a distraer la mente y a que dejes de preocuparte por tener que quedarte dormida.

Preocuparse por el mal sueño de una noche no es útil. Bender les dice a los deportistas que piensen en su sueño en términos de un presupuesto semanal para que no se estresen por una mala noche. «Si lo necesitas, haz una siesta más larga un día o duerme más otro. Concéntrate en la necesidad semanal, en lugar de preocuparte por ocho horas cada noche.»

Lo que alguien cree acerca de su sueño puede convertirse en una profecía autocumplida. En un estudio de más de 100 voluntarios, los investigadores dieron a los participantes comentarios falsos sobre lo bien que habían dormido la noche anterior.[123] Los participantes a quienes se les dijo que habían tenido una cantidad de sueño REM superior a la media se desempeñaron mejor en las pruebas cognitivas y aquellos que pensaron que habían tenido una calidad de sueño inferior a la media obtuvieron peores resultados. En otras palabras, la forma en que realmente duermes puede ser menos importante

123. Christina Draganich y Kristi Erdal. «Placebo Sleep Affects Cognitive Functioning». *Journal of Experimental Psychology: Learning, Memory, and Cognition* 40 (3) (2014): 857–864. https://doi.org/10.1037/a0035546.

que lo bien que crees haber dormido, al menos en lo que respecta al rendimiento cognitivo.

Con toda la anticipación, el nerviosismo y el entorno desconocido, es casi un hecho que un deportista no tendrá un sueño ideal la noche anterior a una gran competición. Eso no es problema, dice Bender. Es más importante dormir bien la semana antes de una competición que la noche anterior a un evento. «Si duermes bien las cuatro o cinco noches anteriores, un mal descanso la noche anterior no te afectará tanto.» Idealmente, los deportistas deberían aspirar a dormir bien todas las noches, pero en realidad esto no siempre es posible. Cheri Mah es investigadora del sueño en el Centro de Rendimiento Humano de la Universidad de California en San Francisco. «No quiero que un deportista se vuelva loco si solo duerme cinco horas la noche antes de un partido, pero es falso decir que esto no le afectará ese día.» Está claro que la falta de sueño puede reducir los tiempos de reacción y las habilidades mentales, en particular. «Muchos deportistas sacrifican el sueño o lo pasan por alto. Se preparan con mucho cuidado para todos los demás aspectos del entrenamiento, pero se olvidan de que el sueño debe mantenerse en el mismo nivel.»

◆ ◆ ◆

El año 2016 marcó la decimoquinta temporada de Sue Bird en la WNBA y, a la edad de 35 años, realizó una de sus mejores temporadas: lideró la liga en asistencias y anotó el 44,4 por ciento de los triples, el mejor porcentaje de su carrera. Bird ha jugado en el Seattle Storm desde 2002, cuando fue la primera seleccionada del *draft* de la WNBA, y en 2016 fue titular en todos los partidos. También terminó la temporada sintiéndose mucho menos agotada que en años anteriores, gracias a quién era su entrenadora, Jenny Boucek. (A finales de 2017, Boucek se cambió a la NBA, como asistente de entrenador para el desarrollo de jugadores con los Sacramento Kings.)

«Ella está obsesionada con el sueño. Es casi cómico», dice Bird de Boucek. «No sé cómo lo hace, pero duerme unas 12 horas por

noche, y planea toda la temporada alrededor del sueño.» La preocupación de Boucek por el sueño surgió de su impulso por cuestionar
el statu quo. «Me gusta entender la ciencia del juego», dice Boucek,
una exjugadora destacada en la Universidad de Virginia. «Vengo de
una familia de médicos, y eso me dio la mentalidad de experimentar.
No voy a hacer las cosas de cierta manera solo porque siempre se
hayan hecho así. Está en mi naturaleza. Los directivos y propietarios
del club son pensadores inquietos que me han dado espacio para
experimentar.»

Susan Borchardt, consultora de rendimiento deportivo, trabajó en
Stanford con la experta en sueño Cheri Mah, y fue quien alertó al equipo de las Storm acerca de los increíbles beneficios que la prolonga-
ción del sueño había otorgado a los deportistas en los estudios de
sueño de Mah. Mah reclutó jugadores del equipo de baloncesto de
Stanford y los convenció para dormir o al menos descansar en la cama
durante diez horas cada noche durante unas seis semanas (los jugadores obtuvieron un promedio de aproximadamente 80 minutos de
sueño extra por noche). Los participantes en el estudio aumentaron
sus tiempos de reacción y experimentaron un aumento del nueve por
ciento en el porcentaje de tiros libres y en el porcentaje de tiros de tres
puntos.[124] Su velocidad de arranque también mejoró. Y los beneficios
no se detuvieron ahí. Los jugadores que habían prolongado su sueño
también reportaron sentirse más felices y más alerta. Cuando Mah
probó con nadadores, jugadores de fútbol y tenistas de la universidad,
los resultados fueron correspondientemente positivos. Mejora el sueño de un deportista, y todo lo demás también mejora.

Eso fue suficiente para convencer a Boucek, quien se dio cuenta
de que algunos ajustes en el entrenamiento del equipo y en los horarios de viaje podrían ayudarlas a recuperarse mejor y a combatir la
fatiga. «Dormir es una de esas cosas que todos sabemos que debemos hacer, pero es difícil hacerlo bien», dice Boucek.

---

124. Cheri D. Mah, Kenneth E. Mah, Eric J. Kezirian y William C. Dement. «The Effects of
Sleep Extension on the Athletic Performance of Collegiate Basketball Players». *Sleep* 34
(7) (2011): 943–950. doi:10.5665/SLEEP.1132.

La mayoría de los equipos de baloncesto realizan «lanzamientos» matutinos el día mismo de partido. El entrenador de Los Angeles Lakers, Bill Sharman, instituyó la práctica a principios de la década de 1970 como una forma de ayudar a los jugadores a sacarse de encima los nervios y sentirse más despiertos en el partido. Esa práctica pronto se convirtió en algo estándar en toda la liga. (Aunque la leyenda dice que Sharman comenzó la práctica como una estrategia para sacar a Wilt Chamberlain de la cama, él le dijo al *New York Times* que el ritual en realidad comenzó como una manera de calmar sus propios nervios durante sus días como jugador.)[125] Se ha convertido en una asentada tradición, pero puede obligar a los jugadores a levantarse de la cama antes de que terminen de dormir, especialmente si el equipo jugó o viajó la noche anterior. Boucek se dio cuenta de que los lanzamientos matutinos podían producirse a expensas del sueño de sus jugadoras. Por eso eliminó algunos de ellos por completo e hizo opcionales los restantes. «Los días de juego son sagrados para las jugadoras, y no debería depender de mí decirles a todas mis jugadoras qué es lo que les funcionará», dice Boucek. «Las jugadoras siempre tienen la opción de ir, y tenemos entrenadores disponibles, pero pueden hacer cualquier rutina o ritual que las ayude a prepararse para el partido. Si necesitan dormir más para recuperarse o tener claridad mental, quiero que puedan hacerlo.»

Las Storm no están solas en replantearse los lanzamientos matutinos. Muchos entrenadores de la NBA también han cambiado su opinión del ritual. «Cada vez más equipos están dejando de lado los lanzamientos y les dan tiempo a los jugadores para que duerman», dice Aaron Nelson, entrenador en jefe de los Phoenix Suns. Los San Antonio Spurs, los Boston Celtics, los Portland Trail Blazers y los Denver Nuggets también han experimentado con la eliminación de los lanzamientos matutinos, y algunos entrenadores los han acercado más al momento del partido para permitir que los jugadores duerman. «Los muchachos duermen varias horas más. Eso ayuda en

125. Howard Beck. «Bowing to Body Clocks, N.B.A. Teams Sleep In». *The New York Times*, 19 de diciembre de 2009.

la batalla contra el cansancio», dice Nelson. El brutal calendario de 82 partidos de la NBA, que a menudo incluye encuentros consecutivos en múltiples zonas horarias, se ha hecho famoso por agotar a los jugadores. Muchos de los entrenadores de la liga han llegado a la conclusión de que a veces el descanso es más importante que más entrenamiento. «Hemos hablado con un grupo de expertos en sueño para que nos ayuden con el horario, y nos replanteamos: ¿cuándo es mejor entrenar? ¿Cuánto tiempo es bueno practicar? ¿Cuándo lanzar? Resolver algunas de esas cuestiones definitivamente ha marcado una gran diferencia», dice Nelson.

Después de un partido nocturno, es posible que los jugadores no regresen a su casa u habitación de hotel hasta las dos de la mañana o incluso más tarde, y puede ser difícil relajarse después de un encuentro de esas características. Se necesita tiempo para bajar el estrés después de un partido: se gane o se pierda, la energía de la noche de juego no se puede apagar como un interruptor de luz. Para darles a los jugadores la oportunidad de dormir tarde después de esas largas noches, Boucek renovó el horario de viaje del equipo para evitar los vuelos por la mañana que podían reducir su tiempo de sueño. «No nos apresuramos a irnos a la siguiente ciudad. Si interrumpes su sueño, pierdes efectividad. Dormir en el avión no es tan bueno como dormir en la cama toda la noche.»

La diferencia de tres horas entre la costa oeste y la costa este puede interrumpir los relojes biológicos de los jugadores, y para este problema, Boucek encontró una solución novedosa: permanecer en el horario de casa. «Cuando vamos al este, no cambiamos las zonas horarias. Nos quedamos en el tiempo de Seattle. Por lo general, no hay nada en nuestra agenda que esté fuera del rango normal si todavía estuviéramos en el horario de la costa oeste», dice Boucek. Si los cuerpos de las jugadoras no pueden dormirse porque todavía están en el horario de la costa oeste, está bien, porque no tendrán que levantarse según el horario de la costa este. Mantener sus relojes a la hora de Seattle evita que las jugadoras se estresen al no poder quedarse dormidas sabiendo que tienen que levantarse temprano.

Estos cambios en el calendario de las Storm han supuesto una gran diferencia en la cancha. «Las jugadoras están de mejor humor, están más frescas», dice Boucek. «No perdemos partidos por razones físicas. Nos arrastramos menos y no tenemos el cerebro quemado a final de temporada, que es cuando más cuenta y realmente ves que vale la pena dormir bien.» Las alteraciones que Boucek hizo de los viajes del equipo y los horarios de entrenamiento para implantar más horas de sueño son particularmente notables hacia el final de la temporada, dice Bird. «Este es mi decimoquinto año, y sé cómo sienta una temporada de la WNBA. Pero cuando ella hizo estos cambios, noté que no me sentía tan cansada al final de la temporada, y es porque estábamos durmiendo más.»

La afición de Boucek por dormir se ha contagiado a Bird, que no solo ha hecho del sueño algo sagrado, sino que también se ha vuelto fanática de las «siestas de café». Ella toma una taza de café y luego duerme una siesta de 20 o 30 minutos, que es aproximadamente lo que la cafeína tarda en activarse por completo. «Cuando te levantas, estás lista para cualquier actividad y no tienes ese aturdimiento clásico de después de la siesta.»

◆ ◆ ◆

A la tierna edad de 22 años la esquiadora Mikaela Shiffrin ya había logrado 42 victorias en la Copa Mundial, ganado dos medallas olímpicas (oro y plata) y conseguido su segunda victoria en la general de la Copa del Mundo.[126] Si continúa esa trayectoria, bien puede convertirse en una de los esquiadores más grandes de todos los tiempos. A pesar de su rápido éxito, Shiffrin lleva un estilo de vida similar a una monja, evitando los eventos de celebridades y las fiestas nocturnas en favor de comidas saludables y una hora temprana para acostarse. Ella agradece a sus padres inculcarle buenos hábitos. «Mi madre es

---

126. John Meyer. «Mikaela Shiffrin Breaks Another Record with a Win Saturday in Slalom», *The Denver Post*, 10 de marzo de 2018. Accedido el 11 de marzo de 2018. https://www.denverpost.com/2018/03/10/mikaela-shiffrin-breaks-another-record-with-a-win-saturday-in-slalom/.

enfermera y mi padre es médico, y siempre han comprendido la importancia de la nutrición y el sueño. Me enseñaron eso desde pequeña», dice ella.

La siesta es la estrategia de recuperación número uno de Shiffrin. «Hice una vez una de esas pruebas de BuzzFeed y me salió que mi espíritu animal es un oso perezoso y mi apodo es Sr. Mucha Siesta. Es bastante preciso, en realidad. Me encanta dormir siestas. Dedico dos horas todos los días para asegurarme de tener ese tiempo para descansar. Cuando estás durmiendo, te estás recuperando física, mental y emocionalmente.» Sus hábitos de siesta se han vuelto contagiosos. En un campamento de entrenamiento reciente, ella se atuvo religiosamente a su horario de siesta por la tarde. Al principio, recuerda, otros esquiadores decían: «Yo no hago siestas». Pero a medida que aumentaba la intensidad y la cantidad de entrenamiento durante el campamento, otros deportistas se fueron sumando lentamente al ritual «y decían: Bueno, tal vez yo también me acueste un rato. Todos terminamos tomándonos un tiempo para la siesta.»

El sueño es tan importante para Shiffrin que siempre viaja con una almohada cómoda y lo que ella denomina «la manta más suave que jamás haya sentido», que recibió como un regalo de Navidad. La manta se ha convertido en algo tan importante que la lleva a todas partes: teme que no pueda dormir sin ella. Sus siestas son una parte tan importante de la rutina de entrenamiento como sus carreras de esquí. Lo primero que hace cuando llega a una nueva habitación de hotel es mirar las cortinas. «Me pongo muy contenta cuando veo que puedo dejar la habitación en oscuridad total. Si las cortinas no son excelentes, uso una máscara para los ojos o cubro las ventanas con toallas.»

Aunque Shiffrin ha escuchado a algunas personas decir que las siestas les impiden dormir bien por la noche, su filosofía es dormir siempre que pueda. Suele dormir entre ocho horas y media y nueve horas cada noche. «Si hice una gran siesta un día, entonces estoy bien aunque no pueda dormir mis nueve horas por la noche. No puedo funcionar al nivel que quiero si no duermo lo suficiente.» En las raras ocasiones en que solo duerme siete horas, se despierta sintiéndose como si estuviera aturdida. «Ni siquiera me siento cómoda conduciendo», dice, y agrega que se siente perpleja cuando alguien presume de que solo necesita cinco horas.

La medallista de oro olímpica Lindsey Vonn también es conocida por las siestas,[127] y las siestas son tan importantes para el equipo de esquí de los Estados Unidos que su centro de entrenamiento en Park City incluye una zona para dormir donde los deportistas pueden descansar entre las sesiones de entrenamiento.[128] Las habitaciones para la siesta tienen techos acústicos para reducir el ruido que pueda distraerlos, cortinas de oscuridad total y controles de temperatura para mantener las condiciones perfectas para dormir.

La siesta fue una vez un ritual reservado para los niños de jardín infantil, pero se ha convertido en un hábito común entre los deportistas de élite. Algunos equipos de la NFL también tienen cuartos de siestas, y la siesta de la tarde se ha vuelto tan frecuente en la NBA que: «Todos en la oficina de la liga saben que no deben llamar a los jugadores a las 3 p. m. Es la siesta del jugador», dijo el comisionado de la liga Adam Silver al *New York Times*.[129] «Si duermes todos los días de partido, todas esas horas se acumulan y te permiten pasar la temporada mejor», le dijo al *Times* el base Steve Nash de los Lakers. Se sabe que LeBron James, Derrick Rose y Kobe Bryant duermen siestas antes de los partidos.

«Las siestas son muy importantes para los deportistas», dice Amy Bender, la científica canadiense del sueño. «Sabemos que las siestas mejoran el estado de alerta, mejoran el rendimiento motor y mejoran la productividad.» El momento ideal para las siestas es du-

127. Gordy Megro. «Lindsey Vonn Needs a Nap, But First She Is Going To Become the Best Ski Racer of All Time», *Ski Magazine*, 21 de diciembre de 2016. Accedido el 11 de marzo de 2018. https://www.skimag.com/ski-performance/vonn-needs-nap.

128. Tempur Sealy International, Inc. «Tempur-Pedic® Sleep Center Opens At U.S. Ski And Snowboard Association's Center Of Excellence», 22 de julio de 2015. Accedido el 11 de marzo de 2018. https://www.prnewswire.com/news-releases/tempur-pedic-sleep-center-opens-at-us-ski-and-snowboard-associations-center-of-excellence-300117381.html.

129. Jonathan Abrams. «Napping on Game Day Is Prevalent Among N.B.A. Players», *The New York Times*, 6 de marzo de 2011. Accedido el 11 de marzo de 2018. http://www.nytimes.com/2011/03/07/sports/basketball/07naps.html.

rante el bajón natural del cuerpo al inicio de la tarde, dice, en algún momento entre la 1 y las 4 de la tarde, y deben programarse como una parte de la rutina normal de entrenamiento.

Las siestas también pueden ayudar a compensar algo del sueño nocturno, ya que es posible que no sea fácil dormir. La competición o el entrenamiento duro pueden interferir en el sueño, y la fatiga no siempre equivale a somnolencia, dice la investigadora del Instituto Australiano de Deportes Shona Halson. Los estudios sugieren que los deportistas no siempre duermen fácilmente durante los períodos de entrenamiento duro, donde es posible que se sientan «demasiado cansados».

En los Juegos Olímpicos de 2016 en Río, las pruebas de natación terminaban a altas horas de la noche. «Algunas de las finales eran a las 10 p. m. de la noche, y el entrenador en jefe se acercaba a nosotros y nos preguntaba: "¿cómo van a lidiar con esto nuestros muchachos?"», dice Halson. «Nadie había observado esto», recuerda, así que decidieron hacer un poco de experimentación. Los científicos de AIS reunieron al equipo y los obligaron a hacer algunas pruebas de velocidad a medianoche, luego monitorearon su sueño para averiguar cómo dormían. La experiencia les brindó a los atletas la oportunidad de descubrir: «lo que se siente al nadar rápido a medianoche, y les dio la confianza de saber que podrían rendir en esa hora del día», dice Halson.

Si quieres rendir a una determinada hora, entonces lo ideal es que entrenes a esa hora. «Es entrenar el músculo del sueño para que haga lo que tú quieras en el momento que quieras», dice Meeta Singh, la científica del Laboratorio del Sueño Henry Ford. Ella aconseja a los deportistas que entrenen sus relojes biológicos para que estén acostumbrados a estar despiertos y dormidos en los momentos que necesitan alrededor de las competiciones. «Si tus partidos siempre van a ser a las 7:00 p. m., entonces es cuando deberías hacer tu entrenamiento. El consejo básico es siempre entrenar en el mismo horario en que vas a competir.»

Las competiciones nocturnas pueden ser un gran desafío. Combínalos con el *jet lag* y el problema será aún peor. En este sentido, los equipos de la costa oeste como las Storm tienen una ventaja. Un análisis de los enfrentamientos entre la costa oeste y la costa este en la NFL durante más de 40 temporadas encontró que los equipos que vienen de occidente tienen una ventaja circadiana significativa en los juegos de la noche: los equipos de la costa oeste superaron la diferencia de puntos con el doble de frecuencia que los equipos de la costa este.[130] La forma en que un atleta responde a los cambios de tiempo depende un poco de su *cronotipo* natural, ya sea que se trate de un ave nocturna o de un ave mañanera. Si eres un ave nocturna, es probable que tu ritmo circadiano sea más de 24 horas, y esto hace que te sea más fácil volar al oeste que viajar al este, dice Bender. «Para los mañaneros, es más fácil volar hacia el este, porque su fase circadiana es más corta».

Al viajar a una nueva zona horaria, Bender recomienda que los deportistas utilicen la luz para ayudar a sus cuerpos a adaptarse. Al dirigirse hacia el este, bloquear la luz, especialmente la luz azul, por la noche y luego buscar la luz de la mañana puede ayudar a cambiar el reloj biológico antes. Hacia el oeste, hacer lo contrario. Bender dice que uno debe exponerse a la luz de la tarde y evitar la luz de la mañana para poder retrasar el reloj biológico para sincronizarse con la nueva zona horaria. En estos días, las aplicaciones y los sitios web como Jetlagrooster.com pueden brindar consejos individualizados sobre cómo usar los horarios de luz y los cambios de hora para adaptarse a los cambios de zona horaria.

La mejor manera de superar desafíos como el *jet lag* es volar con antelación y adoptar buenos hábitos de sueño como parte de la rutina diaria, no solo antes de los eventos importantes. Los deportistas tienden a pensar más en cómo dormir inmediatamente antes de la competición, y les importa menos el buen sueño habitual, pero eso es un error. Como todos los demás, los deportistas tienen miedo a no enterarse de lo que sucede, dice Halson. Recuerda a un deportista

---

130. Roger S. Smith, Bradley Efron, Cheri D. Mah y Atul Malhotra. «The Impact of Circadian Misalignment on Athletic Performance in Professional Football Players». *Sleep* 36 (2) (2013). https://doi:10.5665/sleep.3248.

con el que trabajó que parecía estar desconcentrado. Finalmente descubrió por qué: se había estado levantando en medio de la noche para ver la clasificación final en los juegos de críquet de no sé dónde. «No podía esperar unas horas para conocer los resultados», explica.

Hay una razón por la que muchos equipos y centros de rendimiento están comenzando a proporcionar salas de siesta para sus deportistas. El sueño es lo mejor que los atletas pueden hacer para recuperarse de su entrenamiento. Dormir es el pastel de la recuperación. Todo lo demás es solo la decoración del mismo.

# 8

## Las pociones mágicas

En un día de primavera de 2017, visité una de las tiendas de GNC (una cadena especializada en artículos nutricionales) ubicada en un exclusivo centro comercial de Palo Alto, justo al lado del campus de la Universidad de Stanford, para averiguar qué podían ofrecerme para la recuperación. El encargado de la tienda, un hombre de mediana edad con el esbelto físico de un corredor, me saludó con una sonrisa y cuando le pregunté qué tenía para la recuperación, sacó un frasco gigante de proteína en polvo de un estante. El producto, que costaba alrededor de 55 dólares y constaba de 14 porciones, se denominaba GNC Pro Performance˙ Amp Amplified Wheybolic Extreme 60˙ Original. La etiqueta, entre otras cosas, promete «un incremento del 30% en la fuerza muscular» gracias a su «sistema de aceleración de aminos». Cada una de las afirmaciones terminaba con uno de esos molestos asteriscos, que te dirigían a un texto donde se buscaba evitar cualquier tipo de responsabilidad diciendo: «Estas afirmaciones no han sido evaluadas por la FDA (Administración de Drogas y Alimentos)».

Sin embargo, en el paquete sí se aducía algo de ciencia: «Un estudio de 8 semanas de duración realizado con atletas que realizaron un régimen de entrenamiento intenso de resistencia demostró que aquellos que utilizaron este producto tuvieron mayores aumentos en la fuerza muscular y el tamaño que los que tomaron un placebo».

La etiqueta también afirmaba que un estudio de ocho semanas de duración con 30 voluntarios varones sanos comprobó que el grupo activo mostró ganancias similares en la fuerza muscular máxima y la resistencia muscular en comparación con el grupo de control. Suena bastante prometedor, pero ¿qué nos dice eso realmente? Es difícil evaluar los estudios basados en estas descripciones de oraciones únicas.

El encargado de la tienda no fue de mucha ayuda. Me dijo que el propietario de la tienda juraba que funcionaba, pero no sabía nada más sobre los estudios mencionados en la etiqueta. La etiqueta también decía que contenía «formas de proteína de suero de la más alta calidad y de rápida absorción: aislados e hidrolizados», pero cuando le pregunté dónde y cómo se fabricaban los ingredientes, admitió que no lo sabía.

De vuelta en casa, fui a la página web de GNC en busca de más detalles sobre los estudios a los que se hace referencia en la etiqueta, pero no encontré información suficiente para poder buscar los estudios por mí misma. Lo que encontré fue un montón de productos para la recuperación, 44 en total. Uno afirmaba que contenía enzimas que «funcionan de forma sinérgica con los propios mecanismos de renovación del cuerpo y pueden apoyar la respuesta natural del cuerpo al esfuerzo excesivo y las actividades extenuantes». La mezcla de enzimas «promueve el bienestar de las articulaciones y la circulación saludable» para alentar la recuperación «acelerada de los músculos y tejidos». Cada afirmación tenía su correspondiente asterisco para indicar que no estaba respaldada por ninguna agencia externa. Otro suplemento de recuperación contenía una «fórmula científicamente elaborada» que «determina con precisión los reservorios del cuerpo para construir y reponer». Lo que sea que eso signifique.

Si esos ingredientes patentados de la marca nos parecen demasiado artificiales, siempre se puede recurrir a una variedad, igualmente dudosa, de productos «naturales». En un viaje reciente a la tienda local de alimentos saludables, encontré un estante de muestra lleno de productos de recuperación. Desde un «néctar de recuperación orgánico» (hecho de agua de coco liofilizada) que prometía «disminuir el tiempo de recuperación y el dolor» y «ayuda a reparar los músculos desgarrados», hasta una mezcla de bebidas con sabor a sandía que pretendía «optimizar la recuperación muscular» y «reducir la fatiga y el dolor muscular».

¿Cuán legítimas son estas promesas? «Con bastante poca frecuencia estos productos están a la altura de tales afirmaciones», dice Anthony Roberts, quien pasó años trabajando en la industria de los suplementos (y en la industria de los esteroides antes de eso) antes de dedicarse a escribir de manera crítica sobre estos temas. «Hay mucha información errónea por ahí, y generalmente es financiada por personas con intereses creados.»

Grupos de expertos que han evaluado los eslóganes de los suplementos han llegado a conclusiones similares. Según una declaración de consenso de 2016 publicada por la Academia de Nutrición y Dietética, Dietistas de Canadá y el Colegio Americano de Medicina Deportiva, «relativamente pocos suplementos que afirman beneficios [que mejoran el rendimiento] están respaldados por pruebas sólidas». Los estudios que promocionan los suplementos deportivos a menudo están limitados por tamaños de muestra pequeños y participantes que no son representativos de la población de deportistas. Es igual que mi estudio de la cerveza.

◆ ◆ ◆

Durante el curso introductorio de nutrición que imparte en la Universidad McMaster, a Stuart Phillips le gusta preguntar a los estudiantes si alguno de ellos toma un complejo multivitamínico. Dice que se levantan muchas manos, y cuando pregunta: «¿Por qué lo toman?», su respuesta es casi siempre la misma: «Para compensar lo que podría faltar». Este miedo a estar perdiéndose algo es lo que da alas al marketing en torno a los productos de nutrición deportiva, especialmente los suplementos. «Realmente recalcan el mensaje de que ¡te podrías estar perdiendo algo!»

Si tu dieta general es bastante buena, no debes preocuparte por obtener vitaminas o nutrientes especiales después del ejercicio.

«Pero ahí es donde entra el marketing, porque la mayoría de las personas tienen la impresión de que su nutrición es deficiente», dice Phillips. Se comercializan suplementos para explotar esta ansiedad. Una dieta estadounidense típica, y no estamos hablando aquí de los fanáticos de lo saludable, suele ser perfectamente adecuada para obtener los nutrientes y las vitaminas necesarias para una buena salud. Un informe de 2012 publicado por los Centros para el Control y la Prevención de Enfermedades utilizó muestras de sangre y orina tomadas de una gran muestra de la población de los Estados Unidos. Para examinar si obtenían suficientes vitaminas y nutrientes esenciales. La respuesta fue: sí. El informe encontró que nueve de cada diez estadounidenses estaban satisfaciendo sus necesidades nutricionales.[131]

Por supuesto, las necesidades nutricionales probadas en este tipo de informes son solo el mínimo necesario para una buena salud, y los deportistas no toman suplementos simplemente por temor a que les falte algo de vitamina. También lo hacen por la esperanza de que optimizarán el funcionamiento interno de su cuerpo y les proporcionarán un aumento de rendimiento, como el dopaje pero legal.

Un informe de 2017 del Comité Olímpico Internacional dijo que aunque algunos suplementos dietéticos pueden beneficiar al deportista de élite en algunos casos, «hay pocos indicios de efectividad para la mayoría de los suplementos». Los suplementos dietéticos, según la declaración del COI, tienden a «crear el miedo de que un

---

131. Un informe del año 2012, publicado por el Center for Disease Control and Prevention, utilizó muestras de sangre y orina tomadas de un amplio sector de la población estadounidense para examinar si tenían las vitaminas y nutrientes esenciales. La respuesta fue que sí. El informe demostró que nueve de cada diez personas satisfacían sus necesidades nutricionales. Las excepciones más comunes son la vitamina D, de la cual el 31% de las mujeres de raza negra no hispánica y el tres por ciento de las de raza blanca no tenían la suficiente, y el hierro, del cual un 8% de mujeres tenían deficiencias. La deficiencia de hierro no es desconocida entre las deportistas, y las que están en edad de ser madre son particularmente proclives y deberían evaluarse si es que están muy cansadas. Pero es raro que los suplementos deportivos hagan hincapié en el hierro. «The Second National Report on Biochemical Indicators of Diet and Nutrition in the U.S. Population», publicado por el Center for Disease Control and Prevention, 2012. p. 317 Table 3.1.d.1. Serum ferritin. https://www.cdc.gov/nutritionreport/.

deportista no puede permitirse dejar de usar lo que están usando sus rivales». Lo que hace que los suplementos sean tan populares entre los deportistas no es que los productos sean tan increíblemente útiles que no puedan vivir sin ellos. En todos mis informes, nunca he encontrado a un deportista que haya señalado que una píldora o polvo suplementario haya dado lugar a un avance sorprendente. (Algunos de ellos han dicho que un suplemento cambió sus vidas para siempre, pero ahora veremos eso en un momento.) En cambio, lo usan porque cuando miran alrededor, parece que todos lo están usando y nadie quiere quedarse fuera o atrás. El miedo a estar perdiéndose algo (FOMO: *Fear Of Missing Out*) es algo muy poderoso.

◆ ◆ ◆

La primera vez que conocí a Mary Beth Prodromides, la reconocí a una manzana de distancia. La conocía solo por un artículo que había leído en el periódico, y no fue tanto su apariencia lo que me hizo reconocerla, sino la forma en que se deslizaba por la calle con el aplomo de un superhéroe. Sus hombros acerados y sus cuádriceps cincelados la hacían parecer mucho más imponente que sus 1,57 metros y sus 59 kilos.

Prodromides mueve las barras de pesas y las mancuernas como si estuvieran hechas de bambú, y los CrossFit Games la han coronado tres veces como la mujer más fuerte del mundo en su categoría de edad. Su cuerpo duro es un contraste con sus modos tranquilos, y tiene una expresión suave en el rostro, al menos hasta que es hora de actuar. Morena y bronceada, a menudo lleva el pelo largo atado en una cola de caballo mientras realiza sus ejercicios cargada con suficientes pesas para dejar sin stock a la mayoría de los gimnasios. Prodromides tiene una larga biografía como deportista. Ha sido gimnasta y fisicoculturista, pero en el CrossFit ha encontrado su deporte ideal.

Los CrossFit Games se anuncian a sí mismos como los Campeonatos del Mundo en «el deporte de estar en forma», y combinan ejercicios de levantamiento de pesas olímpicos con movimientos de gimnasia y algunos ejercicios cardiovasculares como correr o remar en una cinta o máquina. Asegurarse una invitación a los Juegos requiere sobresalir en un complejo laberinto de eventos clasificatorios, y para ganar la competición hay que tener la capacidad de realizar una secuencia aleatoria de ejercicios (muchos de ellos no anunciados hasta justo antes de la hora de inicio) con velocidad. «Soy buena haciendo ejercicio a buen ritmo. Si me hubieras dicho, cuando tenía 16 años, que iba a ser realmente una deportista tan rápida, nunca te hubiera creído. Pero eso es lo que se necesita para ser bueno en CrossFit: ir rápido y no lastimarse», me dijo Prodromides.

Los deportistas de CrossFit suelen limitarse a hacer el entrenamiento anunciado del día, o WOD (Work of the Day), como se lo conoce. Pero al igual que otros competidores de CrossFit Games, Prodromides, que es profesora de Educación Física de una escuela secundaria en Grand Junction, Colorado, se entrena más como una deportista de élite, con un programa de entrenamiento cuidadosamente programado y periodizado supervisado por un entrenador profesional. En el período previo a las competiciones, ella pasa alrededor de cuatro horas al día en el gimnasio, y la recuperación es crucial. Para obtener ayuda, recurre a uno de sus patrocinadores, AdvoCare, una compañía de marketing multinivel que vende una amplia variedad de vitaminas, suplementos y polvos para elaborar bebidas.

El régimen de suplementos de Prodromides y el acuerdo de promoción no son raros. La industria de los suplementos deportivos está creciendo y se espera que alcance un valor de 12 mil millones de dólares anuales para 2020.[132] Gran parte del dinero que la industria de los suplementos gasta para promocionar sus productos se destina a atletas profesionales, equipos, ligas y eventos deportivos. Solo AdvoCare tiene acuerdos de patrocinio con NASCAR, la MLS, múltiples eventos de la NCAA y con atletas a título individual como el mariscal de campo de la NFL Drew Brees. Muchas otras compañías de marke-

---

132. Amy Eichner y Travis Tygart. «Adulterated Dietary Supplements Threaten the Health and Sporting Career of up-and-Coming Young Athletes». *Drug Testing and Analysis* 8 (3–4) (2016): 304–306. https://doi.org/10.1002/dta.1899.

ting multinivel han alcanzado acuerdos con equipos y eventos deportivos de alto perfil. Herbalife patrocina al equipo LA Galaxy Major League Soccer y algunos eventos de triatlón Ironman; y Usana Health Sciences patrocina a la Asociación de Tenis de Mujeres y los equipos de esquí y snowboard de los Estados Unidos.[133] Los equipos nacionales de gimnasia, rugby, triatlón, remo, pentatlón, esgrima, taekwondo, softbol y fútbol han firmado acuerdos de patrocinio con Thorne Research, un fabricante de suplementos deportivos con sede en Idaho, y los suplementos orgánicos de Garden of Life son patrocinadores oficiales de USA Track & Field. Las redes sociales están llenas de deportistas reconocidos que publican fotos y elogian con entusiasmo los suplementos de sus patrocinadores, y estos mensajes omnipresentes respaldados por deportistas pagados otorgan un aura de legitimidad a estos productos y crean la sensación de que todos los utilizan.

Antes de nuestro segundo encuentro, le pregunté a Prodromides si me mostraría los suplementos que tomaba. Nos encontramos en una cafetería y llegó con una bolsa de plástico que contenía 12 productos que pronto llenaron la pequeña mesa en la que nos encontrábamos. «Lo primero es que los suplementos no te ayudan si no tienes una buena nutrición de entrada», dijo a modo de precaución. «Sin una base no sirve de nada. Los suplementos no pueden ser tu alimento. No funciona así.»

Prodromides comenzó a usar AdvoCare en 2010, poco después de que comenzara a hacer CrossFit. No puedes comprar los productos de la compañía en una tienda local de vitaminas. Sus productos se venden a través de un sistema de afiliados. En el nivel inferior están las personas que pagan al por menor para comprar productos de

---

133. En 2016, la U.S. Federal Trade Commission realizó una investigación sobre la empresa Herbalife Ltd. promovida en parte por la cruzada de Bill Ackman, un gestor de fondos de inversión, contra esa empresa. Herbalife accedió a pagar 200 millones de dólares y a cambiar su modelo de negocio para no ser considerado como un esquema piramidal. Diane Bartz y Michael Flaherty. «Herbalife Settles Pyramid Scheme Case with Regulator, in Blow to Pershing's Ackman», AP, 15 de julio de 2016. Accedido el 21 de febrero de 2018. https://www.reuters.com/article/us-herbalife-probe-ftc/herbalife-settles-pyramid-scheme-case-with-regulator-in-blow-to-pershings-ackman-idUSKCN0ZV1F7.

un distribuidor. Si te suscribes para convertirte en distribuidor, obtienes una reducción de precio en tus productos y una parte de todo lo que vendes. En el siguiente nivel, los asesores, obtienen un descuento aún mayor por inscribir a los distribuidores para que trabajen por debajo de ellos. La compañía promete que las personas que trabajan arduamente para desarrollar su negocio de AdvoCare pueden obtener recompensas financieras que cambiarán sus vidas, pero una investigación realizada en 2016 por la periodista de ESPN Mina Kimes, descubrió que muy pocas personas obtienen siquiera un ingreso modesto por la venta de los productos.[134] Según el informe de Kimes, los participantes en el sistema son presionados a comprar inventario para mantener su condición de distribuidores, y cualquier persona que cuestione el modelo de AdvoCare está etiquetado como un «asesino de sueños».

En su día, un chico de su gimnasio le presentó a Prodromides el sistema de AdvoCare y, como muchos usuarios, comenzó el programa con el desafío de 24 días de AdvoCare, que la página web de la compañía describe como «un programa completo de suplementos y nutrición diseñado para darle a tu cuerpo el impulso necesario para ayudarte a alcanzar tus metas». Prodromides acababa de comenzar a hacer CrossFit y ella también estaba cambiando su dieta: sin alimentos procesados, sin trigo, muy pocos lácteos. El desafío de 24 días le dio un nuevo impulso.

Terminó el desafío y pronto se convirtió en asesora de AdvoCare, lo que significa que a cambio de alcanzar un cierto umbral de ventas, obtiene un 40 por ciento del precio minorista de los productos de la compañía. Ella no pone mucho esfuerzo en vender las cosas, es demasiado amable y honesta como para conseguir una venta a toda costa, y nunca intentó venderme nada en todas las ocasiones en que hablamos. La creo cuando dice que no le gusta presionar a nadie. «Si la gente me pregunta, les explico, pero no estoy tratando de conse-

---

134. Mina Kimes. «Drew Brees Has A Dream He'd Like To Sell You», *ESPNthemagazine*, 15 de marzo de 2016. Accedido el 15 de diciembre de 2018. http://www.espn.com/espn/feature/story/_/id/14972197/questions-surround-advocare-nutrition-empire-endorsed-saints-qb-drew-brees.

guir gente para la escala multinivel todo el tiempo», dice ella. Ahora que es una atleta patrocinada por AdvoCare, lo que negoció después de su primera victoria en los Juegos CrossFit, recibe un estipendio mensual, pagado en producto. «Especialmente durante la temporada, realmente ayuda», dice ella. Aunque ya no tiene que pagar por sus propios suplementos, permanece en el programa de asesores y también gana un poco de dinero con eso. «No es mucho, como 100 dólares al mes. Pero ayuda.»

A precios minoristas, un suministro de 30 días de su régimen costaría más de 620 dólares. Incluso con el descuento de asesor, el precio superaría los 372 al mes, si se toma según las indicaciones. Su programa, que puso sobre la mesa, consta de 12 elementos: aceites de pescado Omegaplex, BioTune, aminoácidos de cadena ramificada BioCharge, Immunoguard, Joint ProMotion, calcio, V16 Energy, bebida energética SPARK, barras de energía prime VO2, Nighttime para recuperación nocturna, Sleep Works y un batido de recuperación postentrenamiento.

«Los omegas y el batido de recuperación postentrenamiento son los que nunca me pierdo», dice ella. ¿Qué le gusta del batido de recuperación? «¡Es chocolate!» Ella se adhiere principalmente a una dieta «paleo» que evita los granos y los alimentos procesados en favor de la carne, el pescado, las verduras, las nueces y los aceites vegetales, pero «no soy una paleo estricta por lo que hay en este batido. Esta es mi única excepción». La fórmula de la bebida deportiva para después del entrenamiento de AdvoCare contiene más de 50 ingredientes, comenzando con dos azúcares, maltodextrina y fructosa, y continúa con una larga lista de nombres químicos como bromelain, gamma-oryzanol y colina dihidrógeno citrato. Los ingredientes también incluyen creatina, un compuesto que pretende mejorar la fuerza muscular, y una serie de vitaminas y minerales. Según AdvoCare, el batido «ayuda a minimizar el dolor muscular ocasional, optimiza la recuperación muscular, apoya los procesos metabólicos musculares y ayuda a mantener y restaurar el suministro de energía después de la actividad física». La compañía no proporciona datos para respaldar estas afirmaciones.

Por otro lado, hay bastante evidencia de que los carbohidratos y las proteínas en el batido pueden ayudar a una deportista como Prodromides a repostar y recuperarse después de un entrenamiento duro. Una porción contiene 36 gramos de carbohidratos, 12 gramos de proteínas y 220 calorías. Ella podría obtener aproximadamente el mismo valor nutricional de un tazón de yogur griego y un plátano, pero la composición en forma de batido es cómoda, y a Prodromides le gusta el sabor.

En cuanto a los otros productos, dice que BioTune ayuda con «el estrés del ejercicio y el estrés de la vida», Immunoguard evita que atrape todos los gérmenes a los que está expuesta en su trabajo con los niños de la escuela, Sleep Works la ayuda a dormir mejor, y la recuperación nocturna ayuda a reparar su cuerpo. «Es diferente de los demás, porque te dice cuánto debes tomar según tu peso», dice ella. Si la dosis se ajusta según eso, debe de ser potente. Ella toma los aminoácidos de la cadena ramificada de BioCharge porque «es lo que usa Drew Brees» (incluso los deportistas de élite no son inmunes a las recomendaciones de las celebridades), y la glucosamina y el calcio le ayudan a sus huesos y articulaciones. Ella no toma la barra energética VO2 todos los días, y cuando lo hace, a menudo come solo algunos bocados. El V16 Energy es un polvo de vitaminas y hierbas que se vierte en el agua para hacer una bebida efervescente que según AdvoCare ayuda a mantener la energía y la concentración mental (conviene apuntar que esta afirmación no ha sido evaluada por la FDA). La bebida energética Spark contiene cafeína y un montón de vitaminas. Prodromides dice que generalmente no puede beber un envase completo. «Me activa demasiado.». Le pregunté cómo sabía cuál de los suplementos funcionaban y cuáles no. Me explicó que si no pensara que algo funciona no lo tomaría, pero no estoy segura de que eso contestara mi pregunta.

Una deportista seria como Prodromides no puede dejar ningún beneficio potencial sin explotar, y AdvoCare hace algunos reclamos bastante atractivos. El suplemento BioCharge, por ejemplo, promete «mejorar el rendimiento muscular y la recuperación a través de una fórmula de ingredientes botánicos ricos en antioxidantes combinados con vitamina B y Aminoácidos de cadena ramificada (conocidos como BCAA)». El producto también promete que los BCAA «contribuyen a reducir el daño muscular y el dolor» y ayudan a «combatir el estrés del envejecimiento y el estrés al que sometes tu cuerpo cuando entrenas o compites». Increíble si fuera cierto, pero ¿lo es? Se han publicado numerosos estudios de BCAA, pero la mayoría tiene un alcance limitado y cualquier efecto positivo ha sido pequeño. Al igual que con tantos estudios de suplementos, los tamaños de muestra son pequeños. Al igual que mi estudio de la cerveza, son interesantes, pero lejos de ser definitivos.

◆ ◆ ◆

Si alguien conoce las promesas de mejora de rendimiento hechas por las compañías de suplementos, ese es José Antonio. Asentado en el estado de Florida, Antonio es un fanático del paddle surf, y también es CEO y cofundador de la Sociedad Internacional de Nutrición Deportiva (ISSN, en inglés) y editor de la revista de dicha sociedad. Anteriormente, fue editor científico de la revista *Muscle and Fitness,* ha trabajado para numerosas empresas en la industria de los suplementos, ha escrito varios libros sobre el tema y se ha ganado una reputación como gurú de los suplementos. «La ciencia de la nutrición deportiva es la oveja negra de la familia académica», me dijo Antonio. Hace veinte años, la comunidad científica rechazaba la mayoría de los suplementos. «Los científicos deportivos los consideraban pociones mágicas», dice.

Pero Antonio y sus asociados en la industria de los suplementos se dieron cuenta de que no tenían que darle a los científicos deportivos la última palabra. En lugar de tratar de convencer a los detractores, podrían inventar su propio campo de investigación, y si formaban su propia sociedad de investigación y publicaban su propia revista académica, podían tener legitimidad. Antonio y otros cuatro entusiastas de los suplementos fundaron la ISSN en 2003, poco después de que Antonio y otro cofundador, Jeff Stout, dieran un seminario en una reunión del Colegio Americano de Medicina Deportiva (ACSM).

Su conferencia atrajo críticas de miembros del público que dijeron que eran charlatanes que estaban vendiendo pócimas mágicas y que no había ninguna evidencia de que los suplementos que estaban promocionando funcionaran. Pero incluso cuando la mitad de los asistentes atacaron su mensaje, a la otra mitad «le encantó», recuerda Antonio.

Los investigadores que pertenecían al ACSM eran en su mayoría académicos y médicos deportivos. Antonio y sus colegas venían de un mundo diferente: el físico culturismo. «Empezamos a estudiarlo científicamente, pero nuestros intereses en realidad provienen del culturismo, ya sea que fuésemos seguidores o competidores. Y sabíamos, basados en el efecto que había tenido en nuestros cuerpos, que los científicos estaban equivocados», dice Antonio. «Los médicos nos decían que no necesitas toda esa proteína para ser culturista; sin embargo, nosotros éramos culturistas y sabíamos que necesitábamos proteínas. Claramente algo no cuadraba.»

Antonio y sus colegas fundadores de ISSN creían que muy pocas personas poseían una experiencia genuina en nutrición deportiva, y veían la necesidad de que existiese un grupo que apoyara sus intereses y conocimientos sobre el tema. «Éramos rebeldes. Así que dijimos *sayonara* a las sociedades académicas tradicionales y fundamos el ISSN», dijo Antonio en una entrevista de 2014.[135] «Seamos realistas: el ISSN es como una lancha rápida. Las otras sociedades académicas son como remar en bote por la bahía de Hudson.» Antonio y Stout trabajaban para las compañías de suplementos GNC y MET-Rx cuando fundaron ISSN, y habitaban en un mundo diferente al de la mayoría de los investigadores académicos. «Nos llamaron farsantes, vendedores de pócimas milagrosas, y cosas peores. Pero el tiempo puso a cada uno en su sitio. Ahora encontrarás que la nutrición deportiva es un campo académico de estudio.»

Antonio otorga al ISSN el mérito de legitimar el campo de la nutrición deportiva y el uso de suplementos deportivos. Antes del año

---

135. «Questions and Answers: Interview with Jose Antonio, Ph.D.», Examine.com *Research Digest*, Issue 1, Noviembre de 2014.

2000, las revistas no querían publicar nada que mostrara que los suplementos podrían ayudar, me dice. El ISSN creó su propia revista para proporcionar una salida donde personas como él pudieran publicar estudios complementarios, dice Antonio. «Ahora, hay una demanda creciente de información sobre suplementos y no somos el único medio que lo hace, porque es genial, es sexy, es divertido y a la gente le encanta.» La ISSN tal vez sea como una lancha rápida, y Antonio sería más bien el entusiasta director de actividades de un crucero.

Los suplementos tienen mala reputación, dice Antonio, porque originalmente provenían del mundo del culturismo. «Si entiendes la cultura del culturismo, sabes que la mayoría de las afirmaciones son marketing y todos sabíamos que estaban inventadas. Lo gracioso es que en la mitad de las veces aciertan.» En los primeros días del culturismo, dice, personas como Joe Weider y Jack LaLanne comenzaron a hablar sobre suplementar sus alimentos con proteínas adicionales. «Los científicos y los médicos pensaron que estaban equivocados, pero resultó que tenían razón.»

Tal vez, pero también es cierto que muchas de las primeras y más conocidas figuras del culturismo tenían razones financieras para respaldar los suplementos. Una mirada retrospectiva al culturismo y a los suplementos indica que no se trataba solo de asiduos al gimnasio que descubrían la magia de muscularse.

Bob Hoffman fue un nombre influyente en el mundo del culturismo durante más de tres décadas, a partir de la década de 1950.[136] Fue entrenador del equipo de levantamiento de pesas de Estados Unidos. Durante muchos años, fue propietario de York Barbell y fundó las revistas *Muscular Development* y *Strength and Health*. En junio de 1946, Paul Bragg, defensor de los alimentos naturales, escribió una carta a Hoffman para alentarlo a que considerara la venta de produc-

---

136. Conor Heffernan. «Soy, Science And Selling: Bob Hoffman's Hi-Proteen Powder», Physical Culture Study. 15 de junio de 2016. Accedido el 6 de marzo de 2018. https://physicalculturestudy.com/2016/06/15/soy-science-and-selling-bob-hoffmans-hi-proteen-powder/.

tos alimenticios.[137] «Realmente, podemos incrementar tus ganancias, porque el negocio de alimentos no es como el negocio de equipos deportivos. En 1913 compré un juego de pesas de la empresa Milo Barbell y hoy están tan bien como estaban entonces. Pero cuando miles de estudiantes comen tu comida, no tienes idea de los tremendos ingresos que puedes obtener.» Hoffman no se convenció de inmediato, pero en 1951, *Strength & Health* presentaba un anuncio de media página de «Johnson's Hi Protein Food», que estaba «avalado y recomendado por Bob Hoffman, famoso entrenador olímpico» y disponible en exclusiva a través de la York Barbell Company. Hoffman finalmente se hizo conocido por vender una versión reformulada del producto: «Hoffman›s High-Proteen».

A la luz de esta historia, esperaba que Antonio mencionara una larga lista de suplementos cuando le preguntase qué recomienda para la recuperación. En cambio, su consejo fue este: «Primero, duerme. Hay muchos estudios que indican que solo necesitas dormir mucho». También sugirió de 20 a 40 gramos de proteína después del ejercicio y algunos carbohidratos para reponer el glucógeno muscular si eres un deportista de resistencia. «Si te limitas a lo básico, lo harás bien. El problema es que la mayoría de la gente ni siquiera puede hacer lo básico. La gente pregunta, ¿cuál es el secreto? Les contesto... entrenar muy duro, dormir mucho, comer bien y repetirlo muchas veces.»

Es un buen consejo, y Antonio entiende cómo funciona la ciencia rigurosa. «Un estudio no prueba nada. Un estudio es solo parte de un gran cuerpo de información. Tienes que mirar todo el cuerpo», dice.

La mayoría de los suplementos, sin embargo, tienen muy poca solvencia tras ellos. A eso, Antonio esencialmente dice, ¿y qué? Muchas de las afirmaciones sobre la comida tampoco están probadas. «Hay personas del otro lado, en su mayoría dietistas, que piensan

---

137. Una descripción de la influencia de Hoffman en los albores de la nutrición deportiva y la creación de productos proteicos, y de cómo se apropió de ideas de otros puede encontrarse en Daniel T. Hall, John D. Fair y Frank Zane. «The Pioneers of Protein». *Better Nutrition* 8 (mayo/junio 2004): 23–34. http://library.la84.org/SportsLibrary/IGH/IGH0803/IGH0803d.pdf.

que la comida lo hace todo. Y siempre los desafío y les digo, ¿me muestran dónde están los estudios de alimentos? ¿Dónde están los estudios que demuestran que comer un sándwich de jamón después del ejercicio ayuda? ¿Dónde está el estudio que demuestra que el *ketchup* es seguro?»

Si un fabricante de suplementos asegura un resultado, pídele la ciencia que lo sustenta, dice Antonio. «Si no pueden proporcionar eso, no significa que nunca hayan hecho un estudio. No significa que la afirmación del producto sea incorrecta, pero significa que no se han tomado el tiempo de hacer la diligencia debida para financiar un estudio, lo que creo que las compañías de suplementos deberían hacer. No hay mejor marketing que la ciencia.»

No hay mejor marketing que la ciencia... Esa franca confesión de Antonio entronca con el problema principal de la mayoría de los estudios sobre suplementos: no son una búsqueda científica de la verdad, son ejercicios de marketing diseñados para vender productos.

La misma crítica se le hace a los ensayos patrocinados por compañías farmacéuticas, por lo que los estudios clínicos deben seguir cada vez reglas más estrictas diseñadas para que los estudios de medicamentos sean más transparentes. Los investigadores que realizan estudios de drogas en los Estados Unidos ahora deben registrar sus planes y protocolos con anticipación en ClinicalTrials.gov e informar y compartir todos sus resultados, no solo los resultados positivos.[138] Estos requisitos se implementaron para garantizar que los reguladores y el público tengan una visión completa y no solo los resultados seleccionados para hacer que un producto salga bien parado. El sistema no funciona a la perfección y no puede descartar todos los resultados falsos positivos, pero un análisis de 2015 mostró que después del lanzamiento de ClinicalTrials.gov en el año 2000, la proporción de ensayos que encontraron un beneficio posi-

---

138. Elaine Wong y Rebecca Williams. «ClinicalTrials.gov: Requirements and Implementation Strategies», Regulatory Focus, mayo de 2012. Accedido el 11 de marzo de 2018. https://prsinfo.clinicaltrials.gov/publications/Wong-Williams-RAPS-Regulatory-Focus-8May2012.html.

tivo se desplomó.[139] Antes del 2000, el 57 por ciento de los grandes ensayos controlados aleatorios patrocinados por el Instituto Nacional del Corazón, los Pulmones y la Sangre mostraron que el tratamiento funcionaba. Después de 2000, ese número se redujo al ocho por ciento.

Pero tales reglas o convenciones no se aplican a los estudios nutricionales, lo que significa que las compañías de suplementos y los investigadores que financian pueden buscar resultados eficaces hasta que encuentren algo que muestre al producto de manera positiva. Mientras tanto, los resultados nulos se pueden ocultar en un cajón. Para ser justos, a veces el problema de que se archiven estos resultados negativos ocurre no porque los investigadores estén haciendo algo maliciosamente, sino porque las revistas favorecen los resultados positivos sobre los negativos y los nuevos hallazgos sobre las réplicas. A menudo es más fácil ver publicados resultados positivos que negativos. Pero el resultado final es el mismo: la literatura científica publicada puede terminar ponderada hacia resultados positivos.

La mayoría de las revistas tienen un proceso de revisión por pares destinado a eliminar estudios que son demasiado defectuosos para proporcionar información significativa. Pero la competencia para publicar en revistas de primer nivel es feroz, y si tienes un estudio para publicar, ahora puedes omitir la revisión por pares enviándolo a una revista que parezca legítima, pero que no someta los artículos a revisión por pares o a normas científicas rigurosas. Las llamadas «editoriales depredadoras» gestionan revistas que, por una tarifa, publicarán casi cualquier cosa, y han florecido en los últimos años. (Una aceptó para publicación un artículo titulado «Bájame de tu lista de correo de mierda», cuyo texto no era más que esas ocho palabras, repetidas una y otra vez en 10 páginas.)

---

139. Robert M. Kaplan y Veronica L. Irvin. «Likelihood of Null Effects of Large NHLBI Clinical Trials Has Increased Over Time», *PLOS One* 10, n.º 8 (2015). http://journals.plos.org/plosone/article?id=10.1371/journal.pone.0132382.

En un mundo perfecto, la ciencia debería buscar la verdad e ir hacia donde la lleve la evidencia, pero en la práctica los estudios pueden ser utilizados como herramientas de marketing para avalar un mensaje que una empresa quiere promocionar. El diseño del estudio puede inclinar la balanza para obtener un resultado deseado y... listo: ya tenemos una prueba científica. Ni siquiera hace falta que pases por una revisión por pares si estás dispuesto a pagar porque te lo publiquen. Y si el estudio no salió como estaba planificado, lo archivas y vuelves a empezar.

Durante cinco años, el bibliotecario de la Universidad de Colorado Jeffrey Beall publicó un blog con una lista de editoriales depredadoras. Después de cerrar el blog a principios de 2017, escribió sobre lo que había aprendido.[140] «Creo que las editoriales depredadoras representan la mayor amenaza para la ciencia desde la Inquisición», escribió. «Amenazan la investigación al no demarcar la ciencia auténtica de la ciencia metodológicamente errónea, al permitir que la ciencia falsificada, como la medicina complementaria y alternativa, desfile como si fuera ciencia auténtica, y al permitir la publicación de la ciencia activista.» Distinguir la ciencia del marketing se ha convertido en algo así como eliminar noticias falsas en internet. Las fuentes clásicas legítimas son fáciles de detectar, pero luego está la masa cada vez más amplia de fuentes de otro tipo, algunas de las cuales son creíbles y otras no.

◆ ◆ ◆

La mayoría de los que toman suplementos probablemente entienden que los beneficios que promulgan pueden estar exagerados. He hablado con muchos deportistas que dicen que incluso si son la mitad de mágicos de lo prometido, al menos es algo, y en el peor de los casos tan solo estás gastando dinero en algo que no funciona.

---

140. Jeffrey Beall. «What I learned from Predatory Publishers», *Biochemia Medica* 27 n.º 2 (junio de 2017):273-278. doi:10.11613/BM.2017.029.

La triatleta Lauren Barnett también solía pensar de esa manera. Luego se le notificó que la prueba de drogas que había tomado después de su victoria en el triatlón Half Ironman 2016 en Racine, Wisconsin, resultó positiva por ostarine, una droga prohibida para el desarrollo muscular que nunca había escuchado. «No tenía ni idea de cómo pronunciarlo», dice ella. Ella nunca se había dopado a sabiendas, y no tenía idea de cómo esa sustancia desconocida podría haber terminado en su cuerpo. Finalmente, después de comprobar (por su propia cuenta) casi todo con lo que había estado en contacto antes de la carrera, encontró al culpable: una tableta para reponer electrolitos que había tomado para ayudarla a sobrellevar el calor de julio en Wisconsin. (Si hubiera sabido que los electrolitos son solo sales que podría haber obtenido con cualquier desayuno...) Los agentes antidopaje compraron de forma independiente las tabletas de sal que Barnett había tomado y, debido a que sus pruebas confirmaron la presencia de ostarine, Barnett recibió una pena reducida de seis meses de suspensión.

Barnett no ha sido la primera deportista en ingerir una droga ilícita a través de un suplemento adulterado. El abogado que la representó, Howard Jacobs, ha hecho su carrera a base de defender a deportistas que han dado positivo en las pruebas de dopaje después de consumir sustancias prohibidas sin saberlo, a través de un suplemento adulterado. (También defendió a deportistas que luego confesaron haber hecho trampa, como mi antiguo compañero de ciclismo de la Universidad de Colorado Tyler Hamilton, quien a sabiendas se había dopado e insistió en que no lo había hecho.)[141] Otros clientes de Jacobs incluyen al nadador Kicker Vencill, quien en 2003 dio po-

---

141. La primera vez que hablé con el abogado Howard Jacobs fue cuando escribí sobre mi compañero de equipo en la universidad el ciclista Tyler Hamilton. Hamilton dio positivo en las olimpiadas del 2004 en Atenas donde ganó una medalla de plata (dio otra vez positivo tras su victoria en la octava etapa de la Vuelta a España). Hamilton insistió en su inocencia y Jacobs apoyó a su cliente. Christie Aschwanden. «I Believe...», *Bicycling Magazine*, Noviembre de 2007. Disponible en: https://christieaschwanden.files.wordpress. com/2010/09/believe.pdf. En 2012 Hamilton fue al programa de televisión *60 Minutes* y confesó su dopaje (y acusó a Lance Armstrong de también hacerlo). Tyler, a quien consideraba un amigo, nunca se disculpó o reconoció que me mintió en la cara.

sitivo por un precursor de esteroides prohibido, que provino de algo aparentemente inocuo como un complejo vitamínico. Se perdió dos años de competición y la oportunidad de formar parte del equipo olímpico de 2004. Vencill demandó al fabricante de vitaminas, Ultimate Nutrition, y consiguió una indemnización de casi 600.000 dólares.[142] «Debería ser una llamada de atención», dice Jacobs.

Jacobs también defendió a la nadadora Jessica Hardy, quien se perdió los Juegos Olímpicos de verano de 2008 después de dar positivo por clembuterol en las eliminatorias olímpicas, un medicamento para el asma que puede aumentar el crecimiento muscular. Un laboratorio independiente comprobó sus suplementos y rastreó el medicamento hasta un producto llamado Arginine Extreme, fabricado por la misma compañía, AdvoCare, que patrocina a Prodromides, campeona de CrossFit. La compañía negó la culpabilidad,[143] pero las pruebas que presentó Hardy en su defensa fueron lo suficientemente convincentes como para convencer a la Agencia Mundial Antidopaje de que se había dopado inadvertidamente a través de un suplemento adulterado, y recibió solo una suspensión de un año en lugar de los dos años habituales.[144]

---

142. «Flash! Kicker Vencill Wins Suit Against Nutrition Company, Awarded Almost $600K», *Swimming World*, 13 de mayo de 2005. Accedido el 15 de febrero de 2018. https://www. swimmingworldmagazine.com/news/flash-kicker-vencill-wins-suit-against-nutrition-company-awarded-almost-600k/. Después del veredicto, se llegó a un acuerdo. Como parte del mismo, Vencill desestimó la demanda. «No tuvo nada que ver con los méritos de la demanda, era solo una condición del acuerdo» dijo Jacobs. «Kicker Vencill estuvo muy satisfecho con los términos del acuerdo».

143. Según una nota de prensa de AdvoCare del 25 de julio de 2008, «contrariamente a lo que dicen algunos reportajes falsos o equivocados, los productos de AdvoCare no contienen ingredientes prohibidos por la USADA (Agencia de Estados Unidos Contra el Dopaje) o la WADA (Agencia Mundial Antidopaje) que monitorean los deportes olímpicos, ni por la NCAA, NFL, MLB, NBA, NHL, MLS o NASCAR». Accedido el 27 de abril de 2018. La empresa demandó a Hardy por difamación. Según el abogado de Hardy, Howard Jacobs, la demanda de AdvoCare contra ella fue desestimada, mientras que en su caso contra la empresa se llegó a un acuerdo. Agregó que «Jessica está muy contenta con el acuerdo alcanzado».

144. CAS 2009/A/1870 World AntiDoping Agency (WADA) v. Jessica Hardy & USADA, acuerdo arbitral dictado por la Corte de Arbitraje del Deporte. Accedido el 27 de abril de 2018. https://www.usada.org/wp-content/uploads/hardy_jessica_CAS_Decision_supplement411.pdf.

Los CrossFit Games también realizan pruebas antidopaje, pero Prodromides no está preocupada. AdvoCare se unió a un programa llamado Informed Choice que prueba productos para buscar sustancias en las listas de medicamentos prohibidos contra el dopaje. «Garantiza que lo que hay en el producto está en la etiqueta, por lo que no tengo que preocuparme por las pruebas de drogas. Sé que es legítimo», dice Prodromides.

Jacobs es tan solo uno de la media docena de expertos que me dijeron que los deportistas son tontos si confían en tales garantías. «Cualquier deportista que piense que ha investigado y que es imposible que un producto esté adulterado, se está engañando a sí mismo», dice. Si bien numerosos programas han surgido con promesas de asegurar la calidad de los suplementos: «No es una garantía, y se sabe que no lo es, porque ninguno de ellos ofrece grandes compensaciones a los atletas si dan positivo en una prueba». Ninguna empresa puede garantizar que sus productos sean puros. Ninguna empresa puede garantizar que sus productos no estén adulterados.

La excusa del suplemento vitamínico puede ser una coartada conveniente. Quienes recurren al doping pueden encontrar algún suplemento dudoso y luego usarlo como escudo por si los atrapan. No hay duda de que esta coartada ha sido utilizada. En 2012, Melky Cabrera, la estrella de los San Francisco Giants, llegó hasta a crear una compañía ficticia y un suplemento falso para intentar probar que a eso se debió su positivo por testosterona que le podía costar una suspensión de cincuenta partidos.[145] En lugar de exonerar a Cabrera, el amaño, que incluía el pago de 10.000 dólares para crear una página web falsa para el producto falso, dejó un rastro de pistas que llevaron a los investigadores a descubrir el plan de Cabrera.

---

145. Teri Thompson, Bill Madden, Christian Red, Michael O'Keeffe y Nathaniel Vinton. «Daily News Uncovers Bizarre Plot by San Francisco Giants' Melky Cabrera to Use Fake Website and Duck Drug Suspension», *New York Daily News*, domingo 19 de agosto de 2012. Accedido en febrero de 2018. http://www.nydailynews.com/sports/baseball/exclusive-daily-news-uncovers-bizarre-plot-melky-cabrera-fake-website-duck-drug-suspension-article-1.1139623.

Los deportistas que no pasan una prueba de drogas no pueden simplemente culpar a un suplemento para obtener una sanción reducida, dice Amy Eichner, asesora especial sobre drogas y suplementos para la Agencia Antidopaje de los Estados Unidos. La agencia debe verificar independientemente la adulteración antes de considerar cualquier acuerdo. Su agencia ha pasado años tratando desesperadamente de aleccionar a los deportistas sobre los peligros de tomar suplementos, que pueden estar enriquecidos o adulterados con esteroides, estimulantes u otros ingredientes ilícitos y potencialmente peligrosos que no figuran en la etiqueta. Es un problema que solo va a ir a peor a medida que la industria de suplementos deportivos crezca.[146]

El problema de los suplementos adulterados se ha vuelto tan urgente que la USADA (Agencia Americana Antidopaje) creó un programa llamado Suplementos 411 para informar a los atletas sobre los riesgos de ingerir una droga prohibida o una sustancia potencialmente peligrosa a través de un suplemento.[147] El grupo no puede y no asegurará a los deportistas si algún suplemento es seguro, pero la USADA sí tiene una larga lista de advertencia de productos que contienen ingredientes no listados o de riesgo. «Rutinariamente, encontramos sustancias prohibidas en los suplementos que comprobamos», me dijo Eichner. No es exactamente un problema nuevo: la Comisión Médica del COI ha advertido a los deportistas sobre los riesgos potenciales que representan los suplementos desde 1997.[148] Eichner y Tygart estiman que hay más de mil productos que contienen estimulantes no declarados, esteroides anabólicos-androgénicos o productos farmacéuticos.

---

146. Eichner y Tygart. «Adulterated Dietary Supplements»

147. La USADA, Agencia Antidopaje de Estados Unidos, publica información sobre los suplementos que incluyen una lista de aquellos que son de «alto riesgo» en su web. Accedida en febrero de 2018. https://www.usada.org/substances/supplement-411/.

148. «IOC Nutritional Supplements Study Points To Need For Greater Quality Control», nota de prensa del COI (Comité Olímpico Internacional) del 4 de abril de 2002. Accedido el 15 de febrero de 2018. https://www.olympic.org/news/ioc-nutritional-supplements-study-points-to-need-for-greater-quality-control.

¿Cómo se introducen los ingredientes no declarados en los suplementos, en primer lugar? Hay dos escenarios probables. Uno, el ingrediente ha sido puesto allí deliberadamente para hacer que el suplemento haga algo, preferiblemente lo que se supone que hace. Esta es la razón por la cual los suplementos para la disfunción eréctil a menudo se combinan con Viagra y las píldoras para perder peso comúnmente contienen estimulantes no declarados. Muchas de las advertencias de la FDA sobre los suplementos deportivos han involucrado a productos con nombres exagerados que contenían esteroides anabólicos, pero incluso sustancias benignas, como las proteínas en polvo, se han revelado como ingredientes no declarados.

Una investigación de *Consumer Reports* en 2010 examinó los polvos de proteínas y las bebidas de proteínas en el mercado y descubrió que algunas de ellas contenían demasiado arsénico, cadmio o plomo, por lo que tres porciones podrían hacer que un consumidor excediera los límites diarios extraídos de la Farmacopea de los Estados Unidos (USP).[149] Al menos dos atletas, el jugador de la NFL Michael Cloud y el conductor de trineos olímpico Pavle Jovanovic, han señalado una proteína en polvo como la fuente de los precursores de esteroides que aparecieron en sus pruebas de dopaje.[150] (Sus juicios contra los fabricantes de los productos se resolvieron fuera de los tribunales.)

A pesar de que las compañías de suplementos aseguran que sus productos son puros, la USADA advierte a los deportistas de que no puede garantizar la seguridad ni la pureza de ningún suplemento. Claro, es probable que los productos certificados por un programa como Informed Choice sea más difícil que estén adulterados que los no certificados, pero es a riesgo del comprador.

---

149. «Health Risks of Protein Drinks: You don't Need the Extra Protein or the Heavy Metals Our Tests Found», *Consumer Reports*, julio de 2010. Accedido el 15 de febrero de 2018. http://www.consumerreports.org/cro/2012/04/protein-drinks/index.htm.

150. Cloud y Jovanovic aportaron muestras de un producto de proteína de suero que tenía metabolitos de nandrolona (un esteroide prohibido) que no figuraba en la etiqueta. Los resultados de la evaluación fueron televisados en el programa de Bryant Gumbel *Inside Sports* de la HBO. Greenwood, Mike, Douglas S. Kalman y Jose Antonio. *Nutritional Supplements in Sports and Exercise* (2008). https://doi:10.1007/978-1-59745-231-1.

◆ ◆ ◆

Los suplementos contaminados no son solo un riesgo para los deportistas sujetos a pruebas de antidoping. También pueden enfermarte. Un estudio del *New England Journal of Medicine* calculó que los suplementos dietéticos son responsables de 23.000 visitas a la sala de urgencias al año en los Estados Unidos.[151] En 2011, después de que dos soldados murieran por tomar suplementos que contenían un estimulante similar a la anfetamina llamado Dimetilamilamina o DMAA, el Departamento de Defensa prohibió que se vendiera el producto en las bases militares.[152] En 2013 la FDA emitió una advertencia de que un estimulante similar a la anfetamina llamado dimetilamina o DMAA, se encuentra en algunos suplementos (uno de ellos, el producto de USP Labs llamado «Jack3d», podría, además, elevar el ritmo cardíaco y la presión arterial y posiblemente provocar un ataque al corazón».[153] Los suplementos permanecieron en algunas tiendas, mientras se le pedía a los fabricantes evidencias de que sus ingredientes eran seguros, pero en julio de 2013 USPlabs voluntariamente destruyó su inventario de DMAA en su fábrica de Dallas, mientras que la FDA sigue advirtiendo en contra del consumo de DMAA.[154]

Los suplementos de diferentes compañías pueden parecer distintos entre sí, pero a menudo están constituidos por los mismos

---

151. Andrew I. Geller, Nadine Shehab, Nina J. Weidle, Maribeth C. Lovegrove, Beverly J. Wolpert, Babgaleh B. Timbo, Robert P. Mozersky y Daniel S. Budnitz. «Emergency Department Visits for Adverse Events Related to Dietary Supplements». *New England Journal of Medicine* 373 (16) (2015). Massachusetts Medical Society: 1531–1540. doi:10.1056/NEJMsa1504267.

152. El 7 de diciembre de 2011, el Departamento de Defensa de Estados Unidos prohibió que se vendiesen en sus bases militares todos los productos que tuvieran DMAA. https://web.archive.org/web/20130302012755. Accedido en julio de 2018.

153. La alarma de la FDA acerca de los potenciales peligros de Jack3d y otros productos con DMAA fue emitida el 11 de abril de 2013. FDA Consumer Update. «Stimulant Potentially dangerous to Health, FDA warns», 11 de abril de 2013. Accedido el 27 de abril de 2018. https://www.fda.gov/ForConsumers/ConsumerUpdates/ucm347270.htm.

154. Según una declaración de la FDA: «El 2 de julio de 2013 USPlabs voluntariamente destruyó sus productos que contenían DMAA en su depósito de Dallas, Texas». https://www.fda.gov/FOod/DietarySupplements/ProductsIngredients/ucm346576.htm.

componentes, y muchos de estos ingredientes crudos se hacen en el extranjero, a menudo en China. ¿De dónde vienen los aminoácidos de tu proteína en polvo? Buena suerte para encontrar una buena respuesta, dice Anthony Roberts, un excolaborador de empresas de suplementos, que ahora escribe sobre la industria. Los ingredientes de los suplementos a menudo se obtienen de subproductos animales, dice, pero es difícil rastrear definitivamente el origen de la mayoría de los ingredientes.

No es suficiente con que la compañía empaquete y venda el suplemento para ser respetable. Sus proveedores deben garantizar la calidad de las materias primas, y las garantías no siempre son fiables.[155] Parece que casi todas las semanas, la FDA da un aviso sobre un suplemento adulterado con un producto farmacéutico no declarado o que causa algún tipo de daño médico. Sin embargo, estos avisos y llamadas de advertencia no necesariamente detienen la venta de los productos. Algunas compañías que reciben llamadas de advertencia continúan vendiendo sus productos de riesgo.[156]

¿Por qué la FDA no garantiza que los suplementos sean seguros y no adulterados antes de que salgan a la venta? Porque, por ley, no puede.[157] La Ley de educación y salud de los suplementos dietéticos de 1994 (DSHEA) prohíbe a la FDA exigir a los fabricantes de suple-

---

155. Hay un caso pendiente contra la empresa de suplementos USPlabs, acusada de asegurar a sus distribuidores que utilizaban extractos de productos naturales cuando en realidad utilizaban estimulantes sintéticos hechos en una fábrica química de China. https://www.fda.gov/newsevents/newsroom/pressannouncements/ucm473099.htm. En el año 2013 USPlabs se vio envuelta en 56 casos de fallo hepático vinculados al suplemento OxyPro Elite, que se suponía que era un favorecedor del crecimiento muscular y ayudaba a la pérdida de peso. Algunos usuarios necesitaron trasplantes de hígado y uno murió.

156. El investigador de Harvard Peter Cohen y sus colegas han documentado casos de empresas que a pesar de haber recibido advertencias no han eliminado determinados productos de la venta al público. Peter A. Cohen, Gregory Maller, Renan DeSouza y James Neal-Kababick. «Presence of Banned Drugs in Dietary Supplements Following FDA Recalls». *Journal of the American Medical Association* 312 (16) (2014): 1691–1693. https://doi:10.1001/jama.2014.10308.

157. Para más detalles acerca de las limitaciones de la FDA en la protección a los clientes ante los suplementos peligrosos: Catherine Price, *Vitamania: How Vitamins Revolutionized the Way We Think About Food*, Penguin Press, 2015.

mentos que demuestren la seguridad o la eficacia de sus productos. De hecho, es asunto de las compañías garantizar que sus productos sean seguros, y la FDA solo puede pedir la retirada si la agencia puede probar que un suplemento es dañino. Las reglas hacen muy difícil que la FDA retire productos peligrosos del mercado, dice Joshua Sharfstein, excomisionado adjunto de la FDA. La FDA identificó casi 800 marcas diferentes de suplementos que están adulterados con medicamentos, pero solo una pequeña fracción de ellos han sido retirados del mercado. Incluso cuando la FDA identifica un problema, puede llevar años hacer algo significativo al respecto. Más de 100 personas, incluido el lanzador de los Baltimore Orioles Steve Bechler, murieron después de tomar ephedra, un suplemento que pretendía aumentar la energía, y aun así la FDA tardó diez años en prohibirlo. «Sin una mayor supervisión, creo que es peligroso tomar suplementos», dice Sharfstein.

Los intentos por otorgar a la FDA más poder para proteger a los consumidores han sido bloqueados por la industria de la nutrición y los suplementos, que gastaron 4 millones de dólares en ejercicio de lobby solo en 2014, y destinaron otros 1,1 millones a los candidatos y grupos políticos.[158] Según la DSHEA, la FDA no es responsable de verificar la seguridad de los suplementos antes de que se vendan, ni tampoco se requiere que ninguna agencia gubernamental pruebe los suplementos para determinar su seguridad o eficacia. La FDA ni siquiera tiene una manera de rastrear lo que se está vendiendo.

En una publicación del blog de 2009, Roberts describió cómo introdujo legalmente una nueva hierba en el mercado de los suplementos sin realizar ensayos de seguridad ni investigación clínica.[159] El suplemento contenía una hierba, *Fadogia agrestis*, que solo se ha-

---

158. La industria tiene muchas organizaciones que hacen lobby como el Council for Responsible Nutrition. El senador retirado de Estados Unidos Orrin Hatch repetidamente ha hecho esfuerzos para evitar la regulación de la industria, que tiene una gran presencia en Utah. Tiene parientes que trabajan en la industria.

159. Anthony Roberts. «Inside the Nutritional Supplement Industry», Anthony Roberts blog, 28 de abril de 2009. Accedido en mayo de 2008. https://anthonyrobertssteroidblog. wordpress.com/2009/04/28/inside-the-nutritional-supplement.industry/.

bía estudiado en ratas. «Todo lo que tuve que hacer fue leer un estudio que decía que aumentaba la testosterona, y después de *googlear* un poco descubrí que había sido usado durante décadas en Nigeria como un remedio popular para tratar la disfunción eréctil, y ya estaba listo para salir al mercado. Si se ha utilizado durante años en Nigeria, probablemente no matará a nadie. Pero el problema es que la FDA habría tenido que comprobar que no era seguro para que se retirara del mercado, y solo así. Yo no tuve que demostrar que era seguro en absoluto para utilizarlo», escribió Roberts. Dio a un minorista de venta de suplementos *online* una comisión del 50 por ciento de las regalías a cambio de anunciar el producto, denominado MyoGenX, que rápidamente se convirtió en un éxito de venta. «Desafortunadamente, después de que el producto estuvo en el mercado durante varios meses, se publicó un estudio que demostraba que la dosis que había estado usando —1500 mgs/al día— no era segura», escribió Roberts.

Para entonces, MyoGenX estaba fuera del mercado, pero otras compañías estaban fabricando productos que ocultaban la cantidad de hierba que realmente estaba presente en el producto al llamarlo «mezcla patentada», lo que permite a los fabricantes mantener en secreto la cantidad de ingredientes. La norma está destinada a proteger la propiedad intelectual, dice Roberts. «En lugar de eso, permite a los fabricantes "aplicar polvos mágicos" a sus productos con dosis ineficaces, y aun así afirmar que tienen la composición en la etiqueta.» Roberts sospecha que los productos que lo han copiado no contienen cantidades importantes de la hierba, pero ¿quién sabe?

◆ ◆ ◆

Si los suplementos son poco fiables y no están probados, ¿por qué tantos deportistas todavía los toman? «Queremos creer en la magia», dice Catherine Price, autora de *Vitamania*, un libro acerca de las vitaminas y la industria de los suplementos. «Estamos preparados para creerlo. La industria de los suplementos ha hecho un gran trabajo para convencernos.» John Swann, historiador de la FDA, señala que el auge del uso de suplementos se produjo en un momento en que las personas se hacían cargo de su propia atención médica, se automedicaban. Los suplementos dan a la gente una sensación de autonomía sobre su salud y estado físico. Son algo tangible que las personas pueden hacer para mejorar mediante los beneficios prometidos, y si usted es un deportista que apunta a la cima, no puede dejar pasar ningún posible beneficio sin probar. La idea de que el ejercicio crea necesidades nutricionales extraordinarias no tiene mucho sentido cuando se considera que el cuerpo fue hecho para moverse (ser sedentario es lo que hace que nuestras necesidades nutricionales no tengan sentido). Sin embargo, se nos dice una y otra vez que nuestros cuerpos necesitan un cuidado nutricional especial cuando están en activo.

Pero más que nada, los suplementos se han vuelto populares entre los atletas porque la industria se ha abierto camino en la cultura del deporte. Los fabricantes de suplementos traen dinero a la mesa y distribuyen este dinero entre organizaciones, entrenadores, equipos y atletas a título individual. En el camino, muchas personas tienen la oportunidad de hacer dinero. No es raro encontrar entrenadores que vendan suplementos a atletas, y los gimnasios y las buenas tiendas deportivas también pueden participar del pastel, porque los productos pueden proporcionar un ingreso estable. Como señaló Paul Bragg en los años 40, si puedes convencer a los deportistas de que necesitan tus píldoras y polvos, puedes crear un flujo constante de ingresos.

Un informe reciente del Comité Olímpico Internacional afirma que las razones por las que los deportistas citan el uso de suplementos «a menudo se basan en creencias infundadas en lugar de en una comprensión real de lo que suponen, y pueden ser el simple reflejo de las recomendaciones de personas influyentes en lugar de las de expertos en el tema». En otras palabras, los deportistas están siendo alentados a tomar suplementos por personas que pueden estar bajo la influencia de la publicidad o intereses creados. Mientras la USADA le dice a los deportistas por un oído que tomar suplementos los expone al riesgo de no superar las pruebas de dopaje, las mismas compañías que hacen estos productos les susurran al otro oído: toma algo de dinero de patrocinio y productos gratuitos. Mientras tanto, los equipos, las ligas y las federaciones deportivas aceptan dinero de las compañías de suplementos, lo que a su vez alimenta el ciclo de FOMO (miedo a perderse algo) al otorgar su legitimidad a estos productos. Aunque la gente de USADA nunca lo dice, puedo escuchar la frustración en sus voces. Su mensaje de precaución es ahogado por mensajes de marketing y dólares de patrocinio. Están peleando una batalla perdida.

Un estudio de 2017 sacó a la luz que la mayoría de los deportistas obtienen su información sobre suplementos dietéticos de entrenadores, amigos y familiares.[160] La mayoría de los entrenadores tienen poca capacitación científica, y las compañías de suplementos los inundan con información promocional sobre nutrición, y sus mensajes generalmente caen en oídos dispuestos a recibirlos. Es atractivo pensar que algo tan simple como una píldora o un batido podría darnos un extra. Con un poco de marketing basado en algo de ciencia, las afirmaciones obtienen un brillo de veracidad y todo parece plausible y potente. Hay una razón por la cual los vendedores de pócimas milagrosas han florecido durante siglos: todos estamos ávidos por creer en ellas.

---

160. Bryan E. Denham. «Athlete Information Sources About Dietary Supplements: A Review of Extant Research». *International Journal of Sport Nutrition and Exercise Metabolism* 27 (4) (2017): 325–334. https://doi:10.1123/ijsnem.2017-0050.

# 9

# Perder tu enfoque

Con un escuálido cuerpo de corredor de distancia y una mata de cabello rubio, Ryan Hall fue una vez la gran esperanza de Estados Unidos para el maratón. No solo era bueno, sino que estaba sumamente motivado. Creció en Big Bear, California, con un padre que era maratonista y triatleta. Cuando era estudiante de secundaria, Hall quería jugar al fútbol o al baloncesto. «Odiaba correr», dice. Entonces, un día, en octavo curso, mientras se dirigía a un partido de baloncesto, su vista se fijó en un lago cercano al camino por el que pasaba. «Era como si Dios solo me hubiera otorgado el deseo de correr alrededor del mismo», dice Hall, cuya fe religiosa juega un papel dominante en su identidad. «Algo sucedió en ese momento y el deseo se despertó en mí. Solo puedo explicarlo como una obra de Dios.» Le dijo a su padre lo que quería hacer, y el sábado siguiente, fueron a dar la vuelta al lago, un total de 25 kilómetros. «Simplemente, salimos a estirar las piernas, pero fue un largo y duro recorrido.» La elección del calzado —zapatos de baloncesto— no ayudó. «Me salieron ampollas después de esa vuelta.» Pero no importaba. Ya estaba enganchado.

«Me encantó la sensación de salir a darlo todo», dice Hall. «Mi padre me preparaba programas de entrenamiento semanales y yo siempre lo presionaba para que me permitiera hacer más. Siempre quise hacer más.» Es una reacción común entre los novatos: la idea de que si un poco de entrenamiento te permite obtener un pequeño logro, mucho entrenamiento te puede dar mucho más. En su primer año del secundario, Hall corría del orden de 130 kilómetros por semana, y durante el verano de su último año su kilometraje semanal alcanzó el rango de 160 kilómetros, una cifra más típica de un maratonista de élite que de un corredor de instituto. «Incluso cuando estaba entrenando para pruebas más cortas, siempre fui un corredor de grandes distancias», dice, refiriéndose al gran volumen de kilómetros que recorrió a lo largo de su carrera. Se exigió mucho siempre, y durante un tiempo este enfoque dio sus frutos. Como corredor del instituto y de campo a través, ganó varios campeonatos estatales y estableció el récord del estado de California en los 1600 metros.[161] También terminó tercero en el 2000 Foot Locker *Cross Country Championships*, el principal evento de la escuela secundaria. En la Universidad de Stanford, tuvo problemas con las lesiones, pero terminó segundo en los campeonatos de cross country de la NCAA del año 2003 y ganó un título de pista al aire libre de la NCAA en 2005 con su victoria en los 5.000 metros.

Después de la universidad, Hall se abrió camino en los libros de récords. En 2007 se convirtió en el primer estadounidense en bajar de una hora en la media maratón. Su tiempo de 59:43 fue lo suficientemente rápido como para ganar el Campeonato de Medio Maratón de los Estados Unidos en Houston, donde cruzó la línea de meta con un puño alzado triunfalmente en el aire. La mayoría de los corredores avanzan gradualmente hasta el maratón en cuestión de años, pero Hall ya tenía la vista puesta en esa distancia. Más tarde, ese mismo año, estableció otro récord nacional, esta vez para el debut en maratón más rápido, al correr en 2:08:24 el maratón de Londres (quedó en séptimo lugar). A pesar del registro, Hall dice que no fue una de sus mejores actuaciones. «Para cuando la carrera tuvo lugar, sentía que me faltaba entrenamiento. Me sentía un poco acartonado.» Ese poco de fatiga fue un atisbo de cosas por venir, pero él siguió

---

161. En 2001, Ryan Hall se convirtió en campeón estatal de California en los 1600 metros con un récord de 4:02.

esforzándose. Sus ojos estaban en los kenianos y los etíopes que dominan el maratón, y estaba decidido a seguir acelerando hasta que pudiera correr con ellos. «Desde el principio, sentí que esta era mi vocación. Sabía cuál iba a ser mi destino», dice. Su primera (y única) victoria en el maratón llegó en las clasificatorias olímpicas de 2008, y luego finalizó décimo en los Juegos Olímpicos de Beijing con 2:12:33.

La carrera más destacada de Hall llegó en 2011, cuando corrió el maratón más rápido jamás registrado por un estadounidense, 2:04:58, finalizando cuarto en el legendario maratón de Boston.[162] Por primera vez en tres décadas, un corredor nacido en Estados Unidos se había convertido en un legítimo contendiente en el maratón, un logro que provocó comparaciones con las leyendas del maratón estadounidense Bill Rodgers y Frank Shorter. Todos los ojos estaban puestos en él.

En otoño, después de esa carrera en Boston, Hall corrió 2:08:04 en el maratón de Chicago, suficiente para alcanzar el quinto lugar y efectuar uno de los diez maratones más rápidos de un estadounidense. Después de eso, las cosas empezaron a desmoronarse. Terminó segundo en las clasificatorias olímpicas de 2012, pero luego abandonó el maratón de Londres antes de la mitad del camino, y también se retiró del maratón de la ciudad de Nueva York de ese año, culpando a la fatiga.[163] Al año siguiente, planeaba correr los maratones de Boston y Nueva York, pero no comenzó ninguno de ellos debido a las lesiones. No terminó otro maratón hasta el 2014, cuando cruzó la línea en el maratón de Boston en el vigésimo lugar, trece minutos más lento que en 2011. Al año siguiente, Hall intentó regresar al maratón de Los Ángeles, pero después de un comienzo espectacular en

---

162. El tiempo no calificó como un récord americano oficial, porque las reglas de la IAAF no califican carreras punto a punto para otorgar récords, para que no tengan un beneficio injusto por aspectos como el viento a favor, como el que ayudó a Hall a realizar su espectacular tiempo, o en el caso de Boston, una carrera con mucha más bajada. Ver: http://running.competitor.com/2012/04/news/should-the-boston-marathon-be-record-legal_50540.

163. El maratón de Nueva York de ese año fue cancelado debido al paso del huracán Sandy.

el que salió con el grupo que iba en cabeza, abandonó la carrera cerca de la mitad del camino, una vez más vencido por una fatiga persistente.

Hall se encontró a sí mismo en un ciclo al que llama «el camino de la vergüenza». Se ataba las zapatillas de correr, salía a correr y en 15 minutos su cuerpo se apagaba, como si su batería se hubiera quedado sin líquido. Incapaz de continuar, se daba la vuelta y caminaba de regreso. «Sentí que era alérgico a correr, como si me estuviera derritiendo en la calzada», dice. Había caído en un pozo de fatiga tan profundo que no podía salir. «Mi cuerpo me estaba diciendo: lo he dado todo y no me queda nada más por dar.»

Cuando Hall se retiró de las carreras en enero de 2016 a los 33 años, sintió que había quemado todas sus cerillas. Vio ante él una elección. «Puedo seguir luchando con esto durante otros dos, tres o cuatro años y seguir corriendo cada vez peor, o puedo seguir adelante con mi vida.» En esas circunstancias, la decisión de renunciar fue un alivio.

◆ ◆ ◆

¿Qué le sucedió a Hall? ¿Cómo había pasado de ser el gran corredor de maratón estadounidense a algo como *El día de la marmota*, atascado en ese interminable camino de la vergüenza? Puede que se sintiera agotado, pero no estaba enfermo. «Me hicieron análisis de sangre y nutrición y no había nada que me indicara: si solucionas esto, te sentirás mucho mejor», me dijo. Al contrario, había caído en un ciclo de rendimiento disminuido que se conoce comúnmente como «síndrome de sobreentrenamiento».

La corriente actual sostiene que el síndrome de sobreentrenamiento es lo que sucede cuando el estrés del entrenamiento ya no provoca adaptaciones y, en cambio, lanza a un deportista en espiral hacia un estado prolongado de fatiga. Hall estaba entrenando duro, pero en lugar de volverse más fuerte y más rápido, estaba cada vez más cansado y no podía recuperar su nivel anterior de rendimiento. En lugar de adaptarse, su cuerpo dijo: ¡basta!

Puedes detectar a un deportista con síndrome de sobreentrenamiento porque «pierde su enfoque, ya no tiene la magia que lo hizo
bueno», dice Carl Foster, Director del Laboratorio de Rendimiento
Humano de la Universidad de Wisconsin-La Crosse y autor de la declaración de consenso conjunta de 2013 sobre el síndrome de sobreentrenamiento del Colegio Europeo de Ciencias del Deporte y el
Colegio Americano de Medicina Deportiva.[164] El deportista sobreentrenado está más que cansado. «Lo dejas descansar durante unos
días o una semana y aún no ha recuperado aquello que lo hacía mágico», dice Foster. Ya no puede rendir, pero no hay nada objetiva-
mente incorrecto. «Le haces pruebas y un médico encontrará que no
hay nada malo. No está enfermo, no hay nada roto, pero simplemente no está bien.»

Una caída inexplicable en el rendimiento sigue siendo el síntoma
distintivo del síndrome de sobreentrenamiento. Sin embargo, incluso después de décadas de estudio, todavía no hay criterios o pruebas
definitivos para identificarlo. En cambio, es un diagnóstico realizado
para descartar otras posibilidades. En el caso de Hall, su rendimiento se desplomó sin ninguna razón obvia, y cuando se descartó la
anemia, el hipotiroidismo y otras posibles enfermedades o afecciones, el sobreentrenamiento se mantuvo como la causa más probable.
A pesar de que su testosterona era baja, Hall me dijo que siempre
había sido baja y probablemente es solo su estado natural, ya que no
ha cambiado desde su retirada, a pesar de haber ganado peso y hacer
levantamiento de pesas, que se supone que la aumenta.

Lo que hace que el sobreentrenamiento sea tan complicado es
que sus síntomas, que también incluyen dolor muscular, fatiga extrema, problemas para dormir y trastornos del estado de ánimo (la
mayoría de las veces, depresión o ira), son muy similares a los que

---

164. Romain Meeusen, Martine Duclos, Carl Foster, Andrew Fry, Michael Gleeson, David
Nieman, John Raglin, Gerard Rietjens, Jürgen Steinacker y Axel Urhausen. «Prevention,
Diagnosis, and Treatment of the Overtraining Syndrome: Joint Consensus Statement of
the European College of Sport Science and the American College of Sports Medicine».
Medicine and Science in Sports and Exercise 45 (1) (2013): 186–205. https://doi:10.1249/
MSS.0b013e318279a10a.

se producen normalmente con un entrenamiento muy duro. Los deportistas pueden experimentar alguno o todos estos síntomas durante un campo de entrenamiento, por ejemplo, y generalmente son una señal de que el entrenamiento está teniendo el efecto deseado. Los períodos de entrenamiento duro están destinados a llevar a un deportista a un estado de extenuación, donde el cuerpo está en tensión más allá de sus capacidades corrientes para inducir una adaptación al entrenamiento. Cuando los deportistas se exceden, están demasiado al límite, y lo sienten. Durante el período de entrenamiento intenso, estarán demasiado cansados para rendir al máximo, pero después de un poco de descanso, generalmente se recuperarán.

La diferencia entre los estados de extenuación y el sobreentrenamiento solo puede verse retrospectivamente, observando cuánto tiempo duran. El llamado «sobredimensionamiento funcional» lleva al atleta a una condición de fatiga y este agotamiento puede continuar por un tiempo. Pero la clave es que no dura, después de un período de descanso de varios días o quizás hasta unas pocas semanas, el rendimiento del atleta se recupera, incluso es mejor que antes. Los corredores se vuelven más rápidos, los atletas de fuerza se hacen más fuertes. Sin embargo, con el síndrome de sobreentrenamiento, el rendimiento del atleta no regresa a la línea de base, y la investigación más reciente sugiere que, por lo general, demora al menos seis meses superarlo, dice Foster. «Eso si llegas a superarlo. Para algunas personas, sus carreras han terminado.»

El entrenamiento por sí solo no puede explicar la condición, ya que puede afectar a un deportista de un equipo sí y a otro no, incluso al someterse exactamente al mismo régimen de entrenamiento. Esto quiere decir que, a pesar de su nombre, el síndrome de sobreentrenamiento no es un fracaso del entrenamiento, es un fracaso de la recuperación. Por alguna razón, la capacidad del deportista para adaptarse se ha truncado y el cuerpo ya no puede absorber el nuevo entrenamiento. Según Foster, «estamos bastante seguros de que no es el entrenamiento *per se* el que lo causa. Sino que es el estrés total del deportista».

«Existe la creencia de que no puedes sobreentrenarte, solo puedes subrecuperarte», dice Shona Halson, fisióloga del Instituto Australiano de Deportes. «Si estás durmiendo bien y estás comiendo bien y tienes un estrés mínimo en tu vida, entonces potencialmente puedes llevar una carga de entrenamiento más y más pesada.» La recuperación es el paso limitante. Para transmitir este punto, algunos investigadores en el Reino Unido han propuesto cambiar el nombre del síndrome de sobreentrenamiento por «síndrome de bajo rendimiento sin explicación» o UUPS (Unexplained Underperformance Syndrome). Este cambio quitaría el énfasis en el entrenamiento y alentaría a las personas a centrar su atención en los factores que obstruyen la recuperación.

Resulta que la capacidad del cuerpo para recuperarse puede verse obstaculizada por una multitud de factores: el sueño insuficiente, el descanso insuficiente entre esfuerzos duros, la mala nutrición, un virus del resfriado molesto o, comúnmente, el estrés psicológico. Para el cuerpo, dice Halson, el estrés es estrés, ya sea que se trate de un entrenamiento duro, una competencia, una ruptura romántica o, si eres un estudiante-deportista y se trata de la ansiedad ante los exámenes finales.

◆ ◆ ◆

Entonces, ¿estaba Ryan Hall simplemente recuperándose poco? Él es el primero en admitir que la recuperación nunca fue su fuerte. Le gustaba exigirse, y se sentía inquieto cuando descansaba. «Odiaba hacer descansos», dice. «Estás tan acostumbrado a perseguir objetivos que poder relajarte es un gran desafío.»

Hall había comenzado su entrenamiento de maratón bajo la dirección de Terrence Mahon, conocido por entrenar a los grandes maratonistas Meb Keflezighi y Deena Kastor. «El trabajo principal de un entrenador es frenar al deportista», dice Hall, pero como atleta, admite que no siempre cumplió. Mahon le ordenó a Hall que se tomara dos semanas de descanso completas después de cada maratón. «Después de tomarme estas dos semanas de descanso tras cada maratón, sentía que estaba empezando desde cero.» Después del maratón de Londres en 2007, Hall decidió: «No voy a tomarme un descanso. Simplemente, voy a seguir como siempre». Trabajó tan duro en la preparación para esa carrera que temía perder su condición física ganada con tanto esfuerzo si descansaba. «Cuando llegó el verano, me encontraba muy mal y cada vez más lento.» Con su siguiente maratón de pruebas olímpicas en peligro, finalmente se vio obligado a tomar una semana de descanso para recuperarse, pero llegó en un momento crucial del entrenamiento.

Mirando hacia atrás después de su retirada, Hall desearía no haberse saltado las semanas de descanso prescritas. Si lo tuviera que hacer otra vez, dice: «Me obligaría a tomarme dos semanas completas y a engordar y perder la forma, eso funcionó cada vez que lo probé. Veo que esos descansos son lo que me permitió correr tan rápido como lo hice».

Después de un gran ataque de fatiga que lo obligó a retirarse del maratón de Chicago en 2010, Hall se separó de Mahon para entrenarse, con la guía de Dios. «Lo llamé entrenamiento basado en la fe», dice, y señaló que una vez mencionó a «Dios» en un formulario de prueba de drogas que pedía el nombre de su entrenador.

Sin embargo, Hall no dependía únicamente del poder celestial. Antes del maratón de Boston de 2011, buscó el consejo de una fuente distinta: un entrenador de triatletas llamado Matt Dixon. Entre la comunidad deportiva de resistencia, Dixon ha adquirido gran reputación como el «entrenador de la recuperación». Dixon creció a las afueras de Londres y llegó a los Estados Unidos en 1992 con una beca de natación de la Universidad de Cincinnati. Después de la universidad, se convirtió en un triatleta profesional y llegó a su edad deportiva ideal en un momento en que el estándar era: «Alto volumen de entrenamiento y muy muy duro». «Estaba sobreentrenado en relación con mis resultados. Asumí la idea de que este es un deporte difícil y que tenía que trabajar muy duro», dice. Tuvo cierto éxito compitiendo como profesional en el Ironman de Hawái, por ejemplo. Alentado por una cultura cuyo barómetro de éxito en el entrenamiento era la cantidad de horas que pasaba, terminó por fundirse.

«Terminé con alguna especie de fatiga crónica antes de que mi carrera profesional hubiese tenido la oportunidad de evolucionar hasta llegar a dar todo mi potencial. Estaba acabado.» La experiencia lo llevó a dar un paso atrás cuando se enfrentó a su siguiente carrera, como entrenador. «Pensé, esto es ridículo. La gente te dice que sí, que para ellos la recuperación es importante, pero es falso, luego entrenan, entrenan y entrenan para de vez en cuando tener un día más suave y luego vuelta a entrenar y entrenar. Pensé que debía de haber una manera más efectiva de prepararse.»

La solución de Dixon fue un replanteo radical. «Decidí hacer la recuperación en serio y no solo de palabra. La introduje como parte del programa de entrenamiento.» Alentó una nueva mentalidad entre sus atletas. «No se trata de la nutrición o el dormir tratados de manera aislada, estos componentes son tan parte del programa como nadar, andar en bicicleta, correr. Deben tomarse tan en serio como cualquier otra sesión de entrenamiento.»

Hall fue presentado a Dixon por Chris Lieto, un triatleta profesional que logró un segundo lugar en el Ironman de Hawái en 2009 después de contratar a Dixon, quien redujo sus horas de entrenamiento en aproximadamente un tercio y puso más énfasis en la nutrición y el sueño.

«Cuando Ryan vino a mí, estaba en mal estado y con fatiga», dice Dixon. «Solo en las palabras que estaba usando para describir su carrera, se podía decir que, anímicamente, estaba cansado. No había duda de que a Ryan le encanta correr y que a Ryan le encanta trabajar duro, se podría decir eso de inmediato. Pero la vela se estaba apagando. Le faltaba confianza.» Dixon redujo la carga de entrenamiento de Hall y lo monitoreó para asegurarse de que sus días fáciles fueran lo suficientemente fáciles. «Me hizo entrenar mucho con un monitor de frecuencia cardíaca y me dijo que no pasara de determinada frecuencia», dice Hall. «Para alguien como yo a quien le gusta exigirse, era una manera efectiva de contenerse.»

Dixon también vio que Hall estaba luchando para controlar su peso. «Es muy común en los corredores», dice Dixon. «No era necesariamente un trastorno alimentario, sino una búsqueda para llegar a un peso objetivo específico.» El problema era que el objetivo que Hall había elegido lo hacía frágil, no era saludable. «Matt me dijo que nunca había conocido a un atleta de resistencia que estuviera comiendo lo suficiente. Para correr, tiene cierta importancia ser ligero y estar delgado como los kenianos, pero Matt me dijo: "Escucha, tienes que alimentar tu entrenamiento".» Dixon le ordenó a Hall que se volviera más diligente en cuanto a obtener suficiente combustible antes de un entrenamiento y en reponer la energía después. «La recarga de combustible es vital para mejorar el rendimiento», dice Hall. «Mirando hacia atrás, corrí mis peores carreras cuando pesaba menos.» Dixon recuerda una conversación que tuvo con Hall antes de su carrera mágica de 2:04 en el maratón de Boston. «Su peso tenía que ser según él algo así como 60,8 kilogramos, y él dijo: "Estoy un poco preocupado, porque peso 62,15". Yo le contesté: "Me gustaría verte con 62,60".»

Los pocos meses que Hall trabajó con Dixon antes de su gran maratón de Boston parecía que volvían a encarrilarlo, después de un año en el que sufrió su primera gran decepción: se perdió el maratón de Chicago de 2010 porque su cuerpo se sentía demasiado débil para correr. «Cambié su mentalidad y su filosofía, y lo hizo muy bien», dice Dixon. «Pero creo que la pregunta es: ¿integró esos nuevos hábitos durante el resto de su carrera? Y no parece que lo hiciera.»

Después de trabajar con Dixon, Hall cambió de entrenador y optó por un italiano muy solicitado, Renato Canova. «Él estaba entrenando a los atletas más rápidos del mundo», dijo Hall en aquel momento.[165] Estaba intrigado. «¿Qué está haciendo para conseguir formar a tantos atletas de calidad?» Resultó que el programa de Canova era mucho más difícil que cualquier cosa que Hall hubiera hecho antes y pronto se sintió «coqueteando nuevamente con el sobreentrenamiento». Seguía observando de cerca a los kenianos, como el campeón del mundo de maratón Abel Kirui, que estaba florecien-

165.  Kevin Selby. «Ryan Hall explains his switch to coach Renato Canova», *Flotrack*, 7 de diciembre de 2012. Accedido en marzo de 2018. http://www.flotrack.org/video/666842-ryan-hall-explains-his-switch-to-coach-renato-canova.

do bajo Canova y pensó: «Tienes que estar coqueteando con el sobreentrenamiento, seguro que es así como funciona». Hall no culpa a Canova de sus problemas. Los dos trabajaron juntos desde la distancia, no en persona, y Hall dice que esta relación de larga distancia seguramente limitó la capacidad de Canova para percibir cómo le estaba yendo el plan.

En retrospectiva, podría parecer desconcertante que Hall abandonara el enfoque centrado en la recuperación que le posibilitó su mejor maratón de todos los tiempos, para perseguir un programa que casi de inmediato lo puso de nuevo en el agujero negro. Pero lo que hay que entender es que Hall no estaba satisfecho con lo que ya había hecho. Nunca iba a descansar en sus sustanciales laureles. Desde el comienzo de su carrera, creía que estaba destinado a correr con los mejores del mundo y no iba a dejar de apretar a fondo hasta que llegara allí.

Es común, dice Foster, que los atletas que están desarrollando el síndrome de sobreentrenamiento empeoren las cosas. «Se sienten cansados y agotados, y su rendimiento está empezando a disminuir. Casi todos los atletas y entrenadores responden al fracaso con más esfuerzo, cuando lo que realmente necesita el atleta, en ese momento, son unas vacaciones.» Sacrificado como era, no es de extrañar que Hall haya seguido este patrón. «Con Ryan, su mayor fortaleza era su capacidad para machacar las cosas», dice Steve Magness, autor de *The Science of Running* y coautor de *Peak Performance*. «Lo ves mucho, no solo en los mejores atletas, sino también en las personas que son realmente buenas en cualquier cosa, tienen esta obsesión», dice Magness. «Te vuelves obsesivo con cualquier tarea, y el problema ya no es realizarla, sino poder dejar de hacerla. Ryan encaja en ese molde.» Al final, la mayor fortaleza de Hall puede haberse convertido en la principal causa de su caída.

◆ ◆ ◆

Hall nunca recuperó su enfoque, pero sí algunos atletas con síndrome de sobreentrenamiento. Jarrod Shoemaker, campeón nacional de

Estados Unidos de triatlón, sabía que algo iba mal cuando, durante un campamento de entrenamiento de invierno, fue a lavarse los dientes y se puso la pasta en el dedo. «Estaba tan cansado...», dice. Era diciembre de 2012, y Shoemaker, que había competido en los Juegos Olímpicos de 2008 en Beijing, estaba en su primera temporada trabajando con un nuevo entrenador. «Fue lo más duro que he entrenado nunca», dice Shoemaker. Su entrenador estaba tratando de exigirle al máximo, y eso incluía entrenar con otros atletas en lugar de hacerlo solo. Pero en lugar de energizarlo, el entrenamiento en un ambiente grupal parecía minar la fuerza de Shoemaker. «De repente, era una mentalidad de todos contra todos», dice. «Todos querían ganar en cada entrenamiento, y al tener permanentemente eso en la cabeza, casi agotaba toda mi energía mental. No me quedaba nada para la carrera.»

Siendo, por lo general, un buen dormilón, Shoemaker se pasaba dando vueltas en la cama toda la noche. «A veces me despertaba sintiendo que corría un maratón mientras dormía. Mi cuerpo estaba caliente todo el tiempo, incluso de noche.» Su punto de quiebra se produjo en el Triatlón Mundial de la UIT 2013 en Kitzbühel, Austria. «Recuerdo vívidamente pararme allí en la línea de salida, listo para partir, y sentir como si ya no me importara. Me sumergí en el agua, pero pensé, simplemente: no me importa. No quiero luchar.» Terminó la carrera, pero luego se dirigió a su casa en Florida para averiguar qué hacer a continuación.

Finalmente, contactó con Neal Henderson, un extriatleta profesional y entrenador de numerosos atletas olímpicos de resistencia. Shoemaker ya se había tomado varios meses de descanso, pero Henderson le hizo esperar hasta que su energía mental y física se hubiera repuesto antes de reanudar los entrenamientos. En ese momento, Henderson lo inició en un programa de reducción drástica de horas y le hizo poner el foco de atención en la mecánica y la forma mientras recuperaba su energía. «Comenzamos con muy poco ejercicio durante los primeros seis meses», dice Shoemaker. Henderson fue estricto con respecto a cuándo Shoemaker podía exigirse y cuándo debía tomárselo con calma. No sucedió de la noche a la mañana, pero finalmente Shoemaker regresó. En 2014, poco más de un año después de estar quemado, consiguió su mejor posición personal en los campeonatos mundiales.

Hablando con Shoemaker, la diferencia entre su experiencia con el síndrome de sobreentrenamiento y la de Hall parece sorprendente. Donde Hall respondió a la fatiga adoptando nuevos entrenamientos o ejerciendo más esfuerzo, Shoemaker aflojó. Esa diferencia puede haber sido clave. Para los atletas atrapados en el tipo de ciclo de fatiga que afectó a Hall al final de su carrera, solo hay una solución: un largo período de descanso, dice Foster, el investigador de rendimiento humano de la Universidad de Wisconsin-La Crosse. «El atleta dice: "si descanso mucho tiempo, me perderé el partido y voy a perder también la forma". Sí, te lo perderás porque tienes algo que te ha hecho estar donde estás y ya no eres bueno.» Shoemaker aceptó esta realidad y se permitió dejar de esforzarse el tiempo suficiente para recuperarse. Hall, por otro lado, nunca logró sentirse a gusto descansando. Fue un luchador implacable hasta el final.

◆ ◆ ◆

Los atletas profesionales como Hall y Shoemaker son naturalmente propensos al síndrome de sobreentrenamiento debido a las largas sesiones que realizan, pero la condición no se limita a la élite del deporte. Henderson dice que puede ser incluso más fácil que deportistas de mayor edad que compiten en categoría *masters* caigan en el síndrome de sobreentrenamiento, porque tienen menos tiempo disponible para la recuperación y más cosas en sus vidas que les reclaman atención.

Kristina Kittelson es la exdirectora de la Asociación de Senderos para Bicicletas de Montaña de Colorado Plateau y fundó un grupo de ciclismo de mujeres en el oeste de Colorado. También es una atleta formidable que puede conducir su bicicleta a través de barrancos de rocas y piedras irregulares que harían que la mayoría de los mortales se bajaran de la bicicleta y caminaran. Ella es la clase de compañera que siempre sugiere ir un poco más lejos o probar algo nuevo.

Pero un día de otoño, cuando la conocí durante un trayecto en bicicleta de montaña en Crested Butte, Kittelson parecía extrañamente apática. Mantuvo nuestro ritmo fácilmente mientras pedaleamos a través de los álamos dorados, pero carecía de su entusiasmo habitual. Su energía normal había sido reemplazada por un sentimiento de resignación. Comencé a comprender lo que estaba sucediendo cuando le pregunté cómo había ido su verano. «No muy bien», dijo ella. Había pasado el invierno y la primavera entrenando para una gran carrera de ciclismo de montaña en los senderos cercanos a su casa. El año anterior, se había apuntado para ver qué tal le iba, y había ganado. Ella siempre anduvo mucho en bicicleta pero no había participado en carreras. Su sorpresiva victoria la llevó a querer ver qué podía conseguir si se preparaba bien, y además optó por una versión 16 kilómetros más larga que la carrera que ganó el año anterior.

Era hora de ponerse serios, y gracias a la recomendación de una amiga, se registró en una página web de entrenamiento y compró un programa de entrenamiento diseñado para una carrera de bicicletas de 80 kilómetros. Ella no tuvo ninguna interacción real con un entrenador, pero recibió un plan de entrenamiento que estaba específicamente dirigido a corredores de su edad. Parecía un programa sólido, así que ella lo siguió al pie de la letra.

El plan de entrenamiento formal marcó un cambio dramático de su rutina habitual. Antes de que ella comenzara el plan: «Simplemente salía y mantenía el ritmo y la distancia que quisiera. No me fijaba en los intervalos, solo montaba en bici», me dijo. El plan no aumentó su kilometraje. «Sentí que estaba pedaleando menos, porque los paseos eran más cortos y hacían hincapié en la intensidad.» El entrenamiento era más concentrado y de mayor intensidad que lo que había hecho anteriormente. Cumplir con el plan resultaba estresante, no porque los entrenamientos fueran demasiado duros, sino porque tenía que ajustar toda su vida en torno a ellos. Ella suele salir en bici con su esposo, que tiene poco interés en ir rápido. «Salíamos a dar una vuelta y yo necesitaba hacer algo en particular, pero él solo quería pasear. Eso sumaba aún más estrés.»

Habiéndose comprometido a hacer la carrera y contado a la gente su intención de participar, se sintió obligada a hacer el entrenamiento. «Yo iba a ser la corredora local a la que le va bien en la carrera, así que me metí mucha presión.» El primer indicio de que algo estaba mal se produjo un día cuando hizo un recorrido de entrenamiento en parte del curso de la carrera. La ruta incluía un recorrido por pista y luego un ascenso de 16 kilómetros por carretera. «Recorrí el trayecto por la pista y me sentí muy bien pero luego me morí en la carretera. No tenía energía y ni siquiera podía terminar el resto del trayecto. Al principio pensé que tal vez solo estaba cansada o porque tenía la regla o algo así.» Pero la sensación de fatiga persistió. «No estaba segura de si estaba sobreentrenada o subentrenada, pero sabía que no me sentía bien.» Se sentía malhumorada, y ya no disfrutaba de la bici ni estaba progresando en su rendimiento. La motivación para entrenar había desaparecido, y cuando se montaba en la bici, sus piernas se sentían pesadas y le costaba rodar los pedales. No estaba durmiendo bien, y eso solo hundió su estado de ánimo aún más. Mientras tanto, su rendimiento había caído en picado.

Hablando con Kittelson acerca de su experiencia, no pude evitar preguntarme si quizás las dos formas de entrenamiento que ella había probado: hacer lo que le apetecía un día determinado, o seguir un plan de entrenamiento rígido, eran dos extremos opuestos de un espectro. ¿Era posible, le pregunté, que el plan de entrenamiento que había adoptado la hubiese llevado más allá de su límite, no debido necesariamente a los entrenamientos específicos que el programa había prescrito, sino porque cuando lo adoptó, dejó de tomar decisiones de entrenamiento basándose en cómo se sentía, y en su lugar permitió que el plan dictara lo que ella tenía que hacer? ¿Podría ser que ella hubiera dejado de escuchar a su cuerpo y por lo tanto no se ajustaba a lo que le estaba diciendo? Tal vez lo habría hecho mejor si hubiera modificado el plan de entrenamiento para que no le causara tanto estrés en su vida. Kittelson lo pensó un poco y admitió que era posible, pero no tiene forma de volver atrás e intentar el mismo experimento de una manera diferente.

Una cosa que sabemos es que el síndrome de sobreentrenamiento o UUPS no es solo una cuestión del estrés en el entrenamiento, sino también del estrés en la vida. Me pregunté si el cuerpo de Kittelson era capaz de absorber más entrenamiento cuando lo hacía por diversión, porque en ese momento el ciclismo era una fuente de alegría y relajación, mientras que una vez que se concentraba en las carreras, se convertía en trabajo, una fuente de estrés en lugar de recreación. Pregunté por esta teoría a Kristen Dieffenbach, profesora de ciencias del deporte en la Universidad de West Virginia, que entrena a numerosos atletas de resistencia de élite y a *masters*. Ella estuvo de acuerdo en que yo tenía algo de razón. «Es una paradoja realmente fascinante», dice ella. «Todas las investigaciones muestran que el ejercicio puede ser un excelente mitigador del estrés, y puede ayudar con el estado de ánimo y la energía.» Pero lo que puede suceder en una situación como la de Kittelson es que lo que comenzó como un pasatiempo y una fuente de relajación y alivio del estrés, de repente, se convirtió en un nuevo factor de estrés que en realidad aumenta la necesidad de recuperación, tanto física como psicológica. «A menudo recomiendo a deportistas que se encuentran en esa situación que busquen otra actividad física que les resulte agradable», dice Dieffenbach. «Necesitas encontrar ese equilibrio. Puedes ir de paseo o andar en bicicleta con un miembro de tu familia, pero no llevar ningún dispositivo que mida tu rendimiento. Hasta que puedas encontrar el equilibrio y la alegría, habrás perdido una parte esencial de la recuperación.» Kittelson terminó por tomarse un descanso de la bicicleta durante ese invierno, y el descanso, junto con un período sin objetivos, ayudó a que montar en bicicleta volviera a ser divertido. Su rendimiento también se recuperó.

◆ ◆ ◆

Kittelson mencionó algo más durante aquel día que hicimos ciclismo de montaña en que me llamó la atención su estado de ánimo. Antes de ese entrenamiento desalentador que había tenido en el transcurso de la carrera, había estado luchando contra algún tipo de infección. No era el tipo de enfermedad que te confina en la cama, pero simplemente no se encontraba bien. Descansó unos días, pero luego continuó con su entrenamiento. Me preguntaba, ¿podría el virus haber empeorado las cosas?

David Nieman está bastante seguro de que la respuesta es sí. Nieman es un inmunólogo del ejercicio y director del Laboratorio de Rendimiento Humano en la Universidad Estatal de Appalachian, y ha estado estudiando la relación entre el ejercicio y el sistema inmunológico durante varios años. Lo primero que debes saber, dice, es que un esfuerzo prolongado y pesado puede deprimir el sistema inmunológico y esta «ventana abierta» de inmunidad dañada puede durar entre tres y 72 horas. Durante este período de susceptibilidad, todo germen al que estés expuesto tiene la oportunidad de asentarse y, por lo tanto, aumenta la posibilidad de una infección. Factores como falta de sueño, estrés, pérdida de peso o mala nutrición pueden agravar el problema.

Pero aquí está la parte crucial. Si el deportista se enferma durante este período, el cuerpo tiene más dificultades para eliminar el virus, y si ignora los síntomas y sigue entrenando, existe la posibilidad de que el cuerpo no pueda eliminar el virus por completo. «Después se entra en una especie de zona subclínica y de bajo rendimiento prolongada», dice Nieman. Algunos investigadores lo llaman «síndrome postviral». Algunos de los colegas de Nieman en Australia estudiaron a un pequeño grupo de deportistas que habían desarrollado una fatiga tan profunda que no pudieron recuperarse durante al menos dos o tres años. Resultó que el 85 por ciento de estos deportistas se habían ejercitado mucho mientras tenían algún tipo de virus persistente en su organismo.[166] Es solo una evidencia preliminar, pero es sugerente.

Nieman recuerda a un amigo que entrenó un año entero para su primer maratón. La noche antes de la carrera tuvo fiebre, pero de

---

166. S. Parker, P. Bruckner y M. Rosier. «Chronic Fatigue Syndrome and the Athlete». *Sports Medicine and Training Rehabilitation* 6 (1996): 268-278. https://www.researchgate.net/publication/232895979_Chronic_fatigue_syndrome_and_the_athlete.

todos modos corrió la carrera. «Él entró en esa zona», dice Nieman. «No pudo hacer nada. Sus manos se comportaban como si tuviera artritis. Trataba de dormir, pero se levantaba sin recuperarse y con baja energía. Nunca más fue el mismo deportista.»

En este momento, esta idea del síndrome postviral es solo una hipótesis, una que necesita más pruebas, según Nieman, pero cree que apunta a una lección importante: «Si estás enfermo, simplemente, no te exijas. Podrías sobrepasar tu límite».

Lo que pasa con el límite es que una vez que lo cruzas, puede ser muy difícil volver. Quizás lo más importante que los investigadores han aprendido sobre el síndrome de sobreentrenamiento es que una vez que lo padeces, no hay cura. Lo mejor que puedes hacer es descansar y tener la esperanza de que te recuperarás. Por esta razón, la mayoría de los esfuerzos de investigación sobre el síndrome de sobreentrenamiento ahora se centran en la prevención, y eso significa buscar formas de medir la recuperación y garantizar que la carga de entrenamiento de un deportista no supere la capacidad del cuerpo para recuperarse.

# 10

# Las métricas mágicas

El problema fundamental que enfrentan los deportistas de todos los niveles es: ¿cuánto debo exigirme y cuánto debo descansar? ¿Cómo puedo saber si mi cuerpo se está adaptando y se está volviendo más fuerte, más en forma, más rápido en respuesta al entrenamiento, o si me estoy fundiendo? ¿Cómo puedo determinar si estoy entrenando muy poco o demasiado? ¿Cuándo es la fatiga una señal de que estoy haciendo el trabajo que necesito para mejorar, y cuándo es una señal de que necesito más tiempo para recuperarme?

Estas son preguntas muy difíciles de responder, ya que hay pocas reglas universales que se apliquen a cada situación individual. «Parafraseando a Tolstoi, se podría decir que todos los deportistas recuperados son iguales, pero cada atleta no recuperado está no recuperado a su manera», dice William Sands, fisiólogo deportivo de la Asociación de Esquí y Snowboard de los Estados Unidos. Sands ha estudiado el sobreentrenamiento durante décadas y abrió el primer centro de recuperación en el Centro de Entrenamiento Olímpico de los Estados Unidos en Colorado Springs. Durante la era de las impresoras de matriz de puntos, Sands entrenó a gimnastas y desarrolló un programa de ordenador para registrar el entrenamiento y recuperación de sus deportistas.[167] Cada día, los gimnastas completaban

---

167. W. A. Sands, K. P. Henschen y B. B. Schultz. «National Women's Tracking Program», *Technique*. Accedido en marzo de 2018. http://www.advancedstudyofgymnastics.com/uploads/3/1/9/3/31937121/1230.pdf.

un cuestionario que recogía 21 medidas: desde su peso hasta la hora de dormir, la percepción psicológica antes del entrenamiento, el estado de salud y la cantidad y tipos de movimientos de gimnasia que habían realizado ese día. Estas medidas se presentaban en hojas de puntos que Sands escaneaba en la computadora y luego aplicaba inteligencia artificial para alertarlo cuando uno de sus deportistas tenía una anomalía que podía sugerir un problema.

Durante los 25 años que Sands pasó monitoreando gimnastas, descubrió que sus deportistas respondieron «característicamente, pero de manera idiosincrásica» a la sobrecarga de estrés. El cuerpo de los atletas puede responder al estrés en una cantidad casi infinita de formas, sin embargo, la combinación peculiar de un deportista determinado será única para él, y cuando enfrente un nuevo factor estresante, tenderá a enfrentarlo o responder a él de la misma forma, dice Sands. Algunos deportistas pueden tener problemas para dormir cuando están estresados en exceso, otros pueden perder peso o aumentarlo, o ponerse de mal humor o sufrir un dolor de garganta o resfriado. Cualquiera que sea la respuesta, descubrió que generalmente era una reacción característica de ese deportista en particular, pero no necesariamente una reacción universal.

Mientras él dice esto, me doy cuenta de que tengo mi propia versión de este fenómeno. Me costó muchos años, pero me he dado cuenta de que cuando me levanto por la mañana con un poco de dolor de garganta, es una señal de que mi cuerpo está estresado y necesito un día libre. ¡Ojalá no hubiera necesitado una década de experiencia para reconocer este síntoma!

Lo que aparece como un dolor de garganta en mí, puede manifestarse como un tipo particular de mal humor o un dolor específico o dolor de cabeza en otra persona. Los investigadores han pasado años buscando la métrica mágica que pueda cuantificar la recuperación y predecir el sobreentrenamiento (o, mejor aún, ayudar a prevenirlo). Nadie ha encontrado el dato perfecto, al menos no todavía. «Lo que hace que estudiar esto sea un rompecabezas es que si tienes un grupo de diez personas y estás midiendo la respuesta al estrés en términos de frecuencia cardíaca, como no todos responden de la misma manera, no la verás», dice Sands. «No se puede reducir a una o dos variables, ya que hay demasiada diferencia individual.»

A pesar de los desafíos, empresas de todo el mundo están gastando millones de dólares en buscar la métrica mágica y convencer a los deportistas de que la han encontrado. El irlandés Brian Moore es un excorredor de media distancia que dirige Orreco, una empresa que busca biomarcadores en la sangre y otros tejidos para rastrear cómo el cuerpo se adapta (o se adapta mal) al entrenamiento. La compañía de Moore se basa en la esperanza de que los datos podrán resolver los problemas más desconcertantes de la recuperación. Son solo una de las muchas empresas que apuestan a que los datos biométricos puedan brindar respuestas individualizadas sobre cómo administrar el entrenamiento y la recuperación. Con la ayuda de Watson, el programa de inteligencia artificial de IBM, Orreco está trabajando en formas de usar medidas objetivas para ayudar a los deportistas y sus entrenadores a distinguir lo que necesitan para alcanzar el rendimiento máximo. «Somos agnósticos en cuanto a la fuente de dónde provienen los datos», dice Moore. «Nuestro producto es la percepción.» Esta última afirmación es un tema de conversación común entre las empresas de tecnología, que habitualmente prometen entregar un conocimiento único que cambiará todo. El problema con la tecnología es que puede inducirnos a confundir los datos que podemos recopilar, con las respuestas a las preguntas que son importantes. Pueden parecer iguales, pero rara vez lo son.

La realidad es que los análisis de sangre no proporcionan automáticamente ninguna información nueva. «Un análisis de sangre no garantiza que te pueda brindar información», reconoce Charles Pedlar, el principal asesor científico de Orreco. «Puede que no esté midiendo lo correcto, o que el problema que tienes no aparezca en el análisis de sangre de rutina, por lo que la selección de los análisis de sangre es muy importante.»

Un problema claro y práctico que se ve fácilmente en un análisis de sangre es la deficiencia de hierro. «Esa es una prueba que es muy fiable», dice Pedlar. Las reservas bajas de hierro pueden causar fatiga, y los atletas de resistencia son particularmente susceptibles a la

deficiencia de hierro, especialmente las mujeres que están mens-
truando y cualquier persona que entrene en altura. Además, ejercicios como correr que conllevan golpes continuos pueden destruir
algunos glóbulos rojos en un proceso llamado hemólisis por esfuerzo. (No se sabe si esto extrae o no suficientes células sanguíneas
como para crear problemas.) La fatiga puede aparecer antes de que
un atleta alcance un estado clínico de anemia, y un simple análisis
de sangre de ferritina puede detectar esto.

Sin embargo, otras pruebas tienen más matices, por lo que debes
realizar muchos análisis de sangre para saber qué estás mirando. Por
ejemplo, dice Pedlar, la función inmunológica puede verse suprimida
con el tiempo a medida que un atleta se fatiga, pero el seguimiento
de esto con un análisis de sangre es complicado, porque los marcadores relacionados con el sistema inmunitario, como los recuentos
de glóbulos blancos, pueden cambiar rápidamente y por una variedad de razones. Por ejemplo, un cambio en el recuento de células
puede indicar una infección menor o podría indicar una supresión
natural de los glóbulos blancos que puede ocurrir a medida que el
deportista se pone en forma. Una sola medición es casi incapaz de
dar lugar a interpretaciones: solo lo puedes hacer si sigues los resultados regularmente, a lo largo del tiempo. Y sin un contexto más
amplio, las cifras no ofrecen mucha información.

A pesar de estos problemas, numerosas compañías ofrecen análisis de sangre a cualquier deportista que esté dispuesto a pagar.
Orreco trabaja principalmente con equipos de élite, pero Inside
Tracker y Blueprint for Athletes ofrecen análisis de sangre dirigidos
a cualquier deportista que quiera, en palabras de Inside Tracker,
«hacerse un *selfie* desde dentro». Las pruebas prometen decirte lo
que está sucediendo dentro de tu cuerpo, la información que facili-
tan de otro modo sería invisible, pero igualmente crucial para la
salud.

Suena muy vanguardista, pero después de hablar con estas compañías, me pregunto si no lo están haciendo al revés: buscando nuevos mercados para las tecnologías existentes, en lugar de examinar
un problema al que se enfrentan los deportistas y buscar una solu-

ción óptima. Es el equivalente a una compañía farmacéutica que busca el problema más lucrativo y generalizado que puede tratar con un medicamento que posee, en lugar de centrarse en una enfermedad y buscar los tratamientos más efectivos para ella. Tiene mucho sentido para la empresa y sus accionistas, pero puede que no sirva de tanto al paciente.

Gil Blander, fundador y director científico de Inside Tracker, casi lo reconoció. Dijo que inicialmente tenía la esperanza de desarrollar pruebas que pudieran ayudar a las personas con enfermedades como la diabetes, pero luego se dio cuenta de que ellos no son los «*Early adopters*» (es decir, quienes consumen la última tecnología). Por otra parte, añade, «el deportista fanático de fin de semana es capaz de comprar una bicicleta de 10.000 dólares para mejorar sus tiempos en carrera». Había encontrado a sus clientes. Blander afirma que cientos de deportista profesionales usan Inside Tracker, pero dice que el mercado objetivo de la compañía son principalmente personas que son deportistas, pero no necesariamente profesionales: por ejemplo, participantes de eventos de CrossFit, la Spartan Race, maratones y triatlones. Espera encontrar usuarios entre los profesionales muy ocupados y las personas que se preocupan por su salud pero no deportistas de élite. Eventualmente, también le gustaría ayudar a las personas con problemas de salud graves. «Es la población enferma la que realmente me motivó para fundar la compañía.»

Para desarrollar Inside Tracker, Blander buscó marcadores de sangre que cumplieran con tres criterios. Primero, deben ser biomarcadores de la salud, no de la enfermedad. En segundo lugar, deben ser algo que no sea óptimo en al menos el uno por ciento de la población. Y, por último, deben ser cosas que puedan modificarse con cambios en la nutrición, el ejercicio, los suplementos o el estilo de vida. El programa ofrece pruebas en 19 biomarcadores, que incluyen vitamina D, glucosa, enzimas hepáticas, hierro, células sanguíneas y hormonas como la testosterona y el cortisol.

Lo que distingue a Inside Tracker de otras pruebas es la forma en que la empresa personaliza los resultados y ofrece consejos sobre cómo mejorarlos. Según Blander, la mayoría de los rangos «normales» que se obtienen en un análisis de sangre están hechos con un solo molde, iguales para todos. «Lo que hacemos es individualizarlos y darle a cada uno su propio análisis según la edad y otras variables como la actividad o la cantidad de alcohol que está bebiendo.» Cuando le pregunté cómo lo hacían, explicó que utilizaban datos del Estudio del Corazón de Framingham, un estudio longitudinal que rastrea a un grupo de personas de Framingham, Massachusetts, para analizar los riesgos de enfermedades cardiovasculares. El estudio descubrió lo que Blander denomina «una buena correlación entre los niveles bajos de glucosa y la baja mortalidad», que constituye la base de los rangos óptimos de Inside Tracker para ese marcador según las diversas edades.

Todos los rangos óptimos sugeridos por Inside Tracker provienen de datos científicos contrastados, dice Blander, o «de una gran base de datos de un cuarto de millón de personas para que podamos decir: "Estos son los parámetros que tiene la gente sana"». Las recomendaciones, dice, se basan en el análisis de gente de su edad, sexo y etnia. Blander no divulgaría de dónde provino este conjunto de datos, excepto para decir que es «parte de nuestra propiedad intelectual patentada». Imagino que algunas personas que se inscriben en las pruebas no prestan mucha atención a la letra pequeña que explica que sus datos se añaden a la base de datos y pasa a ser propiedad de Inside Tracker. Blander dice que todos los que compren una de sus pruebas y contribuyan a la base de datos terminarán beneficiándose de ella, pero aun así tendrán que acumularse más datos para poder recibir cualquier beneficio o información obtenida del conjunto de datos que ayudaron a construir.

Mike Wardian, un corredor que tiene el récord mundial de maratón en pista cubierta de 200 metros, ha estado usando Inside Tracker durante aproximadamente dos años.[168] «Si lo usas una vez, es difícil que te sirva de mucho», dice. «Lo que me entusiasma es que puedes

---

168. Mike Wardian también tiene el récord mundial de maratón vestido como Elvis (2:38:04) al ganar el maratón Rock'n'Roll de 2016 (por supuesto que en Las Vegas).

ver las tendencias si lo usas regularmente.» Una distensión muscular o esguince de articulaciones son problemas obvios de los que te das cuenta enseguida, pero otros problemas lo son menos. «Si algo está dañando tu hígado o tu glucosa en sangre está fuera de control, no es algo que percibas fácilmente. Esto te da la oportunidad de hacer algunos cambios antes de que sea tarde.» Wardian es vegetariano y tiene mucho cuidado en qué come para asegurarse de que está recibiendo todos los nutrientes que necesita. «Como bastante bien, muchas frutas y verduras, y siempre me estoy asegurando de obtener suficiente proteína y hierro. Pero la capacidad de verificarlo es una gran tranquilidad.» Los resultados de Inside Tracker ofrecen consejos sobre cómo mejorar los marcadores de sangre que están fuera de lo que han etiquetado como su rango óptimo, y su software permite a los usuarios especificar sus gustos particulares y restricciones. Cuando le da sugerencias a Wardian sobre cómo obtener más proteínas, los alimentos a los que apunta serán fuentes vegetarianas. Le pregunté a Wardian qué cambios había hecho a la luz de sus resultados, y él dijo que solía comer muchas moras, pero cambió a frambuesas y arándanos por sugerencia de Inside Tracker. No podía recordar exactamente por qué le dijo que dejara las moras, así que le pregunté a Blander. No sabía los detalles del caso de Wardian, pero dijo que la recomendación debe haber tenido algo que ver con la fibra, que dijo que es «muy buena para los marcadores relacionados con el metabolismo como la glucosa en sangre y el colesterol malo LDL». Tal vez. Pero según la tabla de nutrientes de la USDA, las moras tienen dos veces más fibra que los arándanos, y soy escéptica a pensar que el cambio de una baya a otra logre cambiar la vida de alguien.[169]

Wardian no le da demasiada credibilidad a nada. «No se puede simplemente cambiar de comer moras a frambuesas y esperar ser más rápido, hay que ir a entrenar para eso. Pero esas pequeñas

---

169. El Departamento de Agricultura de Estados Unidos, en su base de datos de nutrientes, establece que los arándanos tienen 2,4 gramos de fibra por cada 100 gramos, mientras que las moras tienen entre 5,3 y 7,6 gramos por la misma cantidad. Sobre los arándanos, ver: https://ndb.nal.usda.gov/ndb/foods/show/301068?manu=fgcd=&ds. Sobre las moras ver: https://ndb.nal.usda.gov/ndb/foods/show/301063?manu=fgcd=&ds.

diferencias pueden ser la diferencia, para mí, entre ganar y perder, o para muchas personas entre ser capaces de terminar una carrera o no.» En cuanto al zinc y el magnesio extra que está obteniendo al seguir el consejo de Inside Tracker para cambiar los copos de salvado por el cereal integral, Wardian es pragmático. «No sé si puedo notar la diferencia o no, pero quiero asegurarme de que estoy en el nivel óptimo.» Es esta ansiedad lo que lleva a los deportistas a realizarse estos análisis. «Nadie quiere esperar hasta sentirse mal o con problemas de salud» me dijo el fundador de una de estas empresas de análisis. El hecho de que haya surgido toda una industria para que personas sanas se sientan ansiosas acerca de su salud y su cuerpo es una muestra de los tiempos raros en los que vivimos.

◆ ◆ ◆

Los análisis de sangre se hacen por algo más que una cuestión de salud. Nadie quiere perder la posibilidad de ir por delante, por poco que sea, y es este miedo a estar perdiéndose algo lo que parecen explotar con productos como Inside Tracker y Blueprint for Athletes. Blueprint for Athletes es un producto de Quest Diagnostics, un laboratorio que está en la lista de empresas de Fortune 500, y el programa les brinda la oportunidad de expandir su mercado con pruebas que los consumidores pueden ordenar (y pagar) ellos mismos. (Quest también realiza las pruebas de Inside Tracker.)

Había visto Blueprint anunciado en varios eventos deportivos, y decidí probar la evaluación.[170] Aproximadamente una semana después de que un amistoso flebotomista viniera a mi casa y me sacara tres pequeños tubos de sangre, recibí un correo electrónico con mis resultados y una cita con Bunny Foxhoven, una educadora clínica de Quest, nutricionista dietista registrada y educadora certificada en diabetes.

---

170. Acepté la oferta de Quest de una prueba gratuita sin garantizar que escribiría al respecto y menos que lo haría positivamente.

Mis resultados incluyeron valores para 43 pruebas diferentes: desde recuentos de glóbulos rojos y blancos hasta glucosa, triglicéridos, hemoglobina, cortisol, colesterol y vitamina D. Dos de ellos, la tasa de filtración glomerular (TFG) y la creatinina analizadas, estaban marcadas en rojo. Mi TFG era baja y mi creatinina era alta. Ambas medidas tienen algo que ver con la función renal y, no mentiré, eso sonaba aterrador.

Foxhoven me dijo que el número de TFG podría significar que mis riñones están fuera de control y el alto nivel de creatinina también podría indicar un problema renal, o podría significar que estoy comiendo más proteínas de las que mis riñones pueden procesar fácilmente. Ella hizo un montón de preguntas, casi todas centradas en lo que como. ¿Cómo era mi desayuno? ¿Cuántas proteínas y sal consumía? Le expliqué que comía proteínas durante todo el día, generalmente huevos y nueces, también como carne cuatro o cinco veces por semana. Admití que me gustan los alimentos salados y que a menudo agrego sal en la mesa.

Ella me dio instrucciones para reducir la sal y hablar con mi médico. También dijo que probablemente fuera una buena idea hacerse la prueba nuevamente en tres meses. «Mejor atacar el tema antes de llegar a un punto en que no pueda repararse», dijo sobre esta enfermedad renal aún no confirmada. Mis riñones podrían perder hasta el 90 por ciento de su función antes de que experimentara algún síntoma, agregó.

Hablé con mi médico, quien me aconsejó que no entrara en pánico. Cuando comienzas a evaluar a personas sanas, dijo, no es raro que obtengas algunos resultados anómalos. Michael Joyner, médico e investigador de fisiología humana en la Clínica Mayo, estuvo de acuerdo. Mis dos mediciones que estaban fuera del rango normal estaban relacionadas con la función renal. «Tu creatinina es alta, porque tienes bastante masa muscular», me dijo Joyner. Es posible que también estuviera un poco deshidratada, pero también porque me ejercito regularmente y el ejercicio aumenta los niveles de creatinina porque produce cierto daño muscular, lo que libera creatinina en la sangre. «Esa es la explicación obvia, pero si le muestras esos datos a un médico promedio, probablemente te hubiera encargado un gran examen de riñones», dijo Joyner. Si mi médico no estuviera tan familiarizado con los peligros de evaluar a «los sanos preocupados», me podrían haber enviado a realizar una espiral de pruebas que a la larga me costaría dinero, tiempo y ansiedad sin volverme más sana.

De hecho, cuando eché un vistazo más de cerca a la explicación escrita que acompañaba mis resultados, vi que los propios consejos de Quest advertían de no darle demasiada importancia a los altos niveles de creatinina. Los deportistas de élite tienden a tener niveles de creatinina más altos que la población no atlética, según mi paquete de resultados. «Esto se debe probablemente a la mayor masa muscular en los atletas, ya que la masa muscular parece ser el mejor factor predictivo de la producción de creatinina.» Ya no soy una deportista de élite, pero tengo el tipo musculoso y había corrido unas horas antes de mi extracción de sangre. El folleto de Blueprint que venía con mis resultados indicó que los deportistas debían comparar sus medidas con sus propias líneas de base, en lugar del rango de referencia, que se basa en la población en general.

Debido a que mi nivel de creatinina era un poco alto, dijo Joyner, era casi inevitable que mi tasa de TFG también estuviera fuera de rango, ya que esto se calcula basándose en los niveles de creatinina. «Algunas investigaciones también han demostrado que tanto los atletas de resistencia como los deportistas de equipo pueden tener una TFG más baja», explicaban los folletos del Blueprint. Por esa razón, los resultados indicaban: «Se recomienda que establezca su TFG de referencia y realice un seguimiento de su TFG con sus propios niveles de referencia». En otras palabras, mi TFG ligeramente bajo no era una razón para preocuparse.

Le pregunté a Foxhoven cómo podían mis resultados ayudarme a mejorar mi rendimiento y recuperación. ¿Debía tomarme como una buena noticia que tenía una buena salud? Porque, honestamente, no tenía la sensación de que hubiera aprendido algo relevante. «Ok, bien mirado», dijo ella. Si estuviera sobreentrenando mis músculos y articulaciones, las pruebas podrían mostrarlo en los niveles de hormonas del estrés como el cortisol o la proteína C reactiva, un marcador relacionado con la inflamación. Lo que me desconcierta es que cuando era una esquiadora de élite y sufrí un episodio de lo que puedo reconocer retrospectivamente como sobreentrenamiento, mi médico me envió a hacer algunos análisis de sangre, que no mostraron nada malo. Si los análisis de sangre no podían ayudarme cuando estaba en pleno proceso de sobreentrenamiento, ¿cómo me iban a ayudar cuando me sentía bien?

El consejo que recibí basado en mis resultados (observar mi ingesta de sal y concentrarme en la hidratación) no parecía servir de mucho. Resulta algo tonto hacer pasar a los deportistas por un análisis para decirles que tienen que hidratarse y comer verdura. Cuando le dije a Joyner que el educador de Blueprint me había dicho que debía concentrarme en mantenerme hidratada, él se rio. «Probablemente sea el mejor consejo genérico para deportistas.»

Llamé a Richard Schwabacher, director ejecutivo de deportes y soluciones de diagnóstico de Quest Diagnostics, para preguntarle qué podía haberme pasado por alto. ¿Cómo me ayudarían estos resultados a rendir mejor o a estar más sana? «La pregunta que estás haciendo es difícil de responder», dijo. «Realmente depende de los resultados.» Si mis pruebas hubiesen mostrado alguna deficiencia significativa en los niveles de vitamina D o alguna otra cosa que pudiera corregirse cambiando la dieta o tomando suplementos, dijo, mi perspectiva sería un poco diferente: «Es algo así como buenas noticias, malas noticias. La buena noticia es que estás sana. La mala noticia es que eso quita algo de valor a la prueba».

Aun así, dijo que alguien cuyos resultados eran normales podría estar tranquila al saber que la razón por la que se sentía sana era que estaba sana. Relató algo que escuchó de una atleta que se hizo una prueba justo antes de una gran carrera. Todos los indicadores eran normales y eso le dio a la corredora la tranquilidad y la confianza de que su cuerpo estaba preparado para darlo todo en la carrera.

No hay nada de malo en que las personas busquen información sobre sí mismas. Y los productos que ofrecen compañías como Inside Tracker y Blueprint for Athletes son pruebas médicas legítimas que se realizan cuidadosamente. Pero, como ilustran mis resultados, la realización de pruebas de detección en personas sanas puede crear tantas preguntas como respuestas.[171] Una cosa es tener síntomas de bajo nivel de hierro y luego hacer un análisis del hierro. Otra cosa es analizar tu sangre sin un propósito claro, esencialmente solo pescar a ver si hay algo fuera de lugar. Mide suficientes cosas en la sangre, y es probable que encuentres algo que esté un poco raro. Los rangos de referencia normales utilizan un intervalo de confianza del 95 por ciento, y eso significa que el cinco por ciento de las personas normales y sanas quedarán fuera de ese rango. Llamar a estos valores anormales es esencialmente un falso positivo, y debido a que algunas de las compañías que realizan pruebas de mercadeo a los atletas usan un rango de referencia aún más estrecho, eso significa que van a generar aún más falsos positivos. (Por supuesto, también están incentivando a las personas para que vuelvan a realizarse la analítica.)

Estos análisis de sangre ilustran una desconexión entre los innovadores de la industria tecnológica y los expertos médicos, dice Vinay Prasad, un hematólogo-oncólogo de la Universidad de Ciencias de la Salud de Oregón. Los *frikis* de la tecnología siempre piensan que más información es mejor, pero quienes practicamos la medicina sabemos que la información es un arma de doble filo. «El hecho de que algo ofrezca un dato no significa que sea útil.» Estos análisis de sangre, dijo Prasad, son víctimas de la falacia de McNamara: «No todo lo que cuenta puede medirse, y no todo lo que se puede medir cuenta».

Alentar a los deportistas a hacerse pruebas con el objetivo de «mejorar» sus biomarcadores es empujarlos a hacerse análisis continuamente en lugar de entrenarlos para que entiendan su cuerpo y comprendan cuándo están cansados y necesitan descansar.

---

171. W. S. A. Smellie. «When Is "Abnormal" Abnormal? Dealing with the Slightly out of Range Laboratory Result». *Journal of Clinical Pathology* 59 (10) (2006). BMJ Publishing Group: 1005–1007. doi:10.1136/jcp.2005.035048.

◆ ◆ ◆

Las medidas que dependen de un equipo sofisticado, como las analíticas de sangre, representan una manera de rastrear la recuperación, pero también hay formas más accesibles y menos costosas de recopilar datos. En esta era de teléfonos inteligentes y sistemas de seguimiento personal, cualquier deportista dispuesto a desembolsar algo de dinero puede registrar una gran cantidad de datos sobre su cuerpo y su entrenamiento. Los dispositivos y aplicaciones de hoy en día pueden medir todo, desde la cantidad de pasos que se recorre hasta kilómetros recorridos, ascensos y descensos de elevación, ritmos cardíacos, potencia de salida, carga de trabajo, sueño, peso e incluso algunos factores nutricionales.

Quizás la métrica más básica es la frecuencia cardíaca matutina. Cuanto más en forma estés, más baja será tu frecuencia cardíaca en reposo, y los deportistas que hacen esto todas las mañanas descubrirán rápidamente su rango normal. Si se despierta con un ritmo cardíaco elevado, eso es un signo de fatiga. Es una medida útil, pero en la práctica es una herramienta bastante burda para medir la recuperación, porque solo ofrece información sobre una pieza del rompecabezas: en qué medida está funcionando el sistema nervioso parasimpático. El sistema parasimpático promueve la relajación y controla las actividades subconscientes como la respiración y la digestión.

La variabilidad de la frecuencia cardíaca, o HRV, es una métrica más sofisticada que mide el tiempo entre los latidos del corazón cuando está en reposo. «La mayoría de las personas asume que cuando está en reposo, el corazón debería latir con regularidad, pero eso no es cierto», dice Simon Wegerif, director de HRV Fit Ltd., la compañía detrás de myithlete.com. De hecho, el cuerpo es un sistema complejo que siempre busca el equilibrio de la mayor eficiencia energética y, como resultado, hay una gran variación en la sincronización latido a latido del corazón. «Esta no es una variación aleatoria y no significa que el cuerpo no esté funcionando bien», dice Wegerif. Al contrario, es el corazón funcionando de manera eficiente y, por lo general, esto significa que cuando inhala, su ritmo cardíaco se acelera y cuando exhala, se vuelve más lento. «Esto no tiene por qué ser una pequeña variación. En atletas muy en forma puede ser una proporción de casi dos a uno. Al medir esta variación, cuantificarla y establecer una línea de base para un individuo, realmente podemos decir cuánto estrés tiene su cuerpo», dice Wegerif. La alta variabilidad indica que su corazón está descansado y funciona de manera eficiente, mientras que una menor variabilidad es un signo de estrés. Es una medición integral del estrés que puede detectarlo ya sea debido al entrenamiento, el estrés emocional o la falta de sueño.

El programa myithlete utiliza un sensor externo para medir la HRV matutina, y luego lo integra en un programa de entrenamiento que permite a los usuarios hacer un seguimiento de cómo está cambiando su HRV y hacer recomendaciones basadas en estas fluctuaciones. Pero algunos otros monitores de frecuencia cardíaca también miden la HRV, y ahora hay numerosas aplicaciones disponibles en teléfonos inteligentes que utilizan la cámara del teléfono, colocada sobre la punta de un dedo, para medir la HRV. La mayoría de estas aplicaciones también ofrecen algún tipo de características de seguimiento.

Polar y Garmin hacen relojes deportivos que realizan un seguimiento de la actividad con datos como la distancia, el tiempo y la intensidad, y la información se introduce en sus algoritmos patentados para producir medidas de recuperación. Después de un entrenamiento, el reloj indica cuánto descanso se necesita, y da una puntuación o clasificación de recuperación. He pasado cerca de un año probando productos de ambas compañías. (Sí, soy de las idiotas que corre con relojes deportivos en ambas muñecas.) Lo que he hallado es que rara vez me dicen algo que ya no supiera. Cuando termino un entrenamiento, no necesito mirar mi reloj para saber si fue duro o fácil o cuán cansada me siento. Si hoy he hecho algo realmente difícil, sé que mañana querré tomármelo con más calma, y eso es lo que me dicen estos relojes.

Ninguno de los dos me ha parecido más preciso que el otro, y en su mayor parte los datos son razonablemente correctos. Excepto cuando se vuelven locos. Después de casi cuatro horas de un entrenamiento de esquí de fondo que duró aproximadamente una hora más que cualquier otra sesión de entrenamiento que hubiera realizado en esa temporada de esquí, el Polar me dijo que el efecto de entrenamiento era «leve» y que solo prescribía un día de descanso. Claro, mi ritmo e intensidad habían sido bajos, pero me dejaron hecha polvo durante varios días. Y el Garmin recientemente calificó una de mis carreras fáciles como entrenamiento de máximos. ¿Por qué? Sin entender los algoritmos patentados que calculan las calificaciones, es imposible saberlo. Lo que he notado es que encuentro esas puntuaciones más interesantes cuando parecen estar mal, pero generalmente cuando esto sucede no es porque me estén señalando algo que no he reconocido, sino que estamos interpretando el mismo ejercicio de manera diferente.

Una medida que he encontrado mucho más útil (al menos para el entrenamiento de resistencia) es la «Puntuación de estrés de entrenamiento» (TSS, en inglés) calculado por Training Peaks, un programa basado en aplicaciones para sincronizar y analizar datos de entrenamiento recolectados por relojes y otros aparatos.[172] La TSS se basa en la puntuación TRIMP o «impulso de entrenamiento» desarrollada por E. W. Banister y T. W. Calvert en la década de 1980.[173] Tanto la TSS como TRIMP toman en cuenta la duración, así como la intensidad de una sesión de entrenamiento para producir una puntuación que puede ayudar a seguir su entrenamiento y dar una idea de su progreso y potencial de fatiga. No es perfecto, pero es un poco más transparente que los algoritmos patentados. Me gusta que funcione independientemente de la actividad que esté haciendo, y puedo usarlo para rastrear los efectos añadidos de mis diferentes entrenamientos de esquí, carrera y ciclismo. Observar mi puntuación de

172. Training Peaks. «Training Stress Scores (TSS) Explained». Accedido en marzo de 2018. https://help.trainingpeaks.com/hc/en-us/articles/204071944-Training-Stress-Scores-Explained.

173. E. W. Banister y T. W. Calvert. «Planning for Future Performance: Implications for Long Term Training». *Canadian Journal of Applied Sport Sciences. Journal Canadien Des Sciences Appliquees Au Sport* 5 (3) (1980): 170–76. http://www.ncbi.nlm.nih.gov/pubmed/6778623.

TSS (que Training Peaks muestra en forma de útiles gráficos) es una manera fácil de visualizar cómo está cambiando mi carga de trabajo de un día a otro o de una semana a otra, y es fácil para mí detectar picos preocupantes.

Los deportes que practico (atletismo, ciclismo, esquí de fondo) generalmente se miden en horas o kilómetros, pero algunas actividades tienen medidas específicas del deporte que pueden ayudar a controlar la fatiga y la recuperación. En el béisbol, por ejemplo, los registros de lanzamientos se han convertido en una forma popular para rastrear la carga de entrenamiento de los lanzadores, cuyos hombros y codos son notoriamente susceptibles a lesiones que pueden terminar con su carrera. Las investigaciones han demostrado que los jugadores jóvenes que efectúan una gran cantidad de lanzamientos son especialmente vulnerables, y demasiados lanzamientos sin suficiente descanso parecen poner en riesgo a cualquier jugador.

Hay pocas dudas de que la recuperación insuficiente contribuya a las lesiones, incluidas las tendinitis, las distensiones musculares y las fracturas por estrés. Pero las causas subyacentes son a menudo más complicadas que eso, dice Mick Drew, un científico deportivo del Instituto Australiano de Deportes. «Cuanto más entrenas, más te lesionas, pero eso probablemente sea solo una medida de lo que te expones», dice. «También sabemos que si las personas entrenan consistentemente, están protegidas de lesiones.» El truco es determinar el equilibrio óptimo.

Los estudios sobre la carga de entrenamiento y el riesgo de lesiones son imperfectos, dice Drew, pero todos muestran casi el mismo resultado: los mayores riesgos se encuentran en cargas de entrenamiento muy bajas o muy altas. «Un pico de entrenamiento con una carga muy baja crónica es una tormenta perfecta para las lesiones», dice, pero «con una carga de entrenamiento alta, sabemos que estás protegido, hasta cierto punto. ¿Y con una carga superalta? Tal vez no». La clave, dice, es la consistencia.

Drew argumenta que lo que tradicionalmente se han llamado «lesiones por uso excesivo» se podría considerar con más precisión como «errores de carga de entrenamiento», donde la carga de entrenamiento es la tensión de entrenamiento ejercida sobre el cuerpo del deportista.[174] Alguien se enferma o tiene una lesión menor, y pierde parte de su entrenamiento. En lugar de preocuparse por volver poco a poco a la carga de entrenamiento que estaban realizando cuando ocurrió este contratiempo, fuerzan su carga de entrenamiento a donde estaban antes del descanso (o incluso más, porque les preocupa que se hayan quedado atrás). Y el ciclo continúa, dice. Los atletas que caen en este ciclo de auge y caída tienden a experimentar múltiples enfermedades y lesiones. «Lo que estamos diciendo es, sea consistente con sus cargas. Lo importante no es la métrica que se usa para medir los entrenamientos, lo que importa es lo que nos dice la métrica. Y se trata de ser consistente, solo hacer lo que se está preparado para hacer y tomárselo con calma cuando se regresa de una lesión. Si cada una de las lesiones fuesen ladrillos, entonces la carga de entrenamiento es el mortero que las une. «Las cargas de entrenamiento altas no son inherentemente peligrosas si se alcanzan de manera gradual. Pero cuando las cargas aumentan súbitamente, también aumenta el riesgo de lesiones y enfermedades.[175]

La supervisión cuidadosa de la carga de entrenamiento puede parecer una solución obvia para este problema, pero la solución ha resultado ser más complicada que eso, porque no es la carga externa, la distancia recorrida o el número de carreras, lo que más importa. «Es la impresión que los deportistas tienen de la carga», dice el mé-

---

174. M. K. Drew y C. Purdam. «Time to Bin the Term "Overuse" Injury: Is "Training Load Error" a More Accurate Term?». *British Journal of Sports Medicine*, febrero de 2016. doi:10.1136/bjsports-2015-095543.

175. La carga de entrenamiento es algo relativo, dice Tim Gabbett, un científico del deporte australiano que asesora a equipos de todo el mundo. Recientemente publicó un ensayo en el que argumenta que no importa la carga de entrenamiento en términos absolutos para la prevención de lesiones, sino la ruta que se toma para llegar a ella. Para el entrenamiento de pretemporada es crucial. «Por cada 10 sesiones de entrenamiento en la pretemporada reduces el riesgo de lesión en la temporada en un 17 por ciento». Altos niveles de entrenamiento pueden prevenir lesiones, pero solo si se llega a estos niveles gradualmente, sin grandes saltos en la carga de entrenamiento. La carga de entrenamiento de un deportista en una semana debe estar en línea con la preparación que haya tenido el mes previo. Tim Gabbett, Billy Hulin, Peter Blanch y Rod Whiteley. «High Training Workloads Alone Do Not Cause Sports Injuries. How You Get There Is the Real Issue». *British Journal of Sports Medicine* 50 (2016). https://bjsm.bmj.com/content/50/8/444.

dico deportivo Jan Ekstrand, quien lidera una investigación sobre lesiones en curso que observa a los jugadores de fútbol en la Champions League de la UEFA. La misma tarea puede resultar muy diferente para el mismo atleta, dijo, dependiendo de la cantidad de sueño que haya tenido, si tiene dolor muscular o se siente fatigado por un entrenamiento anterior o estresado por los acontecimientos en su vida personal.

Una vez al año, el grupo de investigación de Ekstrand se reúne con los médicos del equipo para intercambiar información. «Les preguntamos, cuáles son los factores más importantes para las lesiones y la prevención de lesiones», dice Ekstrand. Surgieron cuatro razones que desafiaron las expectativas de Ekstrand. El primer factor fue el liderazgo de los directores y entrenadores: ¿cómo de bien funciona el equipo? El segundo fue la carga de los jugadores: cuántos partidos juegan y cuánto entrenan. La siguiente era la comunicación interna: ¿los jugadores tienen a alguien con quien hablar? ¿Los mensajes de los jefes llegan fácilmente a las otras personas de la organización? Finalmente, los médicos señalaron el bienestar general de los jugadores: lo que está sucediendo en sus vidas privadas y si tienen amigos y buenas relaciones.

Estas respuestas fueron una «sorpresa absoluta» para Ekstrand. «Normalmente, pensamos que la prevención de lesiones es un ejercicio de fuerza», dice, pero los factores que los médicos del equipo mencionaron como factores de estrés podrían ser relevantes para cualquier lugar de trabajo. Cuando las personas son infelices en sus trabajos o en sus vidas personales, el rendimiento laboral disminuye. «Necesitamos ampliar nuestra perspectiva», dice Ekstrand. «No podemos simplemente hacer algunos ejercicios, debemos ver la situación en su conjunto.»

Como ejemplo, señala la forma en que diferentes equipos de la Champions League de la UEFA cuidan a los jugadores que vienen de países de fuera de Europa. «Algunos clubes son muy buenos: proporcionan vivienda para la familia, escuela para los niños, enseñanza de idiomas para la familia e incluso le presentan a amigas a la esposa del jugador», dice Ekstrand. La familia se siente apoyada en su transición hacia una nueva cultura. Pero otros clubes no proporcionan este nivel de ayuda. «Dicen que ganas tanto dinero que deberías estar feliz jugando para este club. Entonces tienes una familia en la que la esposa quiere volver a su país porque no entiende el idioma y no tiene amigos.» El jugador en esta última situación puede tener un apoyo estelar en el campo, pero luego regresa a casa y se encuentra una situación estresante e infeliz. La tensión emocional en el hogar puede dificultar la recuperación y afectar al rendimiento en el campo.

A la luz de estos factores, el grupo de Ekstrand comenzó a analizar la carga de entrenamiento de los jugadores utilizando una medida llamada RPE, que es la calificación del esfuerzo percibido. RPE es esencialmente un número que se usa para responder a la pregunta, ¿cómo de difícil te ha resultado este ejercicio?

◆ ◆ ◆

Durante mucho tiempo, el sobreentrenamiento fue estudiado principalmente por fisiólogos que utilizaban las herramientas, perspectivas y mentalidades de la fisiología para examinar el problema. «El punto de vista de que la psicología podría desempeñar un papel en el sobreentrenamiento fue simplemente ridiculizado», dice el psicólogo Jack Raglin, quien comenzó a estudiar el sobreentrenamiento cuando era un estudiante de grado en la década de 1980. Es decir, cuando conoció a su mentor, William Morgan. En 1987, Morgan publicó diez años de datos de seguimiento del humor en nadadores de competición.[176] Morgan y sus colegas en el laboratorio de psicología deportiva de la Universidad de Wisconsin-Madison registraron los estados de ánimo de los nadadores a lo largo de diez temporadas y descubrieron que los trastornos del estado de ánimo, como la tensión, la depresión y el enojo, aumentaban dependiendo del nivel de

---

176. William P. Morgan, D. R. Brown, J. S. Raglin, P. J. O'Connor, K. A. Ellickson. «Psychological Monitoring of Overtraining and Staleness». *British Journal of Sports Medicine* 21 (3) (1987): 107–114. https://doi:10.1136/bjsm.21.3.107.

entrenamiento de los nadadores. Cuando disminuía el entrenamiento regresaban a los niveles de referencia iniciales. El cuestionario sobre el estado de ánimo que el equipo de Morgan había desarrollado se correlacionaba elegantemente con los estados de recuperación. A medida que la recuperación disminuía, también lo hacían los estados de ánimo de los atletas, y cuando su recuperación mejoraba, también lo hacía su estado de ánimo.

«Esa investigación abrió los ojos a mucha gente», dice Raglin, quien participó en algunos de los trabajos y aparece como autor. Los fisiólogos habían estado observando índices como la testosterona y los niveles de cortisol, el lactato y otros marcadores fisiológicos que «realmente no nos decían nada». El estado de ánimo, por otro lado, parece ser casi un índice de todos los parámetros que tienen relación con la recuperación.

Raglin desarrolló un breve cuestionario con una escala sobre el humor para que los jugadores de fútbol lo rellenaran por la mañana. «Funcionó», dice, «pero nos llevó varios meses implementar el sistema para que los jugadores lo utilizaran y entendieran que era útil». Pronto descubrió que los deportistas se resistían más a completar un cuestionario que a que les sacaran sangre o tomaran una medida fisiológica como la frecuencia cardíaca. «La noción completa de recuperación no es apreciada ni entendida por muchos en el mundo deportivo», dice Raglin, y puede llevar trabajo lograr que los deportistas asuman la idea de que el seguimiento de las medidas psicológicas puede ayudar a su rendimiento físico.

El psicólogo del deporte Göran Kenttä trabaja con varios equipos nacionales y olímpicos suecos y los ayuda a monitorizar su respuesta al entrenamiento utilizando el POMS (el cuestionario del perfil del estado de ánimo), una prueba psicológica similar a la que Raglin ayudó a desarrollar y que cuantifica el bienestar psicológico. Kenttä recuerda a una palista del equipo sueco de kayak cuya evaluación de POMS sugirió que estaba fatigada y que no estaba respondiendo bien a un duro entrenamiento antes del campeonato mundial. Se sentó con la deportista y comentó sus puntuaciones de POMS. «Me di cuenta gracias a la evaluación que teníamos que bajar su carga de entrenamiento», dice Kenttä. «La deportista se estresó mucho y me dijo: "¿Me prometes que mi rendimiento mejorará si descanso en lugar de entrenar?"». Kenttä dijo que sí, estaba seguro de que el estado de ánimo de la palista indicaba que necesitaba descansar. A pesar de que el resto del equipo estaba entrenando mucho durante el campamento, estuvieron de acuerdo en que se retiraría de los entrenamientos y se concentraría en la recuperación. ¿Resultado? La deportista regresó de los campeonatos mundiales con una medalla de bronce.

◆ ◆ ◆

Cuando el empresario tecnológico con sede en Boston Jeff Hunt comenzó a hacer triatlones, se sorprendió por cómo se centraba la atención en las horas de entrenamiento registradas y la falta de atención que se dedicaba a la recuperación. «Estaban tan preocupados por cumplir horas de entrenamiento, que era una obsesión. Me pregunté: ¿por qué hacen tanto ejercicio?» ¿Estaban interesados en conseguir el entrenamiento ideal, o simplemente en acumular números en sus parrillas de entrenamiento? Al ver la necesidad de establecer una forma de priorizar la recuperación, Hunt se unió a un amigo esquiador nórdico para fundar Restwise, un programa y aplicación para rastrear los aspectos fisiológicos y psicológicos de la recuperación.

El objetivo era tener una lectura rápida, simple y no invasiva sobre el estado actual de recuperación, una que tuviera en cuenta no solo el entrenamiento, sino otros factores que pueden ayudar o perjudicar a la recuperación, dice Hunt. El programa recopila información sobre una docena de medidas como el sueño, el estado de ánimo, la calidad y la intensidad del rendimiento del día anterior, el bienestar, el dolor muscular, la hidratación y el nivel de energía. La empresa comenzó con un artilugio que medía la saturación de oxígeno en sangre, pero Hunt dice que se dieron cuenta rápidamente de que: «Eso no te indica casi nada». También lo intentaron con las pulsaciones del corazón (HRV), pero como Hunt señala, hay «muchas extrañas anomalías entre lo que HRV te dice y lo que dice el sentido común. He corrido tres maratones, y las tres veces según el HRV debía salir y entrenar normalmente al día siguiente». Encontró que cosas como la calidad del entrenamiento del día anterior, el estado de ánimo, el sueño y los niveles de energía suelen ser más significativos. El programa recoge los datos que los usuarios envían y utiliza un algoritmo exclusivo para crear una puntuación de recuperación.

Los usuarios de Restwise incluyen atletas de resistencia como el triatleta Jesse Thomas, el campeón multideportivo Mike Klosser, la ciclista Rebecca Rusch, numerosos atletas de CrossFit, el equipo de hockey sobre hierba de Estados Unidos y el entrenador de triatletas Matt Dixon, quien utilizó el programa con Ryan Hall antes de su espectacular maratón de Boston de 2011.

«El valor real de Restwise es que es una herramienta educativa», dice Hunt. «Enseña a los atletas a cómo prestar atención.» Y no solo prestar atención, sino prestar atención a las cosas importantes. «La gente se acostumbra a analizarse a sí misma y a prestar atención a cómo se sienten. Llegan a predecir cuál será su puntuación. Y cuando eso sucede, hemos cumplido totalmente nuestra función: ayudar a las personas a evitar el sobreentrenamiento.»

◆ ◆ ◆

Tendemos a pensar que las medidas objetivas son más fiables o científicas que las subjetivas. Si queremos saber cuán rápido va un automóvil, el cuentakilómetros proporciona un indicador más fiable que la sensación subjetiva del conductor de la velocidad del vehículo. Pero la recuperación es un fenómeno mucho más complejo que la velocidad, porque no es una medida de algo que el cuerpo está haciendo en un momento dado, sino que es una predicción de lo preparado que está para realizar un esfuerzo en un momento determinado.

Nos gusta pensar que los fríos números nos brindan los mejores datos, pero resulta que las mediciones subjetivas se imponen sobre las objetivas en lo que se refiere a la recuperación. En 2015, Anna Saw, una científica australiana, y sus colegas recopilaron datos publicados sobre la carga de entrenamiento y su respuesta. Midieron desde niveles de hormonas a marcadores de inflamación, glóbulos de la sangre, marcadores inmunológicos y ritmos cardíacos. Cuando analizaron todos los datos, descubrieron que las medidas subjetivas autoevaluadas por los participantes chocaban con los datos objetivos.[177] Para muchos de los resultados objetivos era difícil determinar si las diferencias, entre un día o una semana y otra, eran el resultado de cambios significativos en la recuperación o respuesta al entrenamiento, o si se trataba de una variación normal de esa variable en particular. «El alcance de este descubrimiento fue sorprendente», dijo Saw, «no esperaba que las mediciones objetivas fueran tan inconsistentes, o que las medidas subjetivas fueran tan fiables».

◆ ◆ ◆

A Kristen Dieffenbach, la científica deportiva de la Universidad de West Virginia que entrena a atletas de resistencia, tanto de élite como *masters* de distintas edades, le gusta usar una analogía presupuestaria con sus atletas. La cantidad de energía física y emocional que un deportista tiene, representa su moneda. «Comienzas con una evaluación: ¿cuánto estás gastando? ¿Cuánto tienes disponible para gastar y cuánto está ya comprometido para gastar en otra parte?» Los deportistas deben ser realistas sobre la cantidad de dinero que tienen. Gastar todo tu dinero en un entrenamiento es como gastar tu presupuesto mensual en comprar zapatos. De repente, no estás listo para satisfacer las otras demandas de la vida.

Hace unos años, Dieffenbach colaboró con Göran Kenttä en un estudio en el que entrevistaron a una serie de atletas de élite sobre sus experiencias para llegar a un acuerdo con sus necesidades de

---

177. Anna E. Saw, Luana C. Main, y Paul B. Gastin. 2015. «Monitoring the Athlete Training Response: Subjective Self-Reported Measures Trump Commonly Used Objective Measures: A Systematic Review». *British Journal of Sports Medicine*, bjsports-2015. doi:10.1136/bjsports-2015-094758.

descanso y recuperación. Casi todos dijeron que habían empezado sus carreras dando por sentado que priorizarían la recuperación. La importancia del descanso era algo que tenían que aprender, y no era suficiente que alguien les aconsejara sobre el tema, tenían que creerlo realmente. «Muchos de ellos miraron hacia atrás y dijeron que si hubieran recuperado mejor cuando eran más jóvenes, podrían haber sido mucho más rápidos», dice Dieffenbach.

Pero la cultura de «entrena duro o vete a tu casa» y la irrupción de las aplicaciones de redes sociales como Strava y MapMyRun que permiten a las personas ver datos sobre los entrenamientos de otros atletas significa que «todos se están comparando constantemente», dice Dieffenbach. «Se convierte en una competición por entrenar, pero en esas aplicaciones no se registra todo lo que se hizo durante el día. No se sabe cuál es el presupuesto de nadie más ni qué lotería genética o fondo económico trae de fábrica. Tal vez la otra persona necesita dormir más que tú. Esas comparaciones de datos no te dirán nada sobre eso.»

Demasiado atención puesta en los números puede ser contraproducente. «Muy pocas personas toman en cuenta las ramificaciones psicológicas de todos estos datos científicos», dice Steve Magness, el entrenador de atletismo y coautor de *Peak Performance*. «Cuanto más cuantificas, más creas deportistas frágiles. Lo he visto en los mejores escenarios y con atletas de alcance mundial. Se vuelven dependientes. Si el HRV o las ondas omega les dicen que no están listos, creen que no están listos.»

Lo que hace que el seguimiento y el análisis de los datos sea tan atractivo es también lo que lo hace peligroso: transmite una sensación de certeza que la ciencia aún no puede ofrecer. El supuesto que subyace al uso de los datos para tomar decisiones sobre cuándo entrenar y cuándo descansar es que comprendemos las formas complejas en que el cuerpo procesa el estrés y la recuperación, y cómo los distintos entrenamientos afectan a una persona. En realidad, nuestra comprensión actual de estos procesos es todavía bastante rudimentaria. «Primero, ni siquiera tenemos un gran modelo sobre cómo funciona realmente la adaptación», dice Magness. «En segundo lugar, ni siquiera podemos acordar cómo cuantificar el estrés de un entrenamiento.»

Cuando ve a un deportista obsesionado con los cifras de rendimiento, el entrenador de triatletas Matt Dixon se preocupa. Aunque alienta a sus atletas a utilizar los datos de seguimiento como herramientas de información, odia ver que alguien confíe demasiado en ellos. «Los ingenieros y fanáticos de la medición patearán y gritarán, pero el rendimiento no es un cálculo simplista. Si no haces caso de tu reloj interno ni de tu esfuerzo percibido, nunca evolucionarás verdaderamente como deportista», escribe en su libro, *The Well-Built Triathlete*.[178]

«Cada vez que un deportista *master* pregunta: ¿cuántas horas voy a tener que entrenar? Mi respuesta es que no lo sé», dice Dixon. Hasta que no pueda conocer a sus atletas, cuáles son sus antecedentes, qué tipo de estrés tienen en sus vidas, cómo responden a los diferentes tipos de entrenamiento, no puede saber cuánto entrenamiento o cuánto tiempo de recuperación necesitarán. Dixon le dice a sus atletas que si quieren tener éxito, deben aprender a ser conscientes de cómo están respondiendo al entrenamiento y desarrollar los buenos hábitos necesarios para la recuperación: dormir adecuadamente, una buena nutrición y la alimentación apropiada para sus entrenamientos.

Una de las cosas más importantes que necesita un atleta es la confianza para escuchar a su cuerpo y la confianza en su programa de entrenamiento. No hay un solo camino para el éxito, pero esta es una lección difícil para los deportistas que se comparan constantemente con sus compañeros, un hábito que puede volverse aún más compulsivo en estos días, cuando los atletas comparten sus entrenamientos en Strava y otras redes sociales. Dixon recuerda una conversación que tuvo con uno de sus atletas, Tim Reed, quien ganó el campeonato mundial Ironman 70.3, en 2016. Reed quería hablar sobre cómo se habían entrenado otros campeones. «Así lo hizo Craig Alexander, y así lo hizo Cameron Brown», dice Dixon. «Y dije, Tim, si

---

178. Matt Dixon. *The Well-Built Triathlete*, VeloPress, 2014.

quieres ser campeón del mundo, tienes que hacerlo a la manera de Tim Reed. Puedes mirar por encima de la cerca, pero en última instancia, un gran campeón hará lo que sea adecuado para él.»

La forma en que los deportistas responden al entrenamiento no está dictada solo por la fisiología. La forma en que alguien absorbe el entrenamiento también está influenciada por las otras cosas que suceden en sus vidas. Como ejemplo de esto, Dixon señala a dos de sus triatletas que fueron campeones mundiales *master* en el Ironman de Hawái. «Estos muchachos estaban en el mismo grupo de edad, con un par de años de diferencia», dice. Uno de ellos, Rich Viola, seguía un entrenamiento de aproximadamente entre 22 y 25 horas por semana. Tenía el lujo de tener tiempo para él y su trabajo, aunque requería mucha energía, no era demasiado estresante. El otro, Sami Inkinen, era director ejecutivo de una empresa y solo disponía de aproximadamente 12 horas a la semana para entrenar. Inkinen se convirtió en campeón mundial de su grupo de edad con casi el 50 por ciento de la carga de entrenamiento que Viola.[179] «No es que 12 horas sea la carga de entrenamiento adecuada para todos. Es que si Inkinen hubiera entrenado 16 o 18 horas por semana, probablemente habría fracasado, porque estaba dirigiendo una empresa tecnológica en expansión, lo que suponía un gran reto y no tenía mucho tiempo libre», dice Dixon. «Es un desafío de optimización.»

Nativo de Finlandia, Inkinen se mudó a Palo Alto en 2003 y comenzó a hacer triatlones en 2004. Se considera a sí mismo un «fanático incurable de los datos» y dice que le encantó «la emoción de descubrir cosas» con respecto a su entrenamiento y rendimiento. En 2005, Inkinen cofundó la página web de bienes raíces Trulia, que le dejó pocas horas para entrenar. «Así que empezó a preguntarse: ¿cómo maximizo los beneficios fisiológicos con una cantidad mínima de tiempo?» Aquí, Dixon proporcionó una guía útil, pero Inkinen también buscó información en la literatura científica. «Me di cuenta

---

179. Las proezas atléticas de Inkinen no se limitan al triatlón. En 2014 él y su mujer, Meredith Loring (una gimnasta y maratonista), remaron más de 3.800 kilómetros desde San Francisco a Hawái sin asistencia. «Couple Rows Across Pacific, Doesn't Divorce», era el titular de *USA Today*.

de que muchos de los marcadores cardiovasculares que se correlacionan con el rendimiento de la resistencia se pueden desarrollar de manera muy efectiva con un entrenamiento de muy alta intensidad, lo que requiere menos tiempo», dice.

Como buen hombre de números, Inkinen no se iba a limitar a leer un artículo, quería saber cómo estaba respondiendo su cuerpo. «Necesito obtener datos objetivos para compensar y mejorar cada semana», dice. Después de años de rastrear todo tipo de información sobre sí mismo, concluyó que «el mejor algoritmo para asimilar todos esos datos es nuestro propio cerebro. El estado de ánimo y la sensación de la mañana es probablemente el factor de predicción más preciso de la recuperación, ya que tiene en cuenta muchas cosas: lesiones, estado hormonal, hidratación, nutrición». De manera aislada, las medidas individuales, como la frecuencia cardíaca, la VFC o el peso corporal solo representan una dimensión de la recuperación, dice. Los marcadores en sangre no le dicen gran cosa. «Un solo biomarcador en cualquier punto dado no tiene sentido. Si te sientes hecho pedazos, eso te dice algo. Estamos muy lejos de tener un sistema de biomarcadores que pueda superar al cerebro humano.»

◆ ◆ ◆

Camille Herron es una superheroína. Estableció el récord mundial Guinness para el maratón más rápido corrido por una mujer vestida con un traje de superhéroe, al ganar la Maratón de la Ruta 66 en Tulsa en 2012, vestida como Spiderman. (Su tiempo, 2:48:51, estaba a menos de tres minutos del mínimo requerido para las olimpiadas de 2012, que ya había conseguido anteriormente.) Herron es una corredora muy rápida, pero sus verdaderos superpoderes son su talento sobrenatural para la recuperación y la habilidad perfeccionada para escuchar a su cuerpo.

Formada como científica (su tesis de postgrado investigó sobre el ejercicio y la recuperación ósea), Herron creció en Oklahoma y jugó al baloncesto cuando era niña. Su padre y su abuelo jugaron al baloncesto en el Oklahoma State, y eso es a lo que ella también aspiraba. Más tarde, en el instituto, su entrenador notó que Herron podía correr casi sin parar. «Me parece que podrías ser una buena corredora de distancia», le dijo. Había encontrado su lugar en el mundo. Ganó tres veces el campeonato estatal para estudiantes de secundaria, y la Universidad de Tulsa la reclutó para correr en su equipo. Su carrera universitaria estuvo marcada por las lesiones, pero durante la universidad conoció a su esposo, un corredor profesional que se estaba entrenando para el maratón de las olimpiadas de 2004. Con su carrera universitaria terminada, ella también comenzó a correr más tiempo, y muy pronto estaba haciendo maratones junto con él.

En 2008 se clasificó para las pruebas de maratón olímpico y en 2010 ganó el maratón de Dallas. Fue invitada a correr otro maratón cinco semanas después y, notando que parecía estar recuperándose muy rápido, pensó: «¿Por qué no? Solo veamos qué pasa». Terminó haciendo cuatro maratones en tres meses, todos ellos en tiempos bajo mínimos de calificación de los Juegos Olímpicos. En 2011, fue la mejor estadounidense en el maratón de los Juegos Panamericanos de Estados Unidos. Y terminó como la tercera estadounidense en el maratón de la ciudad de Nueva York dos semanas después.

A medida que pasaba el tiempo, iba haciendo más carreras consecutivas y comenzó a pensar en correr más distancia. Hizo su debut en ultramaratón en 2013, y después de un primer año propenso a las lesiones, pronto ganó carreras. Tiene el récord mundial de 50 millas y fue la campeona mundial en 50 y 100 kilómetros en 2015. En 2017, se convirtió en la primera estadounidense en 20 años en ganar el famoso Maratón de Comrades, un ultramaratón entre las ciudades sudafricanas de Durban y Pietermaritzburg, una distancia de unos 90 kilómetros.

Alta (1,75 metros) con piernas largas y angulosas, el estilo de carrera de Herron es inconfundible, incluso desde la distancia. Corre con su largo cabello rubio que se mueve sin control mientras se desliza por el camino. (Hace unos 15 años, decidió dejar de marearse con el pelo. No más colas de caballo ni pinzas para el cabello.) Si hay algo que se nota observándola, es que ella corre según se siente.

«Lo que he descubierto que me funciona a mí es entrenar fuerte con regularidad hasta el punto de sentirme cansada», dice Herron. Por lo general, corre dos veces al día y puede hacer seis o siete días de dobles entrenos antes de que comience la fatiga. Cuando eso sucede, se toma un descanso. «En lugar de planear mi día libre, soy intuitiva con lo que siente mi cuerpo», dice Herron. Ella corre hasta que se siente cansada, luego se toma unas semanas o incluso un mes sin carreras, en el que afloja el entrenamiento.

«Solo necesito ir con el flujo de mi cuerpo. Cuando está cansado, retrocedo y luego vuelvo a comenzar», dice ella. «Lo que aprendí es que, en lugar de planificar todo en papel y pensar si estas tomando la decisión correcta, debes concentrarte en ti y en lo que estás sintiendo, eso es más importante que un plan de entrenamiento escrito por adelantado.»

A pesar de su recuperación inusualmente rápida, Herron no es invencible. En 2017, ganó el ultramaratón Tarawera de 102 kilómetros de Nueva Zelanda en un tiempo récord, y después de su victoria de los Comrades, se apuntó a los Western States 100, uno de los ultramaratones más competitivos de los Estados Unidos. Ella era una de las favoritas para ganar previo a la carrera, pero terminó abandonando después de tan solo 15 kilómetros. Sus isquiotibiales se habían inflamado y patinaba en muchas de las partes del sendero donde quedaban rastros de nieve del invierno anterior. En la estación de reavituallamiento donde abandonó la carrera: «Lloramos, reímos, compartimos una cerveza y tomamos fotos. El amanecer con la nieve no se parece a nada que haya visto nunca», dijo a la revista *Trail Runner*, y agregó que estaba en paz con su decisión de abandonar la carrera.[180] «No estaba destinado a ser, y definitivamente lo intentaré de nuevo.» Agradeció a sus partidarios por su ayuda, pero no se disculpó por la decepción. Ella sabe quién es el jefe. Su cuerpo decide lo que puede hacer, no las presiones externas.

---

180. Megan Janssen. «Breakouts, Breakdowns and Bib Offerings at the 2017 Western States 100». *Trail Runner* (27 de junio de 2017). Accedido en mayo 2018. https://trailrunnermag.com/people/culture/breakouts-breakdowns-bib-offerings-2017-western-states-100.html.

Su carrera en Western States terminó en decepción, pero al abandonar sin duda ayudó a facilitar su próximo gran logro: un primer puesto y un nuevo récord mundial de 100 millas (el más rápido jamás realizado por una mujer u hombre en una carrera certificada), establecido en El Tunnel Hill 100 en Vienna, Illinois. Mientras que Watson y todos sus feligreses buscan el algoritmo perfecto para equilibrar el esfuerzo y el descanso, Herron ha perfeccionado la métrica de la naturaleza, un agudo sentido de cómo se siente.

# 11

# Duele tan bien

scribo estas líneas en un escritorio lleno de productos para la recuperación que he ido recolectando en estos últimos meses: pastillas efervescentes de magnesio, un rodillo muscular, un *masajeador* vibrador, una bebida para la recuperación sin gluten y certificada como Kosher, unas plantillas mecanizadas que masajean el arco del pie en ciclos de 30 segundos, un inhalador de oxígeno y muchas cosas más. La gran abundancia de modalidades de recuperación conforma un espectro que varía según su evidencia. En un extremo tienes el sueño: la herramienta de recuperación más potente jamás descubierta. En el otro extremo se encuentra una serie de productos de moda, como el agua de hidrógeno o inhaladores de oxígeno, que el sentido común puede desechar como inútiles. (No es la cantidad de oxígeno que estás respirando lo que generalmente limita el rendimiento y recuperación: es la capacidad del cuerpo para transportarlo a los músculos, e inhalar oxígeno no ayudará a eso.) Sin embargo, la mayoría de las técnicas se encuentran en algún lugar del vasto medio del espectro. Prometedoras pero no probadas. Una y otra vez, al analizar la ciencia, descubrí que la mayoría de las investigaciones sobre las modalidades de recuperación son escasas e incompletas. Puede que sirvan de algo, pero es difícil asegurarlo.

Cuando estas modalidades de recuperación funcionan, sus beneficios generalmente se miden en un solo dígito y nos encontramos con «una verdad incómoda», según la experta en recuperación Shona Halson.[181] Los pequeños efectos de mejora del rendimiento de las ayudas populares no parecen tener efectos más significativos. En cambio, parece haber un efecto de meseta en el que, en algún momento, el cuerpo alcanza su capacidad de mejorar. En el nivel élite del rendimiento humano, la investigación sugiere que hay algún tipo de techo biológico: cuando estás cerca de la cima, no queda mucho espacio para mejorar. Hacer tres cosas que, de forma aislada, pueden producir una mejora del tres por ciento en la recuperación no significa que juntas sumen un aumento del nueve por ciento, y esto también sugiere que estos diferentes tratamientos pueden estar aprovechando la misma reserva finita. Lo que sea que estén haciendo, parece que lo están haciendo a través de algún mecanismo compartido.

David Martin sospecha que este mecanismo es el efecto placebo. Martin es un deportista de Oregón (el esquí nórdico fue una de sus primeras pasiones), que pasó dos décadas trabajando en el Australian Institute of Sport antes de que los Philadelphia 76ers lo contrataran en 2015 para que fuera el director de investigación y desarrollo del rendimiento. A lo largo de los años, trabajó con deportistas de élite de numerosas disciplinas, entre ellos Cadel Evans, el primer ganador de Australia del Tour de Francia, y el jugador de la NBA Joel Embiid. Después de décadas de observación de los deportistas y sus hábitos, Martin ha llegado a la conclusión de que las modalidades de recuperación más populares funcionan aprovechando el efecto placebo. Pero él no ve eso como una razón para despreciarlas. Al contrario, lo ve como una oportunidad. En lugar de llamarlo efecto placebo, él prefiere usar términos como «respuesta anticipada» o «efectos de la creencia», porque las personas tienden a descartar la palabra placebo como un sinónimo de inefectivo, cuando, de hecho, estos efectos son reales, y en algunos

---

181.  Shona L. Halson y David T. Martin. «Lying to Win-Placebos and Sport Science». *International Journal of Sports Physiology and Performance* 8 (2013): 597–599. http://www.ncbi.nlm.nih.gov/pubmed/24194442.

casos puede ser tan potente como muchas drogas. La diferencia es que está utilizando los propios recursos del cuerpo para obtener el beneficio.

Las investigaciones sobre los placebos y el dolor han demostrado cuán potentes pueden ser los poderes naturales del cuerpo. En un estudio, los pacientes de cirugía oral a los que se les administró un placebo tuvieron una reducción del dolor del 39 por ciento, pero esta respuesta desapareció cuando los participantes recibieron un medicamento que bloquea los receptores de opioides, lo que sugiere que el efecto placebo explota el sistema opioide natural del cuerpo.[182] Las imágenes cerebrales sugieren que los neurotransmisores como la dopamina también pueden desempeñar un papel importante. La conclusión, dice Martin, es que las expectativas pueden crear efectos biológicos reales.

Incluso en ausencia de pruebas, si un deportista cree firmemente que algo funciona, el efecto de la creencia puede ser mayor que el efecto real. Y lo contrario también es cierto. Si el deportista no cree en el tratamiento, sus beneficios serán menores o inexistentes.

«Sabemos que el cerebro y el cuerpo trabajan juntos», dice Luana Colloca, una investigadora de la Universidad de Maryland que estudia los placebos. El efecto placebo en cierto sentido representa no solo una expectativa, sino una predicción sobre un hecho, dice ella. Cuando a pacientes que han tenido una experiencia previa maravillosa con un tratamiento, luego se les administra el mismo tratamiento, pero con una sustancia inerte, las investigaciones demuestran que es probable que aún surtan efectos positivos. Observar a alguien más beneficiarse de un tratamiento también puede crear este tipo de efecto de expectativa. Si un deportista está convencido de que él, un rival o un compañero de equipo ha recibido un beneficio extra por utilizar una modalidad de recuperación, sucede lo mismo que con esa droga inerte, puede causar un beneficio real. La creencia es poderosa.

---

182. Howard L. Fields. «The Mechanism of Placebo Analgesia». *The Lancet* (23 de septiembre de 1978): 654–657. https://doi:10.1016/S0140-6736(78)92762-9.

Una amiga me preguntó recientemente qué pensaba de los baños de hielo. Yo le contesté con una pregunta: ¿Qué pensarías tú, si te digo que no sirve para nada? «No te creería», dijo ella. Ella sabía que le funcionaba. Fue una respuesta honesta que explica por qué las modalidades no probadas e incluso desacreditadas siguen siendo populares aun cuando se nos presenta evidencia de lo contrario. Sabemos lo que creemos y no se nos disuade fácilmente.

Hace algunos años, David Nieman, director del Human Performance Lab en Appalachian State University, realizó un estudio sobre los participantes de la Western States Endurance Run, un ultramaratón de 100 millas en las montañas de la Sierra Nevada de California.[183] Entre los ultracorredores, el uso de ibuprofeno para controlar el dolor es tan común que llaman a la droga «vitamina I». Nieman reclutó a un grupo de corredores y pidió a la mitad de ellos que renunciaran al ibuprofeno durante la prueba, algo que muchos participantes no querían hacer. Posteriormente, comparó el dolor y la inflamación en corredores que tomaron ibuprofeno durante la carrera con los que no lo hicieron, y los resultados fueron inequívocos. El ibuprofeno no logró reducir la inflamación o el dolor muscular, y los análisis de sangre revelaron que los consumidores de ibuprofeno en realidad experimentaron mayores niveles de inflamación que aquellos que evitaron el medicamento. «No hay absolutamente ninguna razón para que los corredores usen ibuprofeno», dijo Nieman.

Al año siguiente, Nieman regresó a la carrera de Western States y presentó sus hallazgos a los corredores. Luego, les preguntó si los

---

183. David C. Nieman, Dru A. Henson, Charles L. Dumke, Kevin Oley, Steven R. McAnulty, J. Mark Davis, E. Angela Murphy, et al. «Ibuprofen Use, Endotoxemia, Inflammation, and Plasma Cytokines during Ultramarathon Competition». Brain, Behavior, and Immunity 20 (6) (2006): 578–584. https://doi:10.1016/j.bbi.2006.02.001. Escribí por primera vez acerca de la incredulidad de los corredores respecto a las investigaciones de Nieman en 2010. Christie Aschwanden. «When It Comes to New Treatment Guidelines for Breast Cancer, Back Pain and Other Maladies, It's the Narrative Presentation That Matters», *Pacific Standard*. Abril 2010. Accedido en febrero de 2018. https://psmag.com/social-justice/convincing-the-public-to-accept-new-medical-guidelines-11422.

resultados de su estudio cambiarían sus hábitos. La respuesta fue un rotundo no. «Realmente creen que les ayuda. Aun cuando los datos muestran que no ayuda, igual lo usan.» Después de escribir sobre el estudio de Nieman, recibí correos electrónicos de corredores que cuestionaban los resultados. Tenían que ser erróneos, me dijeron estos lectores, porque: «Sé que a mí me funciona».

Desde que salió el estudio de Nieman en 2006, otros estudios han demostrado que el uso de ibuprofeno y otros medicamentos antiinflamatorios no esteroideos antes del ejercicio puede en realidad impedir la reparación de los tejidos y retrasar la curación de las lesiones de huesos, ligamentos, músculos y tendones.[184] Y debido a que la inflamación parece ser un paso necesario en la adaptación de un músculo al ejercicio, algunos investigadores teorizan que tomar antiinflamatorios podría reducir algunas de las ganancias que un atleta obtendría de un entrenamiento duro, una idea respaldada por estudios preliminares. Estos temas han recibido atención en el *New York Times* y el *Washington Post,* así como en publicaciones deportivas como *Runner's World* y páginas web especializadas dirigidas a deportistas.

Sin embargo, la creencia de que los antiinflamatorios deberían ayudar a los atletas a correr con menos dolor sigue arraigada. Una corredora que entrevisté fue hospitalizada por un caso grave de rabdomiólisis (una afección renal grave) después de tomar ibuprofeno durante un ultramaratón. A pesar de que lo que le sucedió es atribuible en parte a las 12 píldoras de ibuprofeno que tomó durante las 24 horas de carrera, continúa tomando ibuprofeno cuando corre, aunque en dosis más bajas. «El ibuprofeno a mí me funciona tanto para disminuir el dolor como la inflamación de las articulaciones», me dijo. La noción de que una clase de medicamentos cuyo nombre incluye la palabra «antiinflamatorio» podría en realidad aumentar la

---

184. Nieman et al. «Ibuprofen Use, Endotoxemia, Inflammation And Plasma citokines during Ultramarathon Competition»; Steven R. McAnulty, John T. Owens, Lisa S. McAnulty, David C. Nieman, Jason D. Morrow, Charles L. Dumke y Ginger L. Milne, 2007. «Ibuprofen Use during Extreme Exercise». *Medicine & Science in Sports & Exercise* 39 (7) (2007): 1075–1079. https://doi.org/10.1249/mss.0b13e31804a8611.

inflamación es inconcebible para muchos corredores, que no creen que eso sea probable o posible, aunque eso es exactamente lo que la investigación ha demostrado.

El estiramiento o elongación es otro ejemplo de una práctica tan arraigada, que las personas rara vez cuestionan sus beneficios. Es un excelente placebo, porque está *ritualizado*, proporciona una sensación de estar haciendo algo y parece como si algo estuviera sucediendo, lo que puede reforzar la expectativa de que está funcionando. Lo sé. Crecí estirando. Cuando estaba en el instituto, teníamos una rutina de estiramientos que hacíamos antes y después de cada entrenamiento. No recuerdo haber recibido muchas explicaciones acerca de por qué lo hacíamos. Es lo que se hacía para mantener los músculos relajados y sentirse bien.

Aunque el estiramiento siempre ha sido popular entre los deportistas, recientemente también se ha puesto de moda con la instalación de una serie de locales especializados en estiramientos que se han abierto en la ciudad de Nueva York y ofrecen sesiones personalizadas de estiramiento personal con un entrenador. La idea es que el estiramiento ayuda a relajar los músculos doloridos y alivia la tensión en los músculos que han estado tensos por el ejercicio o, para quienes trabajan en oficinas, por permanecer demasiado tiempo en una posición fija. El estiramiento también se promueve como una forma de asegurar la flexibilidad y un buen rango de movimiento en las articulaciones.

Pero numerosas revisiones de la literatura científica sobre estiramientos han concluido que no ofrece ayuda alguna para la recuperación. Una investigación de Cochrane en 2011 analizó 12 estudios sobre estiramiento, uno de ellos en un trabajo de campo que involucró a más de 2.000 participantes, y concluyó que «la evidencia de los estudios aleatorios sugiere que el estiramiento muscular, ya sea realizado antes, después, o antes y después del ejercicio, no produce reducciones clínicamente importantes en el dolor muscular de inicio tardío en adultos sanos». Una revisión más reciente concluyó que el estiramiento estático podría reducir la economía de carrera (una medida de la eficiencia con la que se corre); que no reduce la duración o la intensidad del dolor muscular de inicio tardío; y tampoco tiene incidencia en el riesgo de lesión.[185] Por supuesto que el estiramiento te puede ayudar a tocar los dedos del pie con la mano y aumentar la flexibilidad en general, pero eso no parece traducirse en menos lesiones o menos dolor.

Dejé de estirarme hace muchos años, después de buscar los beneficios científicamente comprobados y descubrir que no había muchos. Por lo que puedo decir, renunciar al estiramiento no ha marcado ninguna diferencia, aunque me ha ahorrado tiempo. Mis compañeros de entrenamiento a veces cuestionan mi decisión, pero hace mucho tiempo dejé de intentar convencer a los convencidos. Cuando amigos bien intencionados intentan atarme a sus rutinas de estiramiento, utilizo la clásica respuesta de Bartleby: «preferiría no hacerlo». Si mis compañeros de entrenamiento quieren dedicar tiempo a los rituales de estiramiento, no intentaré detenerlos. Hace mucho tiempo me di cuenta de que no cambiaría su opinión con estudios científicos.

Las personas rechazan rápidamente la evidencia que contradice su experiencia personal. Por ejemplo, en estudios con placebo, se podría esperar que los voluntarios que recibieron el tratamiento simulado se sintieran engañados, pero ese no suele ser el caso.[186] Parte de lo que hace un placebo es cambiar la forma en que valoramos la información sensorial. Y esta valoración puede hacer una gran diferencia. Si está preparado para esperar sentir menos dolor o fatiga después de un baño de hielo o un masaje, es posible que perciba que su dolor disminuye y que en realidad pueda sentirse menos cansado. Resulta que muchas de las cosas que pretendemos tratar con las modalidades de recuperación tienen un componente subjetivo o psicológico que puede ser aprovechado.

---

185. Claire Baxter, Lars R. McNaughton, Andy Sparks, Lynda Norton y David Bentley. «Impact of Stretching on the Performance and Injury Risk of Long-Distance Runners». *Research in Sports Medicine* 25 (1) (2017): 78–90. doi:10.1080/15438627.2016.1258640.

186. Mucha gente aun cuando se entera de que ha estado en el grupo del placebo siente que le ha ayudado, dice Tor Wager, un investigador de los placebos de la Universidad de Colorado. «Siempre existe la posibilidad de que la gente diga: bueno a mí me funcionó.»

En los jugadores de baloncesto de los Philadelphia 76ers, se les ofrece una selección de cuatro modalidades de recuperación y se les permite elegir la que crean mejor para ellos. Las opciones habituales son el masaje, el baño de hielo, las botas de compresión neumáticas y un baño tibio o caliente (o un estiramiento manual realizado por un terapeuta si están en plena temporada). Martin, el responsable científico de la actividad física de los 76ers, toma un enfoque cuidadoso al presentar estas opciones a los jugadores, diciéndoles que la evidencia de su eficacia no es definitiva (y en algunos casos no es muy buena), pero que algunas personas los encuentran útiles y podría serlo también para ellos.

Varios estudios han demostrado que los placebos pueden ser medicamentos efectivos incluso cuando a las personas se les dice que son inertes.[187] El investigador de Harvard Ted Kaptchuk dice que si bien los llamados «placebos abiertos» no se basan en el engaño, sí emplean un truco. Un médico que usa un placebo abierto es como un mago. El truco se realiza con la revelación completa de que es, de hecho, un truco, pero aún requiere una forma sutil de engaño para ejecutarse. Para que el placebo funcione, el paciente debe suspender la incredulidad ante la insistencia del médico, que es casi exactamente lo que Martin está haciendo con sus jugadores. La manera amable y confiada de Martin y su reputación como genio de la ciencia del deporte probablemente también ayuden a ganarse la confianza del jugador.

Martin ofrece a los atletas la oportunidad de elegir su modalidad de recuperación. «Si lo eligen, lo respaldan al 100 por cien, pero si les impongo que tienen que hacerlo, no funciona», dice. Recuerda un estudio realizado por investigadores de la Universidad de Nevada, Reno, donde a los voluntarios se les ofreció una selección de cremas de placebo para el dolor.[188] Si se les mostraban las cremas y luego se

187. Cláudia Carvalho, Joaquim Machado Caetano, Lidia Cunha, Paula Rebouta, Ted J. Kaptchuk e Irving Kirsch. «Open-Label Placebo Treatment in Chronic Low Back Pain». PAIN, octubre de 2016 https://doi:10.1097/j.pain.0000000000000700.

188. J. P. Rose, A. L. Geers, H. M. rasinski y S. L. Fowler. «Choice and Placebo Expectation Effectsin the Context of Pain Analgesia», *Journal of Behavioral Medicine* 35, n.º 4 (agosto de 2012): 462-470. doi:10.1007/s10865-011-9374-0.

les asignaba una, las cremas se consideraron menos efectivas que cuando se les ofreció la selección y se les permitió elegir a los pacientes. Algo acerca de tomar las decisiones por uno mismo hace que mejore el efecto placebo.

Muchas modalidades de recuperación populares me recuerdan al chupete. En realidad no resolverán nada, pero te dan algo que hacer mientras esperas a que la naturaleza siga su curso. Hay una amplia investigación para demostrar que los humanos odiamos la espera, y si nos dan algo para ocuparnos mientras tanto, seremos mucho más felices, incluso aunque nada más haya cambiado. Por ejemplo, cuando los pasajeros en el aeropuerto de Houston se quejaron de los largos tiempos de espera en la cinta transportadora de equipaje, los funcionarios del aeropuerto intentaron acelerar el proceso de transporte de equipaje.[189] El enfoque acortó el tiempo, pero todavía se quejaban los clientes. Resultó que la caminata desde las puertas hasta las cintas de equipaje era muy corta, de modo que, incluso cuando se entregaba rápido el equipaje, las personas pasaban casi el 90 por ciento del tiempo después de dejar el avión esperando por él. El aeropuerto redirigió a los pasajeros de modo que tardasen seis veces más en llegar a la cinta de equipaje, y las quejas desaparecieron. El tiempo de espera en sí no había cambiado, solo la forma en que la gente lo utilizaba. Resulta que somos mucho más felices haciendo algo, cualquier cosa, antes que esperar. El estiramiento, los baños de hielo o el rodillo de espuma proporcionan la sensación de compromiso y de que estamos haciendo algo por recuperarnos, que los estudios señalan como la razón por la cual funcionan los placebos. «Si algo requiere mucho compromiso de nuestra parte, o si te cuesta más, parece que funciona mejor», dice Tor Wager, un investigador de la Universidad de Colorado.

Los experimentos han identificado algunas otras características que parecen dar poder a los placebos. Cualquier cosa que dé la sensa-

---

189. Alex Stone. «Why Waiting Is Torture». *The New York Times*, 19 de agosto de 2012. Accedido en marzo de 2018. http://www.nytimes.com/2012/08/19/opinion/sunday/why-waiting-in-line-is-torture.html.

ción de que el placebo es fuerte puede hacer que parezca un medicamento genuino, lo que puede explicar por qué las inyecciones de placebo son más efectivas que las píldoras de placebo, y las cirugías de placebo son aún mejores. En los estudios, los investigadores a veces dan lo que llaman placebos «activos», que tienen algún tipo de efecto benigno (un sabor extraño en la boca o un cosquilleo en la lengua, quizás) para mejorar la expectativa de que algo está sucediendo.

Muchas de estas características que mejoran el placebo aparecen en las modalidades de recuperación, las cuales, en mi opinión, se clasifican en cuatro categorías. Primero está la de «sienta tan bien». Estas son actividades que sientan bien mientras las estás haciendo, y quizás después también, de tal modo que aunque no sirvan para nada más, proporcionan un beneficio valioso en sí mismo. La siguiente es la categoría de «duele tan bien», actividades como los baños de hielo que al ser dolorosos, dan la sensación de que deben ser poderosos (y, por lo tanto, eficaces). En tercer lugar de los placebos activos está la categoría de «está funcionando, puedo sentirlo» con cosas como las ventosas, que producen sensaciones y efectos notables que no son necesariamente dolorosos ni seductores. Finalmente, está la categoría de «cegado por la ciencia» con actividades como las saunas infrarrojas, cuyo atractivo proviene de las explicaciones científicas que les dan un aura de poder de la era espacial.

Estas categorías son variables: lo que cae en la de «sienta tan bien» para una persona podría ser categorizado como «duele tan bien» o «está funcionando, puedo sentirlo» por otra, pero el efecto final es el mismo. La modalidad tiene alguna cualidad que provoca la expectativa de que funcionará.

◆ ◆ ◆

Natalie Badowski Wu es una ultramaratonista y médica de emergencias en San José, California. «Nosotros los corredores somos especiales», dice ella. «Odiamos no hacer nada. Siempre estamos encontrando formas de promover la recuperación, por lo que tienes que hacer algo para sentir que estás obteniendo un efecto.» Ella ha notado una proliferación de modalidades de recuperación que se ofrecen en las ultracarreras. Los masajes, los baños de hielo y los dispositivos de compresión neumática se han vuelto tan comunes, dice, que los corredores ahora casi los exigen. «Hay muchos estudios realizados por las propias empresas que los venden que dicen que sí que hay alguna evidencia», dice, pero quería ver pruebas más sólidas y estudios que se aplicaran a los corredores. «Algunos de los estudios se basan en una repetición continua de un ejercicio con pesas, pero me gustaría saber qué significa eso para el que corre.»

Los ensayos controlados aleatorios son el estándar de oro en medicina, y Badowski Wu y algunos colegas, incluido Martin Hoffman en el Centro Médico de Sacramento VA, que con frecuencia estudian a ultracorredores, pensaron que también podrían aplicar ese enfoque a las modalidades de recuperación. Así que diseñaron y realizaron un ensayo aleatorio y controlado de masaje y compresión neumática en participantes en la Western States Endurance Run de 2015.[190] (La carrera tiene un programa único para financiar y fomentar la investigación básica, aplicada, clínica y de comportamiento sobre el evento y sus participantes.) Los corredores se dividieron aleatoriamente en tres grupos: quienes obtendrían un masaje, quienes obtendrían un tratamiento de compresión neumática o quienes no obtendrían nada después de terminar la carrera.

Los corredores que recibieron un masaje o un tratamiento de compresión informaron que redujeron el dolor muscular inmediatamente después, pero estos beneficios fueron de corta duración. Los resultados no mostraron diferencias entre el grupo de control y los dos grupos de tratamiento en las medidas de dolor muscular y dolor o fatiga general. Los investigadores también hicieron que los corredores realizaran dos pruebas de tiempo de 400 metros antes de la carrera, y luego tres y cinco días después de la carrera, y aquí tampoco hubo diferencias entre los grupos.

---

190.  Martin D. Hoffman, Natalie Badowski, Joseph Chin y Kristin J. Stuempfle. «A Randomized Controlled Trial of Massage and Pneumatic Compression for Ultramarathon Recovery». *The Journal of Orthopaedic and Sports Physical Therapy* 46 (5) (2016): 1–26. https://doi:10.2519/jospt.2016.6455.

Badowski Wu se pregunta si las diferencias que vieron inmediatamente después de los tratamientos fueron influenciadas por un efecto de expectativa. «No puedes hacer una prueba ciega a alguien con estas intervenciones: sabes que estás recibiendo un masaje o que estás usando los pantalones de compresión, y la gente piensa que si se está haciendo algo, debe haber algún beneficio.» Algunos de los corredores asignados a los pantalones de compresión estaban visiblemente emocionados, mientras que algunos de los asignados a nada no lo estaban. «Me di cuenta de que algunas personas asignadas al grupo de control estaban bastante decepcionadas. ¿Eso sesgó sus puntuaciones más bajas? ¿No hay realmente diferencia alguna y solo está en nuestras cabezas? ¿Es una profecía autocumplida?» El grupo está planeando algunos estudios de seguimiento para explorar más a fondo preguntas como estas.

Le pregunté a Badowski Wu qué hace ella para recuperarse. Me dijo que cuando corría en pista en la Universidad de Washington en St. Louis solía hacer baños de hielo, pero lo dejó después de ver investigaciones que muestran que aunque los baños de hielo podrían ser excelentes entre sus distintas series de 400 metros en una competición, los baños parecen ser perjudiciales para los músculos y su reparación a largo plazo. Ahora ella está probando con los rollos de espuma y compró un par de pantalones de compresión neumática hace un tiempo. «Todavía no sé si me ayuda, pero me siento muy bien después, y creo que eso me reporta algún beneficio.»

Hay una *ritualización* en algunas de estas modalidades de recuperación que no deben pasarse por alto. En un editorial reciente, Jonas Bloch Thorlund, de la Universidad del Sur de Dinamarca, *deconstruyó* por qué la cirugía artroscópica para los desgarros de menisco sigue siendo popular, a pesar de la evidencia convincente de que estos procedimientos son esencialmente placebos.[191] Thorlund señala que la cirugía representa una actividad ritualista que fomen-

---

191. Jonas Bloch Thorlund. «Deconstructing a Popular Myth: Why Knee Arthroscopy Is No Better than Placebo Surgery for Degenerative Meniscal Tears». *British Journal of Sports Medicine* (2017). https://doi:10.1136/bjsports-2017-097877.

ta las expectativas, como lo hacen los chamanes. Está el viaje a un lugar de curación (el hospital), una unción con un líquido purificador (la preparación de la piel antes de la cirugía) y un encuentro con el curandero enmascarado. Al leer esta descripción, sentí un atisbo de algo que me resultaba familiar al pensar en mis experiencias al visitar los centros de recuperación. En cada caso, uno es recibido por un cuidador empático que lo guía a través de una serie de rituales que requieren varias formas de preparación y espera. Me hace preguntarme cuánto poder reside en el simple acto de confiar en un chamán de recuperación y participar en el ritual que se nos ofrece.

Un buen ejemplo de esto viene del *cupping* (las ventosas), una práctica desarrollada hace generaciones en China que consiste en colocar ventosas de vidrio a lo largo del cuerpo para estirar la piel (y crear contusiones circulares). «Es novedoso y exótico, es un antiguo secreto y, sobre todo, deja una marca para simbolizar que "algo" ha sucedido», como indica Steve Magness.[192]

La esquiadora olímpica Mikaela Shiffrin, la segunda campeona más joven de la Copa del Mundo de todos los tiempos, adora las ventosas. Ella dice que «ayuda a que mis músculos se mantengan en línea». A ella le gusta que le practiquen el *cupping* cuando su espalda está contraída. «Es como si te estuvieran pellizcando muy fuerte», dice, comparándolo con una especie de masaje profundo, pero en lugar de empujar hacia abajo, levanta la fascia y ofrece, dice, una forma diferente de desahogo. «Mi fisioterapeuta pone cinco tazas seguidas en mi banda iliotibial. Es muy desagradable en ese momento, pero ayuda a que el músculo se relaje». Para ella, las ventosas son un ejemplo claro del «duele tan bien».

Las he probado yo misma, y las pondría de lleno en la categoría de «está funcionando, puedo sentirlo». Realmente, no dolió, pero tampoco sentaba bien. Sobre todo era raro. No cabía ninguna duda

---

192. Steve Magness. «When Doing Nothing is Better than Doing Something», *The Science of Running*, abril de 2016. Accedido en marzo de 2018. http://www.scienceofrunning. com/2016/04/when-doing-nothing-is-better-than-doing.html.

de que algo estaba sucediendo, pero no podía convencerme de que era algo bueno. Mi única sesión dejó solo manchas rojas y un moretón menor, pero me pregunté si el truco era que los moretones te hacían olvidar el dolor que estabas tratando de resolver en primer lugar.

Después de que el nadador medallista de oro Michael Phelps se presentara en la piscina luciendo marcas de color púrpura en sus hombros y en la espalda en los Juegos Olímpicos de Río, James Hamblin, un escritor de *The Atlantic* que también es doctor en medicina, escribió un artículo en forma de súplica: «Por favor, Michael Phelps, deja de usar el *cupping*».[193] A pesar de las afirmaciones de que el *cupping* aumenta el flujo de sangre, «un moretón es un coágulo de sangre», señala Hamblin, «y la sangre coagulada, por definición, no fluye». Las creencias acerca de los beneficios de las ventosas «son numerosas y solo están limitadas por la imaginación. Y, en términos de evidencia científica, solo están respaldadas por esa imaginación», escribe Hamblin, señalando que no hay estudios rigurosos sobre el método. Como la mayoría de las modalidades de recuperación, es casi imposible tener un ensayo ciego, porque las personas pueden saber fácilmente si están recibiendo el tratamiento o no.

No estoy seguro de que los deportistas realmente se preocupen por la evidencia científica sobre cosas como el *cupping*. Muy a menudo, lo que realmente buscan cuando recurren a estas herramientas que generan expectativas no es algo físico, sino psicológico. Quieren sentirse proactivos y empoderados. Más que nada, están buscando confianza. Quieren sentir que han hecho todo lo posible para cuidarse y facilitar la recuperación.

◆ ◆ ◆

Con todas las promesas científicas, es de esperar que las personas que utilizan las modalidades de recuperación tengan un plus de

193. James Hamblin. «Please, Michael Phelps, Stop Cupping», *The Atlantic*, 9 de agosto de 2016. Accedido en marzo de 2018. https://www.theatlantic.com/health/archive/2016/08/phelps-cupsanity/495026/.

rendimiento, pero eso no es necesariamente cierto. En el Centro de Entrenamiento Olímpico, el tecnólogo de rendimiento Bill Sands mantuvo registros de quién usó el centro de recuperación y con qué frecuencia. Después de los Juegos Olímpicos en 2008, comparó el rendimiento en Beijing con el uso del centro de recuperación y descubrió que los deportistas que ganaron la mayor cantidad de medallas no eran los usuarios más frecuentes del centro de recuperación. Lo que esto sugiere a Sands es que los mejores deportistas no necesitan todas estas herramientas de recuperación, al menos no cuando están en forma. «Parece que los centros de recuperación pueden ser más idóneos para los deportistas que no son tan buenos», dice. «Los que fueron a los Juegos Olímpicos y ganaron medallas usaron el centro de recuperación estadísticamente menos que los que usaron mucho el centro de recuperación.» Especula que los deportistas que están luchando por entrar al equipo y que están en el límite hacen todo lo posible por conseguir hasta la más mínima ventaja que puedan obtener y acuden a cualquier ayuda adicional. «Si realmente tienes que matarte para clasificarte, trabajas mucho más que el deportista que tiene más talento», dice.

Mirando todo el tiempo y el esfuerzo que se requiere para someterse a estas modalidades de recuperación, me pregunto si un énfasis excesivo en las herramientas de recuperación podría ser contraproducente si requieren que los atletas pasen más tiempo en el gimnasio o centro de entrenamiento, en lugar de relajarse en su casa.

Existe el riesgo definitivo de que los rituales de recuperación puedan convertirse en su propia fuente de estrés, dice Steve Magness, el entrenador de atletas. «Si piensas: ¿qué estoy tratando de conseguir con la recuperación? Acabo de entrenar muy duro, mi cuerpo está esencialmente activado, mis sistemas nerviosos alerta, tengo toda esta adrenalina, todas estas hormonas, todo este daño. Si intento entrar en el "modo de recuperación", esencialmente estoy intentando apagar todo», dice. «Pero si de repente me apresuro hacia la criosauna o salto al baño de hielo (que es otro estímulo que podría producir algo de adrenalina) y si me da por pasar los próximos 30 minutos haciendo una rutina de estiramiento y balanceo, todas son cosas activas en las que mi mente está participando.» En lugar de relajarse, esencialmente, está extendiendo la jornada laboral, y el resultado final puede ser lo contrario de lo que se pretende.

Por supuesto, si un programa de recuperación se convierte o no en una nueva fuente de estrés puede depender de cómo lo vea un deportista. El corredor Todd Straka estima que gasta alrededor del 75 por ciento de su trabajo en la recuperación más que en el entrenamiento, y no ve esto como una carga, sino como una forma de cuidarse a sí mismo. Pertenece a FixtMovement, un centro de recuperación en Boulder donde los miembros pueden acudir en cualquier momento para usar su gran variedad de juguetes de recuperación, como las botas NormaTec y una sauna de infrarrojos. (También ofrecen un pequeño enfriador de cerveza lleno de una cerveza artesanal producida especialmente.)

Straka dice que tardó 15 o 20 años en ser bueno corriendo. No corrió en la escuela secundaria ni en la universidad, pero cuando se mudó a Boulder en 1993 a los 26 años, le picó el bicho de correr. Después de cumplir 40 años, comenzó a tener cierto éxito en las competiciones de categoría *master*, y al ver que se aproximaba su cumpleaños número 50, se dio cuenta de que el récord estadounidense en ese grupo de edad para la carrera de una milla podía estar a su alcance. (En el verano de 2017, estuvo a un segundo y medio de romper el récord.) Su entrenador, Ric Rojas, lo ayudó a orientar su entrenamiento al ponerlo a realizar trabajos de velocidad y un plan específico para carreras intermedias. Anteriormente había hecho maratones y medias maratones, pero para entrenar para la milla su kilometraje disminuyó (hasta unos 55 o 60 kilómetros por semana) y su intensidad aumentó, junto con sus necesidades de recuperación.

La rutina estándar de Straka en FixtMovement incluye una media hora en las botas NormaTec, un tiempo en una mesa de inversión gravitacional y tal vez 15 minutos en lo que él llama el «estante trasero»: una mesa con rodillos de jade que se calientan y masajean la espalda. «Sienta increíble», dice. Straka recientemente comenzó a usar la sauna de infrarrojos, que él prefiere a las saunas normales, porque es notablemente más seco y se aprecia menos caliente. La sauna es algo nuevo para él, y no ha decidido si le está ayudando o no. Pero como él dice, «siempre es bueno estar calentito».

◆ ◆ ◆

He llegado a pensar que las diferentes modalidades de recuperación solo representan variaciones en los mismos enfoques para la recuperación: relajan los músculos y el cuerpo para que uno se sienta mejor (incluso si nada está cambiando realmente en un sentido fisiológico), además, proporcionan un ritual para que realice uno mismo, lo da un sentido de autonomía y autoeficacia (lo que mucha gente piensa que es proactivo) y, finalmente, crea una barrera para olvidarse de todo lo demás y ayudar a concentrarse en el descanso.

Quizás lo más importante que hacen las modalidades de recuperación es darles a los atletas un medio para ser activos frente a la recuperación. Cuando el ciclista Taylor Phinney fue a sus primeros Juegos Olímpicos en 2008, para competir en la persecución individual masculina de 4.000 metros (solo unos meses después de su primera vez en un velódromo), su entrenador Neal Henderson sabía que necesitaría un poco de supervisión. Hijo de dos famosos ciclistas estadounidenses, Phinney era un niño de 18 años en ese momento, propenso a la distracción.[194] Su habitación en la Villa Olímpica estaba ubicada debajo del equipo de gimnasia femenina de Estados Unidos y tal y como confesó a ESPN, se enamoró locamente de la gimnasta Shawn Johnson, arrojando barras de Snickers a

---

194. Los padres de Taylor Phinney son Connie Carpenter-Phinney y Davis Phinney. Connie compitió en patinaje de velocidad en las olimpiadas de invierno de 1972 a la edad de 14 años. En las olimpiadas de verano de Los Ángeles de 1984 compitió en ciclismo y ganó una medalla de oro en carretera. Davis fue ciclista profesional durante más de una década y ganó dos etapas del Tour de Francia en la década de los ochenta.

su habitación y pasando mucho tiempo persiguiéndola.[195] **Para** obligarlo a centrarse, Henderson puso a Phinney en botas de compresión. «Las NormaTec eran perfectas para Taylor, porque sabía que no podía hacer nada malo con ellas puestas. Esa fue una buena manera de tenerlo concentrado durante parte del día», explica Henderson.

Henderson dice que uno de los beneficios más importantes de herramientas como las botas de compresión o masajes es que obligan a las personas a tomarse un tiempo, ya sea un adolescente con un enamoramiento o una CEO con un millón de demandas. «En definitiva, lo que consiguen es que el deportista deje de lado todas sus otras preocupaciones por un rato.»

Lauren Fleshman, cinco veces campeona de la NCAA y excampeona nacional de 5.000 metros, también lo ha notado. «Muchas cosas funcionan porque te obligan a sentarte durante 15 o 20 minutos.» Fleshman, quien se retiró de las carreras profesionales en 2016 a los 34 años, entrena a un grupo de corredores de élite y dirige Picky Bars, una empresa de barras energéticas que fundó en 2010. Todavía corre regularmente y, a veces, visita un gimnasio de recuperación en Bend, Oregon, llamado Recharge Sport, que ofrece terapia de masajes, baños de contraste y muchas herramientas de recuperación. «Tienen una gran sección con sillones reclinables y botas NormaTec. La gente hace cola para utilizarlos», dice Fleshman. Ella es una fanática de los baños de contraste, las botas de compresión y recibe un masaje semanal. «Creo que es realmente útil tener un fisioterapeuta consistente que sepa cómo es tu cuerpo. Mi masajista es muy bueno al notar que un músculo puede estar anormalmente tenso o inusualmente cansado.» El masaje es una forma de controlar lo que está sucediendo en tu cuerpo, y honestamente: «Simplemente, ya sienta muy bien quedarse quieto durante una hora, o incluso tan solo media hora».

---

195. Sam Alipour. «Will You Still Medal in the Morning?». 8 de julio de 2012, *ESPN the Magazine*. Accedido en febrero de 2018. http://www.espn.com/olympics/summer/2012/story/_/id/8133052/athletes-spill-details-dirty-secrets-olympic-village-espn-magazine.

Los deportistas parecen prosperar en los rituales e incluso los que tienen una mentalidad más científica entre nosotros pueden ser propensos a las supersticiones. Sin embargo, no estoy segura de que siempre valga la pena luchar contra este tipo de comportamiento. El día de la competición, lo más importante que necesita un deportista es confianza. Si un ritual de placebo puede proporcionar un aumento de confianza, entonces (suponiendo que no cause daño), ¿por qué no dejar que lo tengan? Si he aprendido algo sobre el arte de la recuperación física, es que la propia consciencia de cómo se siente uno es la parte más importante.

# Conclusión

Durante mis ocho años como deportista de élite de esquí nórdico, caía en el mismo patrón. Me entrenaba duro en la pretemporada y comenzaba las primeras competiciones en plena forma. Entonces algo pasaba y me dolía un músculo o incubaba un resfriado debilitante o un virus de la gripe. Justo cuando estaba a punto de lograr un gran objetivo, mi temporada se iba al traste. En ese momento, culpaba de todo a la mala suerte: simplemente caía enferma o herida cada vez que llegaba a mi punto máximo. Pero he llegado a comprender que, al igual que podía ponerme en forma rápidamente, también era propensa al sobreentrenamiento. Necesitaba menos entrenamiento y más descanso que la mayoría de los deportistas para alcanzar y mantener el rendimiento máximo, pero no apreciaba la necesidad de mi cuerpo de descansar.

Si hay una cosa que me hubiese gustado recomendarle a mi yo más joven sería lo siguiente: aprende a leer tu propio cuerpo y a prestar atención a lo que te está diciendo. Mi propensión a las lesiones y al sobreentrenamiento limitaron mi potencial de la misma manera que mi capacidad aeróbica, mis extremidades largas y una respuesta inusualmente rápida al entrenamiento la aumentaron. Al final, mi fragilidad no era simplemente una cuestión de mala suerte, era algo que tenía que gestionar para alcanzar mi potencial físico. En cambio, con demasiada frecuencia ignoré los gritos de mi cuerpo para descansar y tratarlo mejor. Podía tratarse de una molesta fatiga que no deseaba tener, o el dolor punzante en mis isquiotibiales que reaparecía en los momentos más inconvenientes, que mi respuesta instintiva durante demasiado tiempo fue tapar mis oídos y decir, nah-nah-nah, no te oigo. En el fondo sabía que lo que realmente necesitaba mi cuerpo era un descanso, pero mi mente no quería aceptar eso. Me siento inquieta cuando paso demasiado tiempo sin moverme. Pero negarte a ti mismo la recuperación necesaria solo te lleva a un agujero más profundo, y he llegado a darme cuenta de que la forma correcta de responder a los gritos de descanso de mi cuerpo no es forzar, sino dominar el arte de la quietud.

Mis días de deportista de competición han quedado atrás, y hoy entreno para estar en forma y divertirme. Ya no pretendo ser la mejor. Me esfuerzo por mantenerme lo suficientemente en forma como para poder hacer las cosas que amo hacer: un largo sendero por las altas cumbres, épicas excursiones en bicicleta de montaña y un montón de esquí de fondo. Ya en mi cuarta década, me he dado cuenta de que necesito mucho más descanso para recuperarme después de un entrenamiento largo o difícil. No soy solo yo: la ciencia ha confirmado que necesitamos más recuperación a medida que envejecemos. Por ejemplo, las investigaciones muestran que el dolor muscular de inicio tardío tarda más en resolverse en deportistas mayores. Thomas M. Doering en la Universidad Central de Queensland en Australia hizo un pequeño estudio con triatletas de 50 años, mostrando que las tasas de síntesis de proteínas musculares en estos atletas *masters* eran más bajas que las de los atletas de 20 años.[196] Su investigación sugiere que los deportistas mayores pueden tener una «resistencia anabólica» a la proteína que dificulta que sus cuerpos conviertan la proteína en músculo y que puede ayudar a explicar por qué les lleva más tiempo reparar el daño muscular inducido por el ejercicio. (También es un argumento para mantener la ingesta de proteínas a medida que se envejece.)

Solía lamentar mi creciente necesidad de recuperación, pero con el tiempo he llegado a abrazarla. Entreno duro cuando es apro-

---

196. Thomas M. Doering, David G. Jenkins, Peter R. Reaburn, Nattai R. Borges, Erik Hohmann y Stuart M. Phillips. «Lower Integrated Muscle Protein Synthesis in Masters Compared with Younger Athletes». *Medicine and Science in Sports and Exercise* 48 (8) (2016): 1613–1618. doi:10.1249/MSS.0000000000000935.

piado, pero también disfruto de mi nuevo arte de la relajación. Estoy descubriendo que disfruto haciendo ejercicio por placer y para aliviar el estrés. Algunos días, una larga caminata con mi perro es suficiente para satisfacer mis necesidades. Todavía me encanta aumentar mi ritmo cardíaco y esforzarme de vez en cuando, pero no todas las actividades tienen que convertirse en un entrenamiento programado.

◆ ◆ ◆

Hasta mayo de 2018, Mike Fanelli llevaba registradas 109.126 millas (175.621 kilómetros) corridas en su vida. «He entrenado todos los días, desde octubre de 1970», dice. Eso es casi medio siglo de correr todos los días, y él no solo corre. «Entreno, y entreno para competir. Cada entrenamiento tiene un propósito distinto.» Ya no es tan rápido como lo era antes, corrió un maratón en 2:25 en 1980 y una carrera de una milla en 4:56 en 2006, a los 50 años, pero aún es competitivo. Vive al norte de San Francisco y comenzó a correr como estudiante de primer año de secundaria en Filadelfia. Al comienzo corría la media milla (800 metros) y luego fue aumentando hasta correr maratones (ganó el maratón de San Francisco dos veces) e incluso realizó carreras de 100 millas (160 kilómetros), pero en los últimos años ha regresado a la pista para centrarse en los 800 y 1.500 metros. «He corrido prácticamente todo», dice.

Antes de levantarse de la cama cada mañana, Fanelli ya comienza a trabajar en ejercicios de recuperación haciendo algunos estiramientos ligeros y ejercicios para los pies. Solo entonces, se calza unos zapatos con plantillas especiales. Lo siguiente que hace es tomar una fórmula de «bienestar» de un cuentagotas. También toma un suplemento de colágeno y, para reducir la inflamación, toma 900 mg de cúrcuma de tres a cuatro veces al día, incluso en mitad de la noche cuando se levanta para orinar. Ha recibido masajes semanales desde 1978 y también ha probado la liberación miofascial, el Rolfing (un tipo de masaje) y la terapia de liberación activa. Después de entrenamientos de alta intensidad en la pista, visita una cámara de crioterapia o usa botas de compresión NormaTec, y aplica una solución tópica de ibuprofeno al 10 por ciento, directamente a sus dolores y molestias. (Compra de 10 a 20 tubos a la vez, en una farmacia del Reino Unido.) Utiliza también un suplemento de fosfato llamado «Stim O Stam» para cada entrenamiento duro y carrera desde los 70 y dice que disminuye notablemente su dolor muscular. También toma «un montón» de vitaminas. «Tengo la orina más cara del condado de Sonoma», se ríe. «¿Son las vitaminas complementos que funcionan? Algunas son probablemente mejores que otras.» Para colmo, toma un baño caliente de sales de Epsom (con entre tres y cinco libras de sal) todas las noches durante 20 minutos mientras disfruta de un «bien merecido vaso de vino».

Fanelli corre cerca de 65 kilómetros por semana actualmente y reconoce que pasa «tres veces más tiempo» haciendo todas esas tareas de recuperación, pero como agente de bienes raíces en el área de San Francisco puede permitírselo. «Creo que la condición física se produce durante la fase de recuperación», dice, por lo que «exagero un poco» en la recuperación. «Creo que es bueno exagerar en los cuidados.»

Con todo este cuidado personal, asumo que debe estar realmente sano y sin lesiones. «¡Oh no!», se ríe. «Mis pies están destruidos. Ambos tendrán que ser operados. Estoy en modo de funcionamiento continuo. Mi pie derecho nunca se dobla de la forma en que se supone que debe doblarse.» Durante nueve años, dice: «He estado con un dolor insoportable, como si alguien estuviera empujando con un atizador al rojo vivo en la parte superior de mi pie. El otro pie no tiene almohadilla grasa, por lo que es un nervio sobre el hueso. La respuesta es no. Siempre estoy lesionado y tengo cosas que hacer. Mis rodillas y mis caderas están bien, pero mis pies están agotados, terminados».

No pregunto por qué se somete a sí mismo a pasar por todo eso, solo para seguir corriendo. Yo también soy una corredora. Lo entiendo. «Nunca recomendaría que alguien pase por la mierda que yo paso», dice, pero funciona para él. Insiste en que no está tan obsesionado como podría sonar: «Te lo juro, tengo una vida: una esposa hermosa y un perro fantástico, de raza Vizsla, que es un perro fantástico para correr».

◆ ◆ ◆

Camille Herron estableció un récord mundial la primera vez que terminó una carrera de 100 millas (160 kilómetros). En noviembre de 2017, con 35 años, fue la primera en cruzar la meta de la Tunnel Hill 100 en el sur de Illinois. Su tiempo de 12 horas, 42 minutos y 39 segundos le valieron el mejor registro en una carrera certificada de 100 millas (tanto para hombres o mujeres).

En lugar de seguir un estricto programa de recuperación, Herron utiliza su intuición como guía. «Me encuentro en sintonía con mi cuerpo y presto atención a cómo me siento», dice, «luego de un maratón o una carrera más larga, consiste básicamente en ingerir tantas calorías como pueda. A veces es difícil conseguir proteínas que provengan de fuentes saludables, así que si me apetece una hamburguesa con queso o algo similar, eso es lo que como». Ella no cuenta calorías ni se preocupa por encontrar el combustible perfecto. En lugar de eso, mira qué es lo que tiene a mano y escoge lo que le parece más apetecible. Recientemente, después de un ultramaratón, acudió a una marisquería y se hinchó de cangrejos y moluscos, patatas fritas y cerveza. «Estaba tan sabroso», dice. Después de una carrera larga, ella vuelve gradualmente a correr y realiza tantos kilómetros como su cuerpo pueda tolerar sin sentirse agotada.

La teoría de Herron se puede condensar en lo siguiente: hazlo simple y no te preocupes de los detalles. Ella se centra en lo importante: en sus niveles de estrés y en si su cuerpo se muestra revigorizado o agotado por el entrenamiento. Una vez que un examen sanguíneo reveló un índice alto de estrés se percató de que algo andaba mal. Se dio cuenta de que correr se había convertido en una fuente de estrés. Dejó de lado todos sus artefactos tecnológicos y volvió a preparar sus ejercicios en papel. «Tenía que volver a descubrir el placer de correr.» Una vez que conseguí eso comenzó un ciclo exitoso de entrenamientos. No fueron ni las bebidas energéticas ni las botas de calor lo que le sirvió (aunque alguna vez los utilizaba), fue su capacidad de interpretar su cuerpo y eliminar las fuentes de estrés lo que le sirvió para recuperar su salud. Disfruta de una cerveza después de un entrenamiento o incluso durante una carrera (tomó una cerveza a las 80 millas durante su carrera de 100). Ya sea la cerveza en sí o el ritual de relajamiento que beberla brinda, no importa. A ella la relaja y eso es lo importante.

◆ ◆ ◆

Mike y Camille son dos atletas muy exitosos y de larga duración que representan dos maneras opuestas del arte de la recuperación. ¿Cuál es la correcta? No estoy segura de que haya una respuesta correcta. Pienso acerca del envejecimiento y la recuperación como esa espera de equipaje en el aeropuerto de Houston. No puedes cambiar el hecho de que la recuperación lleva más tiempo con la edad. Tu única opción es qué harás mientras el cuerpo se recupera. Ya sea que lo pases realizando estiramientos, hinchándote a ibuprofeno, o simplemente diciendo: «al diablo con eso», es realmente una cuestión de temperamento. Puedes ser como Mike y aprovechar cada nuevo remedio para darte la tranquilidad de haber hecho todo lo posible o puedes ser como Camille y mantener la simplicidad, moderación y cautela.

En cuanto a mí, entiendo el programa de rejuvenecimiento excesivo de Mike y admiro su sano respeto por la importancia de la recuperación. Pero estoy más del lado de Camille. Quiero mi caminata matutina, algo de meditación o flotación, mañanas tardías en la cama y tal vez un poco de masaje de vez en cuando, y que luego termine cada día con una copa de vino y un atardecer.

# Agradecimientos

Cuando Matt Weiland me sugirió escribir un libro sobre la recuperación física, mi primera duda fue cómo conseguir suficiente material interesante para llenar un par de centenares de páginas. Un año después, mi problema fue como poner todo el material que tenía en un solo libro.

No ha sido fácil, y un listado de toda la gente que me ha ayudado excede el espacio disponible. Agradezco a cada una de las 223 personas que he entrevistado. Mis ideas iniciales respecto a la recuperación comenzaron en el laboratorio del ejercicio de la Colorado Mesa University. Gig Leadbetter, Gerry Smith, Michael Reeder y Brent Alumbaugh fueron especialmente importantes al comienzo de mi investigación. Nadie sabe más sobre la recuperación que Shona Halson y pasó varias horas contestando a mis preguntas. David Martin, Kristen Dieffenbach, David Nieman, Stuart Phillips, Matt Dixon y Neal Henderson fueron un gran apoyo.

David Epstein y Alex Hutchinson han sido compañeros de primera clase en mi viaje a través de las distintas etapas de la escritura. Agradezco las reflexiones con ellos sobre la ciencia del deporte, así como con Amby Burfoot, Mike Joyner, Steve Magness, Brad Stulberg, Jonathan Wai, y el gran Terry Laughlin.

No puedo concebir una agente más trabajadora, efectiva y motivadora que Alice Martell. Sus llamadas siempre elevaban mi espíritu. Espero que cuando sea mayor me convierta en la gran escritora que ella cree que soy.

Trabajar junto a Matt Weiland ha sido una de las grandes maravillas de mi carrera. Es un habilidoso y pensativo editor, pero su gran habilidad es hacer sentir a un autor seguro y sano. Él y sus colegas en Norton han sido unos grandes acompañantes en este proyecto. Remy Cawley se aseguró de que cada corrección de Matt me llegara a tiempo. Zarina Patwa me ayudó a que el libro cruzara la meta. Mi agradecimiento también al corrector Gary Von Euer y a la directora editorial Rebecca Homiski. Will Scarlett se aseguró de que el libro llegase a su público y Steve Attardo diseñó la portada perfecta.

Rosemery Wahtola Trommer es tanto mi mejor amiga como mi musa creativa. Completé el primer borrador de este libro en su estudio a la orilla de un río al que ella llama «el establo», pero que para mí siempre será un Spa de escritura. La amistad de Paolo Bacigalupi siempre ha sido un apoyo en mi vida de escritora. Él me echó un salvavidas cuando no podía ni comenzar a escribir este libro. Helen Fields además de su amistad me proveyó de un dibujo sobre mí escribiendo que estuvo en mi escritorio todo el tiempo. Mi hermana Jill Friesen, me demostró con su ejemplo que se puede realizar un proyecto paralelo mientras se tiene un trabajo normal.

Anna Barry-Jester me proveyó de declaraciones diarias y siempre estaba dispuesta a escuchar mis quejas. Mujer de múltiples talentos es quien me ha sacado la foto. Chad Matlin ha sido un gran apoyo desde el comienzo. Su afirmación de que el libro es solo «el vehículo de una idea» ha sido sorprendentemente útil al comenzar la escritura. Nate Silver me dio consejos sobre cómo escribir y Blythe Terrell me soltó un poco la cuerda cuando necesité un último esfuerzo para terminar el manuscrito. Trabajar con Maggy Koerth-Baker y mis otros colegas de FiveThirtyEigth me ha ayudado a ser mucho mejor persona.

Laura Helmuth me convenció de que estaba yendo bien, cuando me sentí perdida, y Farai Chideya me dio sabios consejos sobre cómo conciliar la escritura con todo lo demás. Ann Finkbeiner y Richard Panek me dieron muchos consejos de escritura y Erik Vance me dio información sobre los placebos.

Amby Burfoot, Siri Carpenter, David Epstein y Alex Hutchinson me hicieron comentarios sobre determinados capítulos, Jonathan Dugas, Shona Halson, Mike Joyner, Catherine Price, Kristin Sainani y Derek van Westrum releyeron parte del manuscrito para mejorar la precisión. Dhrumil Mehta me ayudó a buscar artículos periodísticos. Meral Agish me ayudó a investigar y Lexi Pandell chequeó los datos. Los errores que resten son todos míos.

Agradecimiento especial a Ben Casselman por ayudarme a encontrar el episodio de *Rings of Fire* en YouTube. Clark Sheehan confirmó la identidad de Alex Stieda, que aparecía en el episodio.

Finalmente, mi más profundo agradecimiento a mi esposo, Dave. Él me enseñó a relajarme y construyó un santuario de serenidad en nuestra granja. Quien escribe un libro se convierte en una pésima pareja, pero nunca se quejó y realizó tareas que no le correspondían porque yo estaba escribiendo. No podría amar más a alguien como lo amo a él.

# ECOSISTEMA DIGITAL

## NUESTRO PUNTO DE ENCUENTRO

## www.edicionesurano.com

**2 AMABOOK**
Disfruta de tu rincón de lectura
y accede a todas nuestras **novedades**
en modo compra.
**www.amabook.com**

**3 SUSCRIBOOKS**
El límite lo pones tú,
**lectura sin freno**,
en modo suscripción.
**www.suscribooks.com**

DISFRUTA DE 1 MES
DE LECTURA GRATIS

**1 REDES SOCIALES:**
Amplio abanico
de redes para que
**participes activamente**.

**4 APPS Y DESCARGAS**
Apps que te
permitirán leer e
**interactuar con
otros lectores**.